© 2018
TRAUNER Verlag + Buchservice GmbH,
Köglstraße 14, A 4020 Linz
Alle Rechte vorbehalten.

Layout wurde vom Patentamt mustergeschützt: © Österreich 2010

Lektorat/Produktmanagement:
Mag. Claudia Danzer
Korrektorat: Johann Schlapschi
Gestaltung und Grafik: Teresa Foissner
Titelgestaltung: Bettina Victor
Schulbuchvergütung/Bildrechte:
© Bildrecht GmbH/Wien
Gesamtherstellung:
Vorarlberger Verlagsanstalt GmbH
Schwefel 81, 6850 Dornbirn

ISBN 978-3-99062-978-9
Schulbuch-Nr. 190.730

www.trauner.at

# Impressum

## Derflinger u. a., Vernetzungen – Geografie und Wirtschaftskunde IV BAFEP

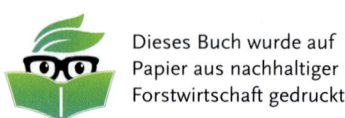

2. Auflage 2021
Schulbuch-Nr. 190.730
TRAUNER Verlag, Linz

### Die Autoren

MMAG. PETER AIZMANSTORFER
Professor an der Höheren Lehranstalt für wirtschaftliche Berufe und Bildungsanstalt für Elementarpädagogik der Don-Bosco-Schwestern Vöcklabruck

DIR. HR MAG. MANFRED DERFLINGER
Direktor der Höheren Bundeslehranstalt für wirtschaftliche Berufe Steyr

MAG. DR. GOTTFRIED MENSCHIK
Professor an der Bundeshandelsakademie Wien 22

ROSA M. HUBER
Abteilungsvorständin an der Bildungsanstalt für Elementarpädagogik der Don Bosco-Schwestern Vöcklabruck, Elementarpädagogin, Lehrerin, Expertin für Bildung in der frühen Kindheit

MAG. FLORIAN RIEPL
Professor am Schulzentrum Ungargasse BHAK3, 1030 Wien

Approbiert für den Unterrichtsgebrauch für den IV. Jahrgang an Bildungsanstalten für Elementarpädagogik im Unterrichtsgegenstand Geographie und Wirtschaftskunde (Lehrplan 2016). Bundesministerium für Bildung, Wissenschaft und Forschung, BMBWF-GZ: 5.048/0029- IT/3/2018 vom 29. März 2019.

Die Inhalte entsprechen dem vorgeschriebenen Kompetenzraster laut Bildungsstandards und sind laut Lehrplan zu vermitteln. Eine Auswahl bzw. Gewichtung ist nur innerhalb einzelner Kapitel (Beispiele bzw. Vertiefungsangebote) gewährleistet, nicht jedoch dürfen lt. Ministerium einzelne Kapitel oder Kompetenzbereiche ausgelassen werden.

Liebe Schülerin, lieber Schüler,
Sie bekommen dieses Schulbuch von der Republik Österreich für Ihre Ausbildung. Bücher helfen nicht nur beim Lernen, sondern stehen Ihnen auch im Berufsleben zum Nachlesen und Nachschlagen zur Verfügung.

# Einleitung

Das Ziel von **Vernetzungen** ist es, den Schülerinnen und Schülern Kompetenzen zu vermitteln, die es ihnen ermöglichen sich in einer vernetzten Welt zurechtzufinden, die Wechselwirkungen von räumlichen, ökologischen, gesellschaftlichen und wirtschaftlichen Realitäten zu erkennen und diese kritisch zu hinterfragen.

Zu Beginn eines jeden Großkapitels stimmen Einstiegstexte in die Thematik ein und zeigen den Schülerinnen und Schülern, was sie in diesem Kapitel erwartet.

Zahlreiche **Grafiken** und **Karten** ermöglichen es den Lernenden sich einen visuellen Überblick über den Lernstoff zu verschaffen.

Am Ende der Kapitel finden sich **Ziele-erreicht-Seiten,** die auf unterschiedlichste Weise den erarbeiteten Stoff abfragen, vertiefen und festigen.

Im **topografischen Überblick** kann die Schülerin/der Schüler ihr/sein Wissen mit Hilfe von stummen Karten und gezielten Arbeitsaufgaben überprüfen.

## Wesentliche Elemente und verwendete Symbole

Die angeführten **Ziele** kennzeichnen, über welches **Wissen** bzw. über welche **Kompetenzen** die Schülerinnen und Schüler nach Durcharbeiten des Kapitels verfügen. Die Ziele sind farblich nach dem jeweiligen **Kompetenzniveau der Bildungsstandards** gekennzeichnet.

Sowohl für die Ziele als auch die unterschiedlichen Arbeitsaufgaben werden drei Kompetenzniveaus mit folgenden Operatoren verwendet.

 **Meine Ziele** — KOMPETENZ-ERWERB

- **Anforderungsbereich I – Reproduktion**
  (be)nennen, herausarbeiten, beschreiben, darstellen, ermitteln, zusammenfassen, aufzählen, wiedergeben, feststellen, auflisten, bezeichnen, definieren, darlegen, lokalisieren, im Atlas/auf der Karte suchen

- **Anforderungsbereich II – Transfer**
  Analysieren, erklären, vergleichen, auswerten, einordnen, zuordnen, begründen, erstellen, untersuchen, skizzieren, erheben, recherchieren, berechnen, charakterisieren, kennzeichnen, feststellen, formulieren, erläutern, bestimmen, angeben, herausarbeiten, erarbeiten, ermitteln, erschließen, exzerpieren, herausfinden, interpretieren, widerlegen, zeichnen, verfassen, schreiben, gestalten (z.B. eine Schautafel etc.), gegenüberstellen

- **Anforderungsbereich III – Reflexion und Problemlösung**
  Beurteilen, überprüfen, bewerten, erörtern, interpretieren, Stellung nehmen, entwerfen, entwickeln, gestalten, erstellen, veranschaulichen, problematisieren, prüfen, überprüfen, sich auseinandersetzen, diskutieren, hinterfragen, (verantwortungsvoll) handeln

Zitierte Quellentexte aus Büchern, Zeitungen und Internet vertiefen die Informationen. Einerseits werden dadurch komplexe Zusammenhänge oft besser verständlich, andererseits können so auch unterschiedliche Standpunkte zu ein und denselben Thema präsentiert werden.

Viel Freude und Erfolg wünscht Ihnen das Autorenteam!

# Inhaltsverzeichnis

## 8. SEMESTER

Entwicklungspolitik

KOMPETENZ-
ERWERB

## Meine Ziele

Nach Bearbeitung dieses Kapitels kann ich

- Fachbegriffe der Entwicklungshilfe, -zusammenarbeit und -politik wiedergeben;
- Projekte der Entwicklungszusammenarbeit beschreiben;
- Fortschritte in der Entwicklung anhand von Zahlen interpretieren;
- Ziele und Umsetzung von Entwicklungszusammenarbeits-Projekten recherchieren;
- Handlungsperspektiven in der Entwicklungspolitik erörtern;
- die entwicklungspolitische Arbeit internationaler Akteure problematisieren.

# 1  Eine bessere Welt?

*Als „Entwicklungsländer" werden in der Regel jene Länder bezeichnet, die „ärmer" sind, einen „Entwicklungsrückstand" aufweisen, in denen viele Menschen in der meist wenig mechanisierten Landwirtschaft arbeiten, die von Rohstoffexporten abhängen oder die in der Weltwirtschaft mit Fabriken punkten, in denen sehr geringe Löhne bezahlt werden. Kritiker/innen dieses Begriffes weisen darauf hin, dass dieser abwertend verstanden werden könnte, da auch die reicheren Länder sich ständig entwickeln und er daher ein falsches Bild ebenso wie der häufig verwendete Begriff „Dritte Welt" vermitteln würde. Da sich der Begriff „Länder des Südens" im allgemeinen Sprachgebrauch nicht durchsetzen konnte, wird in Folge der Begriff „Entwicklungsländer" mit allen Einschränkungen verwendet.*

## 1.1  Entwicklungsländer

### Entwicklungsländer – eine ökonomische Definition

Mit dem Begriff Entwicklungsländer werden Staaten bezeichnet, die einen erheblichen Rückstand gegenüber den westlichen Industrienationen aufweisen.
Die Weltbank untergliedert nach dem Hauptkriterium Pro-Kopf-Einkommen folgende Ländergruppen:

- Länder mit niedrigem Einkommen (Low Income Countries, LIC, bis 1.036 USD Bruttonationaleinkommen),
- Länder mit mittlerem Einkommen (Middle Income Countries, MIC), Einkommen von 1.036 – 4.045 USD und
- Entwicklungsländer mit hohem Einkommen (Upper Middle Income, UMI), Einkommen von 4.045 – 12.375 USD,
- Schwellen- und Industrieländer.

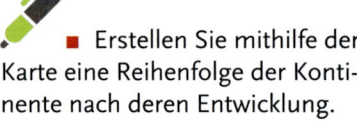

- Erstellen Sie mithilfe der Karte eine Reihenfolge der Kontinente nach deren Entwicklung.

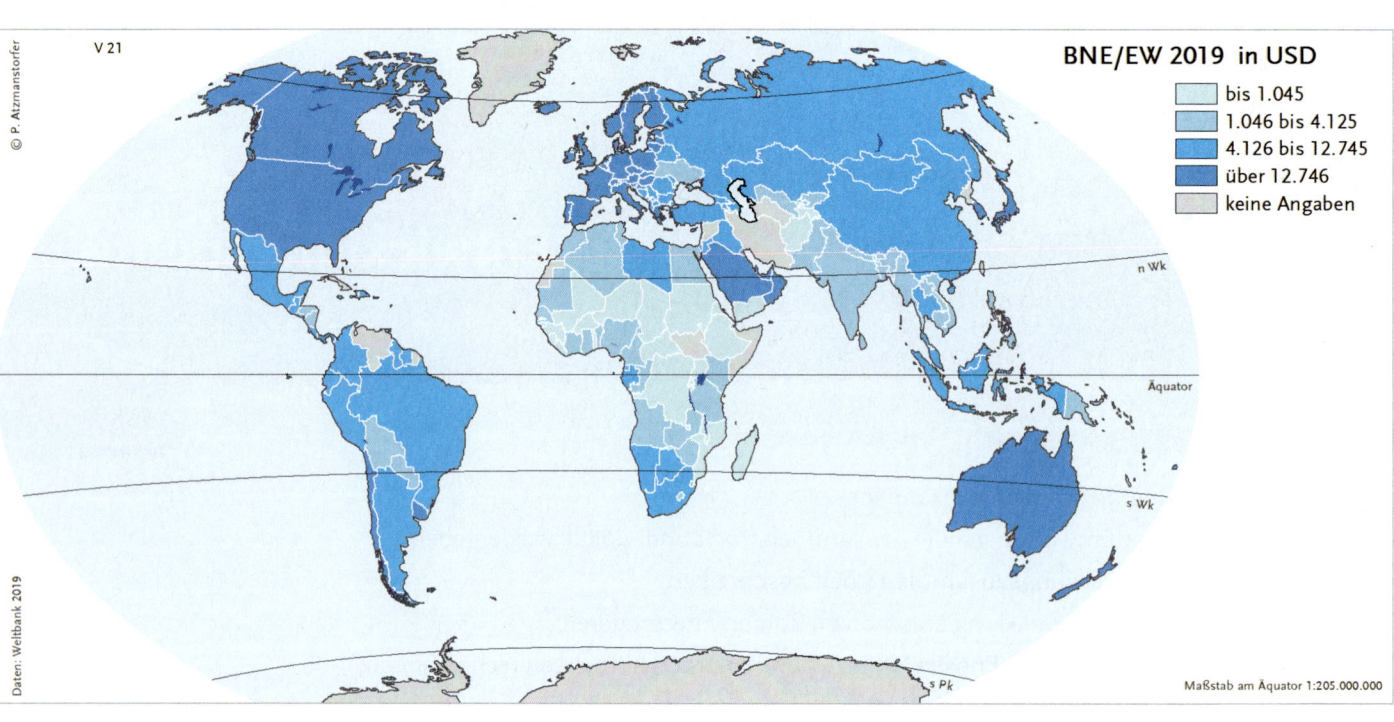

© P. Atzmanstorfer

V 21

**BNE/EW 2019  in USD**

- bis 1.045
- 1.046 bis 4.125
- 4.126 bis 12.745
- über 12.746
- keine Angaben

n Wk

Äquator

s Wk

s Pk

Daten: Weltbank 2019

Maßstab am Äquator 1:205.000.000

## Entwicklungsländer – weitere Definition

Dieser Entwicklungsrückstand, wie er im BNE zum Ausdruck kommt, spiegelt sich aber nicht nur in der wirtschaftlichen Leistungskraft, sondern auch in zahlreichen weiteren Fakten wider, wie in

- ungleicher Einkommensverteilung,    GWI
- unzureichender Nahrungsmittelproduktion,
- Unterernährung,
- schlechtem Gesundheitszustand,
- überdurchschnittlichem Bevölkerungswachstum,
- hoher Arbeitslosigkeit,
- mangelhafter staatlicher Infrastruktur,
- wirtschaftlicher Dominanz des primären Sektors oder
- defizitärer Handelsbilanz.

*Fruchtbarkeits/Geburten*

| Beispiel Fertilitätsrate 2021 | |
|---|---|
| **Land** | **Wert** |
| Niger | 6,9 |
| Angola | 5,9 |
| Demokratische Republik Kongo | 5,7 |
| Somalia | 5,4 |
| Mali | 5,6 |
| Tschad | 5,8 |
| Benin | 5,5 |
| Uganda | 5,5 |
| Südsudan | 5,3 |
| Burundi | 5,1 |
| **Österreich** | **1,5** |

*Quelle: www.cia.gov, 2021*

| Beispiel Alphabetisierungsrate 2021 | | |
|---|---|---|
| **Land** | **Männlich** | **Weiblich** |
| Niger | 27 | 11 |
| Burkina Faso | 50 | 33 |
| Sierra Leone | 52 | 40 |
| Guinea | 38 | 23 |
| Benin | 54 | 31 |
| Südsudan | 40 | 29 |
| Gambia | 62 | 42 |
| Senegal | 65 | 40 |
| Irak | 56 | 44 |
| Mauretanien | 64 | 43 |
| **Österreich** | **100** | **100** |

*Quelle: www.cia.gov, 2021*

*Primär → Wirtschaft*

Mechanisierte Landwirtschaft in den Industriestaaten: Menschen werden durch Maschinen ersetzt. Ein Ziel auch für die Entwicklungsländer?

■ Diskutieren Sie beispielshaft den Unterschied des Entwicklungsniveaus zwischen den Entwicklungsländern und Österreich mithilfe der beiden Tabellen.

Eine Schule in Togo, in der Ausstattung nicht mit einer österreichischen vergleichbar

## Arbeitsaufgaben

1. Ordnen Sie die in den Tabellen dargestellten Länder Kontinenten zu.

2. Stellen Sie Übereinstimmungen mit der Karte der vorherigen Seite fest.

3. Erörtern Sie die Zusammenhänge zwischen hohen/niedrigen Geburtenraten und dem Wohlstand eines Landes.

4. Erörtern Sie Folgen einer verbesserten Bildung für die wirtschaftliche Entwicklung der genannten Länder.

## 1.2 Die Agenda 2030 für eine nachhaltige Entwicklung

**Governance** bedeutet „gute Regierungsführung" und ist zusammen mit der Achtung von Menschenrechten eine der wesentlichen Voraussetzungen für die menschliche Entwicklung, die Reduzierung von Armut und die Beseitigung von Ungleichheiten.

2015 legten die 193 Mitgliedsstaaten der Vereinten Nationen (UNO) 17 nachhaltige Entwicklungsziele, die sogenannten Sustainable Development Goals (SDGs) fest, mit denen sie sich verpflichteten, auf nationaler, regionaler und internationaler Ebene bis zum Jahr 2030 in den drei Dimensionen Wirtschaft, Soziales und Ökologie für eine nachhaltige Entwicklung der Erde zu arbeiten. Neu an diesen Zielen ist, dass dabei auch die Wahrung der Menschenrechte, Rechtsstaatlichkeit, Good Governance, Frieden und Sicherheit einbezogen werden.

Als Kernanliegen dieser bis zum Jahr 2030 zu erzielenden Agenda gelten die – auf Englisch als „5 Ps" bezeichneten – Kernanliegen People, Planet, Prosperity, Peace, Partnership. Mit ihnen sollen weltweit Armut und Hunger, Ungleichheit in und zwischen den Ländern bekämpft, Menschenrechte für alle verwirklicht und die Selbstbestimmung aller Frauen und Mädchen erreicht werden.

**FILM AB!**

Unter www.trauner.at/sdg.aspx sehen Sie ein Video zu den SDGs.

Infos zu den Inhalten (deutsch)
www.trauner.at/SDG_deutsch.aspx

Fortschritt global
www.trauner.at/SDG_englisch.aspx

---

### Arbeitsaufgaben

1. Bearbeiten Sie den folgenden Raster in Partnerarbeit, wobei jedes Tandem zwei bis drei SDGs bearbeitet. Stellen Sie anschließend die Ergebnisse der Klasse vor, die die jeweils fehlenden Ziele im Raster ergänzen. Verwenden Sie dazu die angegebenen Links. Geben Sie in Kürze die Umsetzung(en) des jeweiligen SDGs wieder. Recherchieren Sie den Stand der Umsetzung – vergeben Sie ein Smiley. Kreuzen Sie an, ob das Ziel für Menschenrechte (MR), Global Governance (GG) bzw. Frieden und Sicherheit (FS) wichtig ist.

**1 NO POVERTY**

Umsetzung: _____

Zielerreichung
☺ erfüllt   ☺ fast erfüllt   ☹ nicht erfüllt
MR   |   GG   |   FS

**2 ZERO HUNGER**

Umsetzung: _____

Zielerreichung
☺ erfüllt   ☺ fast erfüllt   ☹ nicht erfüllt
MR   |   GG   |   FS

**3 GOOD HEALTH AND WELL-BEING**

Umsetzung: _____

Zielerreichung
☺ erfüllt   ☺ fast erfüllt   ☹ nicht erfüllt
MR   |   GG   |   FS

**4 QUALITY EDUCATION**

Umsetzung: _____

Zielerreichung
☺ erfüllt   ☺ fast erfüllt   ☹ nicht erfüllt
MR   |   GG   |   FS

**5 GENDER EQUALITY**

Umsetzung: _____

Zielerreichung
☺ erfüllt   ☺ fast erfüllt   ☹ nicht erfüllt
MR   |   GG   |   FS

**6 CLEAN WATER AND SANITATION**

Umsetzung: _____

Zielerreichung
☺ erfüllt   ☺ fast erfüllt   ☹ nicht erfüllt
MR   |   GG   |   FS

**7 AFFORDABLE AND CLEAN ENERGY**

Umsetzung: _____

Zielerreichung

☺ erfüllt　😐 fast erfüllt　☹ nicht erfüllt

MR　|　GG　|　FS

**8 DECENT WORK AND ECONOMIC GROWTH**

Umsetzung: _____

Zielerreichung

☺ erfüllt　😐 fast erfüllt　☹ nicht erfüllt

MR　|　GG　|　FS

**9 INDUSTRY, INNOVATION AND INFRASTRUCTURE**

Umsetzung: _____

Zielerreichung

☺ erfüllt　😐 fast erfüllt　☹ nicht erfüllt

MR　|　GG　|　FS

**10 REDUCED INEQUALITIES**

Umsetzung: _____

Zielerreichung

☺ erfüllt　😐 fast erfüllt　☹ nicht erfüllt

MR　|　GG　|　FS

**11 SUSTAINABLE CITIES AND COMMUNITIES**

Umsetzung: _____

Zielerreichung

☺ erfüllt　😐 fast erfüllt　☹ nicht erfüllt

MR　|　GG　|　FS

**12 RESPONSIBLE CONSUMPTION AND PRODUCTION**

Umsetzung: _____

Zielerreichung

☺ erfüllt　😐 fast erfüllt　☹ nicht erfüllt

MR　|　GG　|　FS

**13 CLIMATE ACTION**

Umsetzung: _____

Zielerreichung

☺ erfüllt　😐 fast erfüllt　☹ nicht erfüllt

MR　|　GG　|　FS

**14 LIFE BELOW WATER**

Umsetzung: _____

Zielerreichung

☺ erfüllt　😐 fast erfüllt　☹ nicht erfüllt

MR　|　GG　|　FS

**15 LIFE ON LAND**

Umsetzung: _____

Zielerreichung

☺ erfüllt　😐 fast erfüllt　☹ nicht erfüllt

MR　|　GG　|　FS

**16 PEACE, JUSTICE AND STRONG INSTITUTIONS**

Umsetzung: _____

Zielerreichung

☺ erfüllt　😐 fast erfüllt　☹ nicht erfüllt

MR　|　GG　|　FS

**17 PARTNERSHIPS FOR THE GOALS**

Umsetzung: _____

Zielerreichung

☺ erfüllt　😐 fast erfüllt　☹ nicht erfüllt

MR　|　GG　|　FS

**2.** Stellen Sie in einem Satz den Unterschied der SDGs zu den MDGs gegenüber.

**3.** Problematisieren Sie die Bedeutung der SDGs und ähnlicher Ziele für den einzelnen Menschen.

# 2 Entwicklung: Hilfe – Zusammenarbeit – Politik

> *Nicht nur in der Begrifflichkeit, sondern auch im politischen Zugang bedeutet „Entwicklung" etwas anderes. Während traditionelle Entwicklungshilfe eher davon ausgeht, dass in konkreten Projekten mit Geldern der reicheren Staaten Entwicklungshelfer/innen die Lebensbedingungen vor Ort verbessern helfen, betont das modernere Konzept der Entwicklungszusammenarbeit die Arbeit der Projektpartner/innen auf „Augenhöhe" und das gegenseitige Lernen. Entwicklungspolitik beschäftigt sich weniger mit konkreten Projekten, sondern will gerechtere weltwirtschaftliche Rahmenbedingungen für die ärmeren Staaten der Erde erreichen. Selbstverständlich gibt es zwischen diesen Zugängen vielfältige Überschneidungen.*

## 2.1 Begrifflichkeiten

### Entwicklungshilfe

Entwicklungshilfe will mit konkreten Projekten einen Beitrag leisten, die gewaltigen Unterschiede zwischen Nord und Süd auszugleichen. Manche erachten die Bemühungen als gescheitert, da die jahrzehntelangen Bemühungen die Entwicklungsländer nicht aus der Armut geführt haben. Vielleicht kann die Einbeziehung der bisher gemachten Erfahrungen dazu beitragen, künftige Projekte effizienter zu gestalten.

### Entwicklungszusammenarbeit (EZ)

Entwicklungszusammenarbeit ist eine über die bloße Geber- und Empfängerposition hinausgehende, umfassende Kooperation, die zu einem späteren Zeitpunkt auch eine technologisch anspruchsvollere Wirtschaftskooperation zulässt. Es werden drei Bereiche unterschieden:

- die technische Zusammenarbeit, die Bereitstellung von ausgebildeten Fachkräften und Material etc.,
- die finanzielle Zusammenarbeit, z. B. Kredite, die günstiger als zu Marktkonditionen vergeben werden,
- die personelle Zusammenarbeit; hier geht es um die Ausbildung von Fach- und Führungskräften, die Förderung von Existenzgründungen etc.

### Entwicklungspolitik

Entwicklungspolitik strebt Veränderungen auf drei Ebenen an:

- Strukturreformen in Entwicklungsländern mit den Zielen Wohlstandssteigerung, soziale Gerechtigkeit, Befreiung von Unterdrückung und Ausbeutung sowie Verwirklichung der Menschenrechte,
- Veränderung der weltwirtschaftlichen Rahmenbedingungen mit dem Ziel, die Benachteiligung der Entwicklungsländer v. a. im Bereich des Welthandels zu überwinden,
- Veränderung der Bewusstseins- und Konsumstrukturen in den reicheren Gesellschaften, um Entwicklung in den ärmeren Ländern überhaupt zu ermöglichen. Auch gezielt eingesetzte humanitäre Hilfe gehört hierher.

Wasser bedeutet Leben

Bildung erhöht die Chancen

Gesundheit ist ein Menschenrecht

| Entwicklungshilfe – Entwicklungszusammenarbeit – Entwicklungspolitik | H | Z | P |
|---|---|---|---|
| Entsendung von Entwicklungshelfern/-helferinnen | | | |
| Veränderung der weltwirtschaftlichen Rahmenbedingungen | | | |
| Finanzielle Unterstützung von Unternehmensgründungen | | | |
| Unterstützung von Projekten in armen Ländern mit Geld | | | |
| Veränderung des Bewusstseins und der Konsumgewohnheiten in den reichen Ländern | | | |
| Reform von Strukturen in den Entwicklungsländern | | | |
| Bau von Schulen oder Brunnen | | | |
| Schulung von Experten/Expertinnen | | | |

■ Ordnen Sie die Aussagen in der folgenden Tabelle den drei Begrifflichkeiten zu.
■ Entwicklungshilfe (H)
■ Entwicklungszusammen-arbeit (Z)
■ Entwicklungspolitik (P)

## 2.2 Ansätze der Entwicklungshilfe und Entwicklungs-zusammenarbeit

Seit Jahrzehnten engagieren sich Menschen und Organisationen in Entwicklungshilfeprojekten. Dadurch soll das Los der Menschen in den Entwicklungsländern verbessert werden. Doch alle diese privaten und auch staatlichen Initiativen sind nur ein Tropfen auf den heißen Stein, da Armut und Ungleichheit nicht verschwunden sind. Eine unfaire Weltwirtschaft verhindert eine grundlegende Bekämpfung der Armut. Trotzdem ist Entwicklungshilfe nicht sinnlos. Millionen von Menschen können etwas besser leben.

### Beispiel: „Menschen für Menschen" in Äthiopien

1981 besuchte der mittlerweile verstorbene österreichische Schauspieler Karlheinz Böhm ein Lager von Hungerflüchtlingen in Äthiopien. Er startete ein erstes Hilfsprojekt, aus dem sich die Organisation „Menschen für Menschen" entwickelt hat. Heute betreibt die Organisation, die von Spendengeldern aus Europa lebt, in mehreren Regionen Äthiopiens langfristige Projekte zur Entwicklung. Mehr als 700 Mitarbeiter/innen arbeiten in Äthiopien. Die Spenden kommen fast zur Gänze den Menschen im Land zugute, da nur wenige „teure" Europäer/innen beschäftigt werden und qualifizierte Fachkräfte aus dem Land in den Projekten arbeiten.

#### Unser Konzept – Hilfe zur Selbsthilfe

Unser Ziel ist immer, die Menschen dazu zu befähigen, sich selbst aus der Armut zu befreien und dadurch unabhängig von fremder Hilfe zu werden. Die Mitwirkung und Eigenverantwortlichkeit der unterstützten Menschen ist daher natürlich unerlässlich und auch Voraussetzung für unsere Hilfe. Wir geben keine Almosen und sehen die Frauen, Männer und Kinder nicht als passive Hilfsempfänger, sondern als gleichberechtigte Partner auf Augenhöhe, die ihr Leben mit unserer Hilfe selbst und anhaltend verbessern können.

*Nach: https://www.menschenfuermenschen.at, 18. Mai 2017*

Karlheinz Böhms Äthiopienhilfe

**Schwerpunkte von „Menschen für Menschen":**
■ Nothilfe,
■ landwirtschaftliche und agro-ökologische Projekte,
■ Ausbau des Gesundheitswesens,
■ Bildung insbesondere für Frauen und Mädchen,
■ Schaffung von Einkommen außerhalb der Landwirtschaft,
■ Verbesserung der Infrastruktur (Straßenbau).

*https://www.menschenfuermenschen.at/*

https://www.menschenfuer-menschen.at/

## Arbeitsaufgaben

1. Arbeiten Sie in Gruppen mit dem nebenstehenden Link: Stellen Sie einen Schwerpunkt des Hilfsprojektes der Klasse vor.

2. Erörtern Sie die Idee, weniger auf „Entwicklungshelfer/innen" zu setzen als vielmehr einheimische Expertinnen/Experten zu beschäftigen.

3. Bewerten Sie die Idee des Konzeptes „Hilfe zur Selbsthilfe".

4. Argumentieren Sie, ob es sich bei diesem Projekt eher um Entwicklungshilfe oder um Entwicklungszusammenarbeit handelt.

Mit österreichischen EZ-Geldern und Expertisen wird die Entwicklung des kleinbäuerlichen Sektors in Mosambik unterstützt. Dabei werden z. B. Kleinbäuerinnen mit nachhaltigen Methoden in der Landwirtschaft und neuen Technologien vertraut gemacht, sodass v. a. die ökonomische Selbstständigkeit von Frauen gefördert wird.

Musik als Chance der Persönlichkeitsstärkung von benachteiligten Kindern in Nicaragua

## Projektbeispiele – eine Auswahl

### Infrastrukturprogramme

Straßen, Eisenbahnlinien, Telefon-, Wasser- oder Abwasserleitungen sind kaum vorhanden. Fehlt Infrastruktur, wird das Leben vor Ort schwierig. Güter können überregional schwer transportiert werden, die Wirtschaft leidet. Konzerne oder Staaten investieren aus Eigennutz in Infrastrukturprojekte wie Straßen. Private Entwicklungshilfe verbessert durch lokale Investitionen sinnvoll die Lebensqualität vor Ort.

### Bildungsprogramme

Bildung ist entscheidend dafür, der Armut entkommen zu können. Lesen und Schreiben ermöglichen, sich grundlegende Informationen zu beschaffen und Chancen der Entwicklung zu nutzen. Für Millionen von Kindern fehlen selbst Grundschulen. Erwachsene brauchen weitere Bildung, um in einer globalisierten Welt bestehen zu können. Entwicklungshilfeorganisationen bilden Lehrer/innen aus, die in Schulen unterrichten können.

### Menschenrechte – Frauenrechte

Menschenrechte werden in vielen Entwicklungsländern missachtet. Menschen werden vertrieben, verfolgt und in noch größere Armut getrieben. Frauen stehen meist an der untersten Stufe der Gesellschaft, obwohl sie die Hauptlast der Gesellschaft tragen. Die Stärkung von Frauenrechten ist entscheidend für die Verbesserung der Lage der Menschen. Die Beachtung grundlegender Menschenrechte würde Armut für viele Menschen verhindern.

### Kultur und Entwicklung

Bis vor einigen Jahren wurde die Kultur der Menschen der Entwicklungsländer als „minderwertig" angesehen. Europäische Wertvorstellungen sollten übernommen werden. Dabei ging viel wertvolles Wissen verloren. Inzwischen hat man den Wert der kulturellen Errungenschaften erkannt: für die eigene Entwicklung und als Wissen für die gesamte Welt, von dem auch wir profitieren können.

### Medizinische Hilfe

Durch die mangelnde medizinische Versorgung sterben in den Entwicklungsländern Menschen an Krankheiten, die problemlos heilbar wären. Ärzte/Ärztinnen und Krankenpfleger/innen im eigenen Land müssen ausgebildet werden, Krankenhäuser und Gesundheitsstationen errichtet werden. Medizinisches Personal aus den Industrieländern leistet zusätzlich große Hilfe.

Katastrophen- und medizinische Hilfe im Südsudan. Ärzte ohne Grenzen helfen, wo das medizinische System zusammengebrochen ist.

### Nahrungsmittelhilfe

Naturkatastrophen wie Überschwemmungen, Hurrikane oder Erdbeben erfordern immer wieder die rasche Lieferung von Nahrungsmitteln, die im betroffenen Land nicht vorhanden sind. Nahrungsmittelhilfe auf Dauer wirkt sich aber negativ auf die lokale Produktion von Lebensmitteln aus, da die Bauern/Bäuerinnen die Motivation verlieren, über den Eigenbedarf zu produzieren.

### Landwirtschaftsprojekte

Von der Natur aus könnten sich die meisten Entwicklungsländer problemlos ernähren. Unzureichende, veraltete Produktionsmethoden verhindern eine ausreichende lokale Lebensmittelversorgung. Sinnvoller Einsatz von Geldspenden und Ausbildung von Bäuerinnen und Bauern ermöglicht das Nahrungsmittelangebot vor Ort zu steigern und Hunger sowie Mangelernährung zu bekämpfen – ohne die Natur zu zerstören.

---

## Arbeitsaufgaben

**1.** Ordnen Sie die Organisationen den einzelnen Texten zu. Verwenden Sie dazu auch die Links der entsprechenden Organisation.

1 Städtepartnerschaft Salzburg – Singinda, Tansania: http://www.tanzania.at/index.php/

2 Terre des Hommes: https://www.tdh.de/

3 Casa de los Tres Mundos. Nicaragua: http://c3mundos.org/

4 Menschen für Menschen - https://www.menschenfuermenschen.at/

5 Ärzte ohne Grenzen: https://www.aerzte-ohne-grenzen.de/

6 Horizonte 3000: http://www.horizont3000.at/

7 UN-Welternährungsprogramm - https://de.wfp.org/

**2.** Erstellen Sie jeweils ein Profil einer Organisation.

## 2.3 Rücküberweisungen von Migrantinnen/Migranten – die „stille" Hilfe

Nicht zu unterschätzen sind die Geldüberweisungen von Migrantinnen/Migranten in ihre Herkunftsregionen. Diese Geldströme übertreffen vielfach die Summen, die in Form von Entwicklungshilfe oder von Investitionen in die Wirtschaft dieser Länder fließen. Nach Schätzungen der Weltbank sollen 2016 mehr als 570 Mrd. Euro – das Doppelte der gesamten Entwicklungshilfe – überwiesen worden sein.

An die eine Million Arbeitsmigrantinnen/-migranten in Russland und in Kasachstan sichern mit ihren Geldüberweisungen das Überleben ihrer Familien in dem bitterarmen zentralasiatischen Staat/Tadschikistan.

Vielfach sichern sie nicht nur das Überleben von Familienangehörigen oder bieten ihnen einen bescheidenen Wohlstand, sondern sie kommen auch der Wirtschaft in den Zielregionen durch zusätzliche Konsumausgaben oder Investitionen zugute.

■ Diskutieren Sie die folgende Aussage: „Lassen wir verstärkt legal Menschen aus ärmeren Ländern nach Europa einwandern, dann lösen sich die Entwicklungsprobleme durch Rücküberweisungen von selbst."

**giz** Deutsche Gesellschaft für Internationale Zusammenarbeit (GIZ) GmbH

Die deutsche Gesellschaft für internationale Zusammenarbeit ist eine der wichtigsten europäischen EZ-Organisationen und wickelt eine Unzahl an Projekten ab.
https://www.giz.de/

Das Wasserkraftwerk Basochhu in Bhutan ist das bisher größte Einzelprojekt der Österreichischen Entwicklungszusammenarbeit. Umgesetzt wurde das Projekt von österreichischen Unternehmen.

---

**Weltmeister der Abhängigkeit ist Tadschikistan**

In Togo machten die Geldrücksendungen von Migranten im Jahr 2013 insgesamt 7,8 Prozent des BIP aus. In der Republik Moldau stammt knapp ein Viertel des BIP von Familienmitgliedern oder Bekannten aus dem Ausland, in Nepal sind es 28,8, in Kirgisistan 31,5 Prozent. Weltmeister der Abhängigkeit ist Tadschikistan: Mehr als 42 Prozent des BIP stammte aus Geldgeschenken tadschikischer Auswanderer.

*Nach: http://www.spiegel.de, 31. Jänner 2015*

## 2.4 Instrumente der Entwicklungszusammenarbeit

Finanzielle Hilfe ist ein Grundstock der Entwicklungszusammenarbeit. Sie kann durch technische Hilfe oder personelle Hilfe ergänzt bzw. ersetzt werden. Vielfach werden diese Leistungen aber in die finanzielle Hilfe mit eingerechnet.

### Technische Zusammenarbeit

Sie umfasst unter anderem die folgenden Leistungen:
■ Beratung durch Fachkräfte,
■ Finanzierung von Beratungsleistungen,
■ Bereitstellung von Ausrüstung und Material für die Ausstattung der geförderten Einrichtungen,
■ Erstellung von Studien und Gutachten.
Es muss sichergestellt sein, dass das Kooperationsland seinen Beitrag auch nach Ende der Förderung weiter erbringen kann.

---

**Österreichs technische Hilfe in Bhutan**

Der Schwerpunkt der Kooperation im Energiebereich liegt im Ausbau der Nutzung natürlicher Ressourcen, und hier vor allem der Nutzung der Wasserkraft. Bislang konnten zwei Wasserkraftwerke errichtet werden: Seit dem Jahr 1996 versorgt das Kleinkraftwerk Rangjung vier Bezirke im Osten des Landes mit Strom. 2002 folgte die Oberstufe des Wasserkraftwerkes Basochhu mit einer Leistung von 24 MW. Die zweite Ausbaustufe des Kraftwerkes (Unterstufe) mit einer Kapazität von 40 MW wurde im Rahmen des österreichischen Exportförderungsverfahrens finanziert und 2005 eröffnet. Für das Wasserkraftwerk Dagachhu stellt Österreich die technischen Ingenieursleistungen zur Verfügung. Neue Projekte befassen sich mit Know-How-Transfer, um die technische Sicherheit bestehender Anlagen zu gewährleisten sowie Umweltbelastungen durch den Bau und den Betrieb von Wasserkraftwerken zu verringern. Österreich beteiligt sich darüber hinaus an Programmen zur ländlichen Elektrifizierung, wodurch bereits über 2 600 Haushalte in schwer zugänglichen und ökologisch sensiblen Gebieten an das öffentliche Elektrizitätsnetz angeschlossen werden konnten.

*https://www.bmeia.gv.at, 20. Mai 2017*

Die technische Hilfe konzentriert sich auf die Bereiche und Regionen, die als Schwerpunkte der Entwicklungszusammenarbeit mit dem Kooperationsland festgelegt wurden und ergänzt dabei die Eigenleistungen der Partner im Zielland. Bhutan ist eines der Schwerpunktländer der österreichischen Entwicklungszusammenarbeit.

## Personelle Hilfe

Im Rahmen der personellen Entwicklungszusammenarbeit werden (europäische) Fachkräfte in die Entwicklungsländer entsandt. Mediziner/innen, Pflegepersonal, Techniker/innen, Biologinnen/Biologen, Pädagoginnen/Pädagogen oder Manager/innen haben so direkten Zugang zu den Bedürfnissen, Interessen und Potenzialen der Menschen vor Ort. Gemeinsam mit ihren Partnerinnen und Partnern erarbeiten sie innovative Ansätze und Strategien. So werden Kapazitäten von lokalen Organisationen aufgebaut, gleichzeitig aber auch die Anliegen aus Partnerländern an die österreichischen Hilfsdienste vermittelt.

### Österreichs personelle Hilfe in Bhutan

Beim Thema Governance setzt sich die EZ vor allem für die Stärkung demokratischer Institutionen mit Fokus auf dem Justizbereich ein. In fünf Distrikten konnten neu errichtete Gerichtsgebäude ihrer Bestimmung übergeben werden und damit der Zugang der ländlichen Bevölkerung zu Rechtsprechung verbessert werden. Darüber hinaus wird der Aus- und Fortbildung des Justizpersonals besondere Beachtung geschenkt. Die Entwicklung eines Rechtshilfesystems, das vor allem den ärmeren Schichten der Bevölkerung zugutekommen soll, ist in Arbeit. Ein Schwerpunkt liegt auf dem Schutz von Opfern häuslicher Gewalt. Ein Reformprojekt für den öffentlichen Dienst sowie die Stärkung des bhutanischen Rechnungshofs und der noch jungen zivilgesellschaftlichen Organisationen ergänzen das österreichische Engagement.

*Quelle: https://www.bmeia.gv.at, 20. Mai 2017*

## Finanzielle Hilfe

Der Erfolg der Entwicklungszusammenarbeit (EZ) hängt sehr wesentlich von den Finanzleistungen der Geberländer ab. Diese unterliegt aber der wirtschaftlichen Gesamtsituation im Geberland ebenso wie auch der öffentlichen Meinungsbildung, der politischen und wirtschaftlichen Situation in den Empfängerländern. 2002 haben sich die Regierungsverantwortlichen nahezu aller Geberländer auf einer Konferenz im mexikanischen Monterrey auf eine Definition zum Ziel der Finanzierung der EZ geeinigt:

Ziel ist es, die Armut auszurotten, anhaltendes wirtschaftliches Wachstum zu erreichen, nachhaltige Entwicklung zu fördern und einem gerechten, globalen Wirtschaftssystem näherzukommen.

*Nach: http://www.unric.org, 20. Mai 2017*

Dabei wurde das Ziel, 0,7 % des jeweiligen BNE als Finanzmittel für die EZ zur Verfügung zu stellen, bestätigt. Es wurde aber auch die Forderung nach außerbudgetärer Finanzierung der EZ erhoben, wie Direktinvestitionen und private Finanzierung.

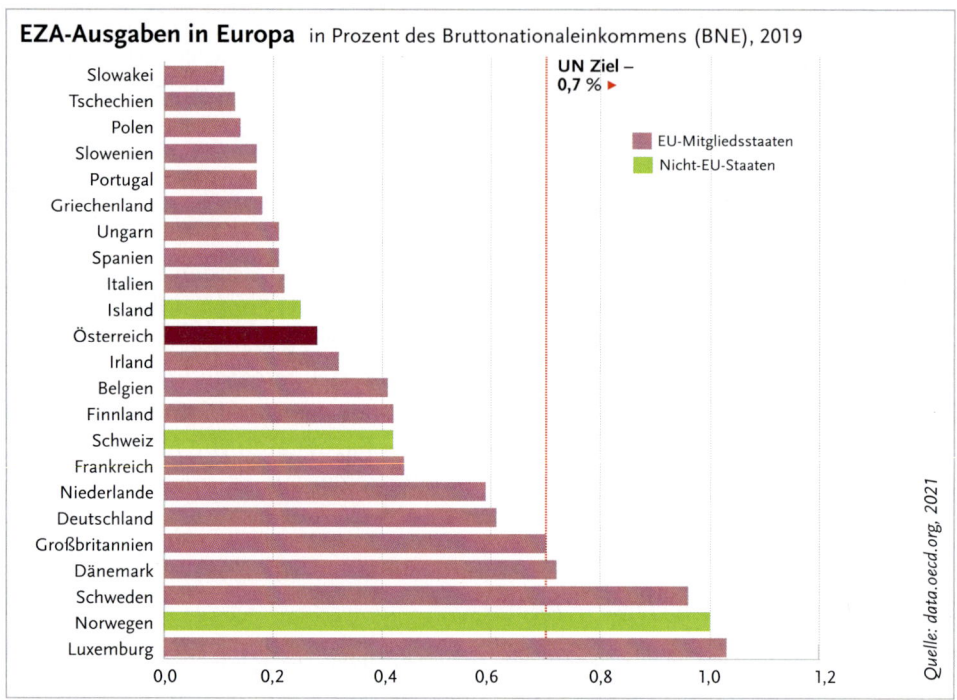

**EZA-Ausgaben in Europa** in Prozent des Bruttonationaleinkommens (BNE), 2019

Öffentliche Entwicklungshilfe als staatliche Transferzahlungen

*Quelle: data.oecd.org, 2021*

■ Interpretieren Sie die nebenstehende Grafik.
Nennen Sie Länder, die das 0,7-Prozent-Ziel erreicht bzw. nicht erreicht haben.

# 3 Akteure der Zusammenarbeit und Politik

*Die Entwicklungszusammenarbeit und -politik erfolgt auf verschiedenen Ebenen. Einerseits arbeiten unterschiedlichste private Organisationen mit Projektpartnern zusammen oder staatliche Organisationen unterstützen Projekte in Entwicklungsländern. Andererseits schließen Staaten, die Europäische Union oder internationale Organisationen politische Abkommen mit Entwicklungsländern in Afrika, Asien oder Lateinamerika ab. Die Lebensbedingungen sollen in diesen Regionen verbessert werden, oft verfolgen die Geber auch eigene wirtschaftliche und/oder politische Interessen.*

## 3.1 Nichtregierungsorganisationen (NGOs)

Neben offiziellen internationalen Organisationen wie der UNO und einzelnen Staaten arbeiten weltweit zahlreiche NGOs (Non Governmental Organizations) für entwicklungspolitische Projekte. Von diesen nicht staatlichen Organisationen wurde u. a. der Begriff der Entwicklungszusammenarbeit geprägt.

NGOs vertreten selbst definierte gesellschaftliche Interessen, sie sind mit ihren Zielsetzungen und in ihrer Arbeit nicht einem Staat oder einer Regierung unterstellt, sie agieren hingegen selbstverantwortlich. Zwar sind NGOs inhaltlich und finanziell grundsätzlich vom Einfluss des Staates oder der Wirtschaft unabhängig, sie können aber vom Staat für bestimmte Aufgaben finanziell unterstützt werden.

**Einige internationale entwicklungspolitisch tätige NGOs**

- **Oxfam** (Oxford Committee for FAMine Relief) fördert heute rund 3 000 Hilfsprojekte in mehr als 100 Ländern in partnerschaftlicher Zusammenarbeit mit über 3 000 lokalen Organisationen.

https://www.oxfam.org/

- **Ärzte ohne Grenzen** ist eine private, medizinische Nothilfeorganisation. Sie hilft Menschen in Not, Betroffenen von Katastrophen und bewaffneten Konflikten. In rund 70 Einsatzländern helfen mehr als 35.000 Mitarbeiter/innen, davon 2.600 internationale Einsatzkräfte.

https://www.aerzte-ohne-grenzen.at/

- **World Vision** ist ein Hilfswerk evangelikaler Gemeinden aus den USA mit dem Ziel einer langfristigen Entwicklungszusammenarbeit in Projekten, die mit der Bevölkerung in Entwicklungsländern entwickelt und durchgeführt werden.

http://www.worldvision.at/

- Die **Dreikönigsaktion der Katholischen Jungschar** (Österreich) verwendet die Gelder, die beim traditionellen Sternsingen von Jugendlichen gesammelt werden, für mehr als 500 Projekte in Afrika, Asien und Lateinamerika. Z. B. werden Straßenkinder in Kenia, landlose Bauern in Nicaragua und Guatemala oder indigene Völker auf den Philippinen unterstützt.

https://www.dka.at

- **Horizont 3000** mit katholischem Hintergrund ist die größte Organisation in der nichtstaatlichen österreichischen Entwicklungszusammenarbeit. Es werden benachteiligte Menschen im globalen Süden bei ihrer nachhaltigen und menschengerechten Entwicklung unterstützt.

http://www.horizont3000.at/

- Die **Caritas Österreich** hilft auch im Ausland mit den Schwerpunkten Katastrophenhilfe, Kinder in Not, langfristige Existenzsicherung, Frauen, HIV/Aids, Roma und andere Minderheiten, Menschen mit Behinderung, Menschen auf der Flucht.

**Caritas &Du**

https://www.caritas.at/auslands-hilfe/

**Arbeitsaufgabe**

- Recherchieren Sie die Unterschiede in den Zielsetzungen der hier vorgestellten oder auch weiterer Organisationen.

## 3.2 Multinationale Organisationen

### Der Ausschuss für Entwicklungszusammenarbeit (DAC) der OECD

Die weltweiten Ausgaben für Entwicklungshilfe stiegen als Folge der Flüchtlingskrise kräftig an. Im Jahr 2015 gaben die OECD-Länder etwas mehr als 130 Mrd. USD für Entwicklungszusammenarbeit aus. Regional stammten mehr als die Hälfte der weltweit zur Verfügung gestellten Entwicklungsgelder aus den Ländern der EU.

| Die wichtigsten Empfängerländer der EZ durch OECD-Staaten 2016 in Mio. USD | | | | | |
|---|---|---|---|---|---|
| 1 | Afghanistan | 3.828 | 6 | Pakistan | 1.883 |
| 2 | Indien | 3.179 | 7 | Syrien | 1.721 |
| 3 | Vietnam | 2.623 | 8 | Kenia | 1.693 |
| 4 | Äthiopien | 1.916 | 9 | Jordanien | 1.625 |
| 5 | Indonesien | 1.910 | 10 | Südsudan | 1.517 |

*Quelle: OECD 2017*

### Weltbank und Internationaler Währungsfonds IWF

Beide Institutionen beschäftigen sich mit Entwicklungsprogrammen. Die Weltbank stellt Finanzierungsinstrumente für langfristige Entwicklungs- und Aufbauprojekte im Bereich der Realwirtschaft bereit. Der IWF gewährt Ländern, die - oft aufgrund von Zahlungsbilanzschwierigkeiten – Bedarf an Fremdwährung haben, Kredite, die allerdings an Bedingungen verknüpft werden.

💡 Das **Development Assistance Committee** oder Ausschuss für Entwicklungshilfe (DAC) ist ein Forum der Organisation für wirtschaftliche Zusammenarbeit und Entwicklung (OECD), in dem die großen Geberländer zusammenarbeiten, um die Effektivität ihrer gemeinsamen Anstrengungen zur nachhaltigen Förderung der Entwicklung zu steigern und zu koordinieren. Mitglieder sind die meisten europäischen Staaten, die EU, Japan, Südkorea, Kanada und die USA.

■ Beantworten Sie die folgenden Aussagen zum nebenstehenden Artikel mit Richtig (R) oder Falsch (F)

■ Die Weltbank bzw. der IWF verlangte von Mali die wichtigsten Wirtschaftssektoren zu privatisieren

■ Die Entscheidungen werden partnerschaftlich getroffen

■ Länder, die mit dem IWF kooperieren, erhalten mehr Geld

■ Die Privatisierung der Stromversorgung in Mali verteuerte die Preise

■ Die Liberalisierung des Baumwollsektors erwies sich als Erfolgsstory für die Bäuerinnen/Bauern

Die **neoliberale Wirtschaftsordnung** kennzeichnet sich u. a. durch marktwirtschaftliche Entscheidungen, Wettbewerb, Privatisierungen öffentlichen Eigentums und will staatliche Eingriffe in die Wirtschaft auf ein Minimum beschränken.

## Widerstand gegen das Diktat des IWF

Weltbank und IWF haben finanzielle Hilfen für den Staatshaushalt davon abhängig gemacht, dass in Mali die Elektrizitätsversorgung privatisiert und der Baumwollsektor liberalisiert und privatisiert werden. Amadou Toumani Touré, Präsident der Republik Mali stellt dazu fest: „Wahre Partnerschaft setzt die Autonomie der begünstigten Länder voraus, wenn sie um Entwicklungshilfe bitten und deren Ziele festlegen … Oftmals werden uns Programme aufgezwungen, und man sagt uns, dass es unser Programm ist … Menschen, die noch nie Baumwolle gesehen haben, kommen zu uns, um uns über Baumwolle zu unterrichten. Dies ist keine Partnerschaft. Dies ist das Verhältnis zwischen Lehrer und Schüler." Mali ist extrem arm: 90 % seiner Bevölkerung leben von weniger als zwei Dollar pro Tag. Dennoch erhält das Land dauerhaft zu wenig Entwicklungshilfe. Mali bekommt nicht einmal halb so viel Entwicklungshilfe pro Person wie sein Nachbar Senegal, das weniger arm ist. Trotzdem hat die Weltbank der Regierung Malis absichtlich weniger Entwicklungshilfe gewährt, mit der Begründung, Mali habe den Baumwollsektor nicht privatisiert. So erhält Mali gegenwärtig mindestens 72 Millionen Dollar weniger, als es bekommen könnte. In einem Land, in dem nur 17 % der Frauen zwischen 15 und 24 Jahren lesen können, könnten mit diesem Geld die Gehälter von 5 000 Lehrer/innen für die nächsten zehn Jahre bezahlt werden. Die Privatisierung der Stromversorgung in Mali hat nur minimal zur Expansion des Versorgungsbereichs beigetragen und stattdessen dramatische Preissteigerungen verursacht. Die Liberalisierung des Baumwollsektors hat die Baumwollbauern und -bäuerinnen dem stark verzerrten Weltmarktpreis für Baumwolle ausgesetzt. Das Ergebnis: Drei Millionen Bäuerinnen und Bauern in Mali mussten einen 20%igen Einbruch des Preises, den sie für ihre Baumwolle erzielen konnten, hinnehmen.

*Nach: Oxfam Positionspapier Nr. 96, 31. Mai 2017*

## Entwicklung durch Stärkung der Märkte?

Der IWF hat über Jahrzehnte Unterstützungsmaßnahmen für Entwicklungsländer maßgeblich beeinflusst. Besonders zwei Punkte der neoliberalen Wirtschaftsordnung, die der IWF immer vertreten hat, waren es, die zu heftigen Diskussionen Anlass gaben: strenge Sparpolitik und freier Kapitalverkehr. Der Neoliberalismus habe, so betonen die Ökonomen des IWF, Wohlstand für die Menschen gebracht, und die Ausweitung des Welthandels habe Millionen aus der Armut geholt. Kritiker warfen und werfen dem IWF vor, dass er eine Ideologie vertrete, die die Freiheit der Märkte über die Belange der Menschen stelle und dies hätte Staaten in die Pleite, Menschen in die Armut und die Weltwirtschaft in immer neue Krisen getrieben.

*Nach: https://www.welt.de, 9. Juni 2016*

 **Arbeitsaufgaben**

1. Erörtern Sie die These des IWFs von der Armutsbekämpfung und vom steigenden Wohlstand durch die Ausweitung des Welthandels am Beispiel (süd-)ostasiatischer Staaten.

2. Stellen Sie das im Oxfam Positionspapier angesprochene Länderbeispiel den Erfolgsmeldungen des IWFs gegenüber. Suchen Sie mögliche Gründe für die Unterschiede.

3. Entwickeln Sie für beide entwicklungspolitische Positionen Pro- und Kontra-Argumente.

# 3.3 USA, EU und Österreich als Geldgeber

## USA – Sicherheitspolitik kontra Entwicklungshilfe

Obwohl die USA als Einzelstaat der größte Geldgeber für die Entwicklungshilfe sind, erreichen auch sie das UNO-Ziel von 0,7 Prozent des BNE nicht. Seit geraumer Zeit wird Entwicklungshilfe stark an sicherheitspolitische Fragen geknüpft, wobei Gelder v. a. in politisch verbündete Staaten gehen (z. B. Israel oder Ägypten) oder in den Wiederaufbau von kriegszerstörten, „wichtigen" Staaten wie den Irak oder Afghanistan fließen. Insgesamt liegt der Schwerpunkt des außenpolitischen Engagements der USA nicht im wirtschaftlichen Aufbau, sondern im Unterhalt starker militärischer und geheimdienstlicher Strukturen, die laufend auch im Ausland eingesetzt werden.

Die Regierung Trump (2017) verstärkte diese Politik, in dem sie u. a. die Mittel für die Entwicklungshilfe kürzte und in den Sicherheitsapparat umlenke. Überdies wurden EZ-Organisationen Mittel entzogen, die in bevölkerungspolitischen Fragen nicht rechtskonservative Ansichten vertraten.

https://www.usaid.gov/

## Europäische Entwicklungszusammenarbeit durch die EU-Einrichtungen

Das Grundsatzdokument „Agenda für den Wandel" der EU aus dem Jahr 2012 enthält Vorschläge zur Entwicklungszusammenarbeit, wie die „Förderung der Menschenrechte, der Demokratie, der Rechtsstaatlichkeit und der verantwortungsvollen Staatsführung" und das „breitenwirksame und nachhaltige Wachstum" als die zwei Säulen der Entwicklungspolitik. Die Mittel sollten mit fünf Kernbereichen auf die „bedürftigsten Länder" konzentriert werden:
- Handel und Finanzen,
- Bewältigung des Klimawandels,
- Gewährleistung der globalen Ernährungssicherheit,
- Nutzung der Migration für die Entwicklung,
- engere Verknüpfung und stärkere Synergien zwischen Sicherheit und Entwicklung im Rahmen einer globalen Agenda für den Frieden.

■ Arbeiten Sie die unterschiedlichen Zielsetzungen der US-amerikanischen und der EU-Entwicklungspolitik heraus.

## Österreich - die staatliche Austrian Development Agency (ADA)

Die ADA, die Agentur der staatlichen Österreichischen Entwicklungs- und Ostzusammenarbeit (OEZA) setzt im Auftrag des Außenministeriums jährlich rund 650 Projekte und Programme mit einem Gesamtvolumen von 500 Millionen Euro um. Sie konzentriert sich in ihrer Arbeit auf Schwerpunktregionen in Afrika, Asien, Südost- und Osteuropa sowie die Karibik. Dazu werden Dreijahresprogramme entwickelt und es wird mit NGOs als auch mit Unternehmen zusammengearbeitet. Diese Konstellation entspricht einem internationalen Trend, der verstärkt auf umfassende Programmziele setzt, hingegen punktuelle Engagements reduziert.

AUSTRIAN DEVELOPMENT COOPERATION

http://www.entwicklung.at/

| Schwerpunkregionen und -länder der österreichischen EZ 2017 | |
|---|---|
| Karibik | Bhutan |
| Himalaya-Hindukusch | Albanien, Kosovo |
| Donauraum/Westbalkan | Armenien, Georgien, Moldau |
| Schwarzmeerraum/Südkaukasus | Burkina Faso |
| Westafrika Sahel | Mosambik |
| Südliches Afrika | Äthiopien, Uganda |
| Ostafrika und Horn von Afrika | Palästinensische Gebiete |

## Arbeitsaufgaben

1. Analysieren Sie ein Schwerpunktland nach Wahl. Arbeiten Sie mit der Webseite der ADA.

   **a)** Schreiben Sie Ihre Recherche-Ergebnisse in den folgenden Raster.

   **b)** Stellen Sie anschließend Übereinstimmungen bzw. Unterschiedlichkeiten zwischen den Ländern fest, in dem Sie die Ergebnisse in der Klasse vergleichen.

| Name des Projektlandes: | |
| --- | --- |
| **Ziel der Zusammenarbeit** | |
| Name Teilprojekt 1 | |
| Kurzbeschreibung | |
| Name Teilprojekt 2 | |
| Kurzbeschreibung | |
| Name Teilprojekt 3 | |
| Kurzbeschreibung | |
| Name Teilprojekt 4 | |
| Kurzbeschreibung | |

2. Erörtern Sie Gemeinsamkeiten zwischen „klassischen" Entwicklungsländern in Afrika/Asien/der Karibik und den Schwerpunktländern in Europa und im Kaukasus.

## 3.4 Neue Geberländer

Mit saudischen EZ-Mitteln finanzierte Moschee in Sarajevo

Mit dem Begriff „Neue Geber" werden die nicht im DAC organisierten Staaten zusammengefasst, die sich in Form von entwicklungsorientierten Süd-Süd-Kooperationen engagieren. Die „Neuen Geber" umfassen eine Gruppe von 30 sehr unterschiedlichen Geberländern: OECD und/oder EU-Mitgliedsländer wie z. B. Türkei, Chile oder Polen sowie Nicht-OECD-Geber, unter die so unterschiedliche Geber wie Singapur, Südafrika, Brasilien, Kuwait oder China fallen. Die internationale Debatte um die Neuen Geber wird stark von Chinas EZ-Aktivitäten dominiert, obwohl die arabischen Geber, dabei insbesondere Saudi-Arabien, volumenmäßig bedeutender sind.

| Entwicklungszusammenarbeit durch „Neue" Geberländer" 2019 in Mrd. USD | | | |
| --- | --- | --- | --- |
| Saudi-Arabien | 0,24 | Katar | 1,3 |
| VAE | 0,55 | Russische Föderation | 0,07 |
| Türkei | 1,15 | Indien | 1,8 |
| VR China | 3,5 | Südafrika | 0,1 |

*Official development assistance (ODA), 16. 3. 2021*

## Entwicklungszusammenarbeit arabischer Staaten

Wie andere „Neue Geber" bevorzugen auch die arabischen Geber die Finanzierung von Großprojekten und legen einen Schwerpunkt auf den Infrastruktursektor (Transport, Energie und Wasser). Ebenso werden auch Projekte in der Landwirtschaft, Bildung und Gesundheit gefördert. Bei der regionalen Auswahl der Projekte spielen auch politische Interessen eine Rolle.

| Beispiel EZ durch Saudi Arabien | | |
|---|---|---|
| Empfängerland | Sektor | Projekt |
| Bosnien | Gesundheit | Vollendung und Ausstattung von Krankenhäusern |
| Albanien | Infrastruktur | Straßenbau Tirana - Elbasan |
| Tadschikistan | Bildung | Bau und Ausstattung von Schulen |
| Somalia | Landwirtschaft | Unterstützung des ländlichen Raumes |
| Algerien | Wasserversorgung | Wasserversorgung der Stadt Oran |

*http://www.sfd.gov.sa, 3. März 2019*

### Entwicklungspolitik – Saudi-Arabien

Als reicher Erdölstaat ist Saudi-Arabien in der EZ engagiert. Er erhebt den Führungsanspruch in der islamischen Welt, der durch EZ untersetzt und häufig auch von Missionierungsgedanken begleitet wird. Zusätzlich zu staatlichen EZ-Mitteln spielen hierbei auch Spenden privater Wohlfahrtsorganisationen eine Rolle. Zielregionen sind neben Afrika und Asien z.B. auch muslimisch gepräg-te ehemalige Sowjetrepubliken. Neben wirtschaftlichen Entwicklungsvorhaben werden auch soziale und kulturelle Projekte, wie der Bau von Moscheen, islamischen Zentren und Koranschulen finanziert, aber auch humanitäre Unterstützung wie Not- und Lebensmittelhilfen für bedürftige Bevölkerungsgruppen in Afrika oder aktuell für syrische Flüchtlinge geleistet.

*https://www.liportal.de, 21. Mai 2017*

## Arbeitsaufgaben

1. Vergleichen Sie die Summen der EZ der „Neuen Geber" mit den traditionellen Geber-Ländern. Verwenden Sie dazu die Grafik auf S. 21.

2. Erörtern Sie die politischen Zielsetzungen der EZ Saudi-Arabiens. Beziehen Sie dabei vergleichsweise die Vorgangsweise der USA oder der EU ein.

## Infrastruktur, Rohstoffe, Absatzmarkt - Big Player China

Die Volksrepublik China, der große wirtschaftliche Aufsteiger der letzten Jahrzehnte, setzt nun auch eigene Akzente in der Entwicklungspolitik. Der Hunger nach Rohstoffen, die Suche nach neuen Absatzmärkten und zukünftig wohl auch an billigen Arbeitskräften für Tätigkeiten, die in China wegen der steigenden Lohnkosten zu teuer werden, lassen die ärmeren Weltregionen zunehmend ins Blickfeld des ostasiatischen Landes geraten.

Mit 135 Mrd. USD wird die Bahnlinie mit chinesischen Krediten errichtet, die Burundi mit Kampala und Mombasa in Kenia verbindet. So sinken die Fahrzeiten zwischen Nairobi und Mombasa von acht auf vier Stunden, Geschwindigkeiten von bis zu 120 km/h werden möglich.

Massive Investitionen, ohne politische Fragen nach korrekter Regierungsführung oder der Einhaltung der Menschenrechte, wie dies europäische Regierungen machen, lässt das ostasiatische Land als Investor besonders in Afrika für deren Regierungen als interessant erscheinen. China läuft damit den USA und den EU-Staaten sowohl politisch als auch wirtschaftlich den Rang ab.

Zweifelsohne haben Chinas Investitionen das Potenzial, für einen nachhaltigen Wirtschaftsaufschwung zu sorgen und somit die Armut abzubauen, andererseits ist es nicht klar, ob die Mehrheit der Bevölkerung profitieren wird oder nur als billige Arbeitskräfte missbraucht wird, von ihrem Land vertrieben wird oder durch die neue Schwemme chinesischer Produkte ihre Lebensgrundlagen verlieren wird. Auch die ökologischen Folgen sind ungeklärt.

Mit chinesischer finanzieller und technischer Unterstützung wird derzeit das Eisenbahnnetz nicht nur Äthiopiens saniert und ausgebaut.

## Entwicklungszusammenarbeit Chinas mit Afrika

Chinas größte Auslandsinvestition ermöglicht den Bau einer neuen Eisenbahnlinie in Nigeria. Sie wird über mehr als 1 400 Kilometer an der nigerianischen Atlantikküste entlang führen. Mit 13 Milliarden Dollar erschließt China so dem erdölreichen Nigeria das Tor zum westafrikanischen Wirtschaftsraum.

In Angola hat Peking alle drei im Bürgerkrieg zerstörten Eisenbahnlinien des Landes saniert, und in Ostafrika will Peking mit einer ebenfalls neu verlegten Eisenbahnlinie Kenia, Uganda und den Südsudan verbinden.

Längst hat China die USA und die ehemaligen europäischen Kolonialnationen als Afrikas wichtigste Handelspartner überholt: Das Volumen des Güteraustausches hat sich seit Beginn des Jahrtausends von knapp zehn Mrd. USD auf über 200 Mrd. mehr als verzwanzigfacht. Auf dem afrikanischen Kontinent sind inzwischen rund 2 500 chinesische Firmen aktiv, weit über eine Million Chinesen bauen Eisenbahnlinien oder betreiben Restaurants und Geschäfte.

Chinas Interesse gilt vor allem den Erd-

ölstaaten des Kontinents – wie Nigeria, Angola oder den beiden Sudans – und jenen Nationen, die reich an anderen wichtigen Bodenschätzen sind – wie Südafrika (Platin und Kohle), der Kongo (Uran, Coltan und Zinn) sowie Sambia (Kupfer). Afrikas Präsidenten sind zudem sehr erfreut über die Art der chinesischen Hilfe, treibt diese einerseits den Preis für Bodenschätze in die Höhe und ist dabei nicht an die Einhaltung der Menschenrechte gebunden, wie im Rahmen westlicher Entwicklungszusammenarbeit immer gefordert wird.

Zweifellos haben die 150 Mrd. USD, die China in den vergangenen achteinhalb Jahren nach Afrika pumpte, zu einer Verbesserung des Lebens der Bevölkerung beigetragen. China trug ungeachtet der Widerstände, hervorgerufen u. a. durch oft katastrophale Arbeitsbedingungen in chinesischen Betrieben, maßgeblich zum wirtschaftlichen Aufstieg Afrikas bei: Seit mehr als zehn Jahren weisen zahlreiche Staaten Wachstumsraten von durchschnittlich rund fünf Prozent auf.

*Nach: http://www.berliner-zeitung.de, 22. Mai 2017*

### Arbeitsaufgaben

1. Stellen Sie die positiven den negativen Folgen und Auswirkungen des chinesischen Engagements am Beispiel Afrika gegenüber.

2. Bewerten Sie die Form des chinesischen Engagements.

3. Problematisieren Sie die europäischen politischen Forderungen.

## 3.5 Entwicklungsdiktatur: der neue Löwe Äthiopien

Äthiopien gilt als Inbegriff eines Entwicklungslandes. Armut, Hunger, Krankheiten, schlechte Lebensbedingungen, Analphabetismus – all dies wird mit diesem ostafrikanischen Land verbunden. Hilfsorganisationen, wie z. B. die in diesem Kapitel beschrieben in Österreich gegründete „Menschen für Menschen", versuchen die Lebensbedingungen von Äthiopierinnen und Äthiopiern zu verbessern. Überdies ist das Land ein Schwerpunktland der öffentlichen österreichischen EZ.

Äthiopien zählt gleichzeitig zu den sich am dynamischsten entwickelnden Volkswirtschaften des Kontinents. Wachstumsraten von fast zehn Prozent jährlich in den letzten Jahren – allerdings ausgehend von einem sehr niedrigen Niveau – zeugen von diesem Aufschwung. Trotzdem leben immer noch etwa zwei Drittel der Äthiopier/innen von der Landwirtschaft, meist als Subsistenzbäuerinnen/-bauern, und nur zwei Prozent gehören einer Mittelschicht an, die mehr als 10 USD pro Tag verdient.

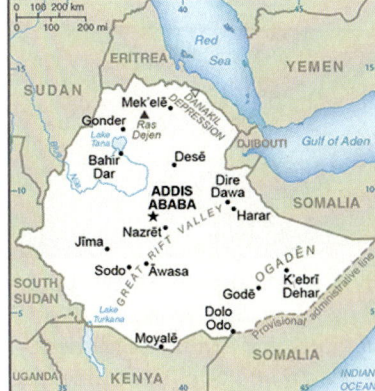

Äthiopien: größtes Land Ostafrikas

### Mit vollem Tempo in die Moderne

Vor einem Jahr wurde in Addis Abeba der erste Abschnitt einer Metro in Betrieb genommen. Es ist das erste städtische Nahverkehrssystem in Afrika südlich der Sahara, mit Ausnahme des Sonderfalls Südafrika. Der „Light Train" soll einmal bis zu 60 000 Menschen pro Stunde befördern. Chinesisches Geld ist auch in die Bahnstrecke geflossen, die von Addis Abeba zum Hafen Dschibuti führt und 2017 in Betrieb gehen soll. Sie soll die Transportzeit für Güter halbieren. Mit gewaltigen Infrastrukturprojekten, wie einen 3,5 Mrd. USD teuren Staudamm am Blauen Nil, der das Land zum größten Energieproduzenten in Afrika machen wird, ist Äthiopien zum Wachstums-Star avanciert. Unternehmen wie die Bekleidungskette H&M oder der Konsumgüterkonzern Unilever haben investiert. Aber ohne ein schnelleres Wachstum seiner Industrieproduktion wird Äthiopien kaum all die Arbeitskräfte absorbieren können, die im Zuge der mit aller Macht vorangetriebenen Modernisierung seiner Landwirtschaft aus dem Agrarsektor fallen. 80 Prozent der Exporterlöse stammen aus dem Agrarbereich. Der einstige Hungerstaat ist zum Selbstversorger geworden, exportiert mehr Lebensmittel, als für die Ernährung der Bevölkerung importiert werden müssen. Neben Kaffee verspricht vor allem der Export von Blumen hohe Zuwachsraten. Inzwischen werden jedes Jahr rund 2,5 Milliarden Rosen geschnitten, die bis zu zwölf Stunden in Kältekammern gelagert und per Flugzeug in Europas Supermärkte gebracht werden. Die Agrarkonzerne aus Indien und China, Südkorea und dem arabischen Raum brauchen Platz, Kleinbauern werden vertrieben. Menschenrechtler prangern dies als moderne Form der Kolonisierung an. Die Regierung in Addis Abeba, die keine Opposition im Parlament hat, verweist hingegen auf die erheblich höhere Produktivität der kommerziellen Hersteller. Ohne Modernisierung der Landwirtschaft könne die Bevölkerung, die um drei Prozent im Jahr wächst, nicht ernährt werden.

*Nach: Wolfgang Drechsler, Salzburger Nachrichten 13. Oktober 2016*

| Äthiopien in Zahlen | |
|---|---|
| Einwohner/innen | 110 Mio. |
| Lebenserwartung | 68 Jahre |
| Fertilität | 4,1 |
| BNE/EW in KKP | 2.221 $ |
| Bev. unter Armutsgrenze | 29,6 % |
| Exporte | 27 % Kaffee<br>17 % Soja<br>17 % Gemüse<br>13 % Gold<br>6 % Textilien<br>3 % Lederwaren |

*Quelle: https://www.cia.gov, 21. 3. 2021*

 **Arbeitsaufgaben**

1. Beschreiben Sie die Attraktivität Äthiopiens als Wirtschaftsstandort.

2. Diskutieren Sie die Widersprüche in der gegenwärtigen Entwicklung des Landes.

3. Erörtern Sie die Begriffe „Entwicklungsdiktatur" und „Löwe Äthiopien".

4. Problematisieren Sie den äthiopischen Entwicklungsweg.

## Was kann ich tun? Beispiel: als Entwicklungshelfer in Mexiko

H. P. hat sich entschlossen, nach der Schule als Volontär (Freiwilliger) für ein Taschengeld ein Jahr in Tijuana/Mexiko als Entwicklungshelfer zu arbeiten.

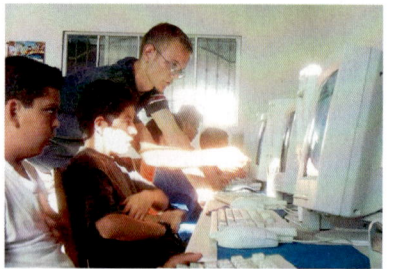

H. P. als „Computerlehrer". Bildung ist ein Schlüssel zur Überwindung von Armut. Es werden Englisch- und Computerkurse angeboten.

### Die Situation am Einsatzort

Tijuana, die nördlichste Stadt Mexikos an der Grenze zur USA, hat mehr als zwei Mio. Einwohner/innen. Täglich kommen bis zu 4 000 dazu. Sie hoffen Arbeit zu finden, wo sie für weniger als zwei Dollar pro Stunde an Fließbändern arbeiten. Gesundheitsschädigende und gefährliche Arbeiten werden in Kauf genommen.

Die Migranten/Migrantinnen errichten Hütten am Stadtrand. Trotz allgemeiner Schulpflicht können viele Kinder keine Schule besuchen. Sie haben entweder keine Dokumente, kein Geld für die Schuluniform oder sie müssen durch Arbeit zum Familieneinkommen beitragen. Es gibt auch kaum Freizeiteinrichtungen für die Kinder. Viele sind orientierungslos und frustriert, suchen Anschluss an Jugendbanden oder werden drogensüchtig.

### Das Freizeitzentrum Domingo Savio

Im ärmsten Viertel der Stadt errichtete der Orden der Salesianer Don Boscos ein Freizeitzentrum, in denen Kindern und Jugendlichen durch Sport, Bildung und Glaubensvermittlung Perspektiven fürs Leben mitgegeben werden. Neben Priestern und lokalen Mitarbeitern/Mitarbeiterinnen unterstützen Freiwillige aus den USA und Europa das Projekt. Mit Spenden konnten ein Fußballplatz und ein Gebäude für Kurse, Gruppenstunden und Unterricht errichtet werden.

Fußball ist für viele Kinder das Tor ins Freizeitzentrum. H. P. als Trainer einer Kinderfußball-Mannschaft. Eine seiner Aufgaben als Volontär war es, für einen freundschaftlichen Umgangston am Sportplatz zu sorgen – in einem von Aggression und Kriminalität geprägten Stadtviertel oft eine Herausforderung.

### Jugend eine Welt

Der Verein „Jugend eine Welt" unterstützt Bildungsprojekte für Kinder und Jugendliche weltweit, leistet durch Kampagnen und Vorträge Bewusstseinsbildung und ermöglicht jungen Leuten aus Österreich die Mitarbeit in Projekten.

http://www.jugendeinewelt.at/volontariat/

### Aus der täglichen Arbeit des H. P.

„Ich lebe in einer Gemeinschaft mit mexikanischen Priestern und jugendlichen Volontären aus aller Welt. Unser Tag beginnt um sieben Uhr mit Messe und Frühstück, dann fährt jeder an seinen Projektstandort. Wenn der Padre und ich dort ankommen, warten die Kinder dort schon auf mich. Sie begrüßen mich und würden viel lieber was mit mir spielen, anstatt in die Klasse zu gehen. Doch ich muss sie auf die Pause vertrösten. Die Kinder können alle nicht lesen. Die größte Herausforderung ist es, sie zum Stillsitzen zu bringen. Die neunjährige Lydia bereitet sich auf eine Prüfung zum Schuleintritt vor; schafft sie es, kann sie mit der normalen Schule beginnen. Der Vormittag ist schnell vorbei, zu Mittag sind der Padre und ich jeden Tag bei einer Familie eingeladen. Die Familien lassen uns an ihrem Alltag, ihren Freunden und Problemen teilhaben. Wir lassen meist eine Einladung zurück: zum Chor, zum Englischkurs, zur Fußballliga, zu den Computerkursen, oder wir bitten sie um Mithilfe beim Verkauf von Essen, bei der Animation der Kinder oder bei der Erstellung von Arbeiten. Die Leute wissen, dass das Projekt wichtig für das ganze Stadtviertel ist – es hat dazu beigetragen, dass die Kriminalität und Aggressivität der Jugendbanden zurückgegangen ist. Am Nachmittag bin ich am Sportplatz anwesend. Ich begrüße die Kinder und Jugendlichen, wenn sie zum Training kommen, borge ihnen Bälle. Manchmal muss ich auch für Ordnung oder einen freundschaftlichen Umgangston sorgen, denn allzu leicht kommt es zu Auseinandersetzungen. Abends unterrichte ich Jugendliche am Computer in den Fächern Word, Excel und Power Point. Wer das beherrscht, kann eine bessere Arbeit finden. Wenn ich um 22 Uhr zurückkomme, möchte ich am liebsten gleich vor Müdigkeit ins Bett fallen.

*Nach: H.P. (Eigenbericht)*

# 4 Eine Kritik zur Praxis

Seit mehr als fünfzig Jahren wird Hilfe für die armen Regionen der Erde geleistet. Betrachtet man jedoch die Ergebnisse, dann fällt die Bilanz nüchtern aus: die Ungleichheiten und die Armut sind geblieben. Es ist daher Zeit, die bisherige Praxis zu reflektieren und neue Modelle anzudenken und auch diese kritisch zu hinterfragen.

## Ein provokanter Lösungsansatz zur Entwicklungspolitik

**„Wir Afrikaner sind keine Kinder" - Die Ökonomin Dambisa Moyo aus Sambia fordert ein Ende der westlichen Entwicklungshilfe.**

*F.A.Z.: Ihr Buch „Dead Aid" ist ziemlich umstritten. Sie wollen die Entwicklungshilfe in fünf Jahren komplett streichen. Warum?*

Moyo: In den vergangenen 50 Jahren flossen über zwei Billionen USD an Hilfen von den reichen an die armen Länder. Dies führte aber zu keinem wirtschaftlichen Aufschwung. Wir haben aber gesehen, welche Konzepte die Armut in China, Indien, Südafrika und Botsuana vermindert haben: es wurde auf den Markt als Motor für Wirtschaftswachstum gesetzt.

*F.A.Z.: Warum hat die Entwicklungshilfe versagt?*

Moyo: Wenn Sie ein Land abhängig machen von Hilfen, dann nehmen sie die Karotte weg und den Prügel: Niemand wird bestraft, wenn er nicht innovativ ist, denn die Hilfen fließen. Und niemand wird belohnt, wenn er sich anstrengt.

*F.A.Z.: Sollen wir also nicht mehr spenden?*

Moyo: Mir geht es nicht um die Notfallhilfe und das Geld von Spendenorganisationen. Das Problem sind die Hilfen auf Regierungsebene, die in großem Maßstab an afrikanische Länder vergeben werden. Die sollten gestrichen werden, denn sie haben die Armut nur verschärft.

*F.A.Z.: Was empfehlen Sie als afrikanische Ökonomin?*

Moyo: Wir müssen den Außenhandel stärken. Nicht mit den USA oder Europa. Ich würde auf den Handel mit Ländern wie China setzen.

*F.A.Z.: Ihre Kritiker sagen, der Handel werde nur Kinderarbeit und Umweltzerstörung fördern.*

Moyo: Die Afrikaner sind keine Kinder. Wir brauchen solche Ratschläge nicht. Umweltpolitik und Arbeitsschutzgesetze sind unabdingbar. Aber die Regierungen müssen selbst dafür sorgen, dass es in ihrem Land keine Kinderarbeit gibt. Die Afrikaner und nicht die Europäer sollten ihre Regierungen dafür verantwortlich machen.

*F.A.Z.: Aber werden die Regierungen Kinderarbeit wirklich unterbinden?*

Moyo: In Afrika sind die Arbeitslosenzahlen zweistellig. Es gibt genügend junge Erwachsene, die sehr gerne arbeiten würden. Es braucht keine Kinderarbeit.

*F.A.Z.: Hilft es, wenn wir Fair-Trade-Schokolade essen?*

Moyo: Es ist ja eine gute Idee, dass Kunden mehr bezahlen, weil sie wissen, dass diese Schokolade nicht auf Kosten der Umwelt und von Kindern hergestellt wurde. Aber hat Fair Trade dazu geführt, dass afrikanische Güter die europäischen Märkte überschwemmen? Nein, weil diese immer noch abgeschottet sind. Der Handel mit China ist vielversprechender als Fair Trade mit Europa.

*Nach: Marcus Theurer, F.A.Z. 13.04.2009*

Dambisa Felicia Moyo, geboren 1969 in Lusaka, Sambia, studierte Ökonomie in Oxford und Harvard, arbeitete bei der Weltbank und machte beim international tätigen Investment-Banking-Unternehmen Goldman Sachs Karriere

■ Nehmen Sie zu den Thesen von Dambisa Moyo Stellung.

## Ziele erreicht? – „Entwicklungspolitik"

Durch Entwicklungshilfe soll Armut bekämpft werden. Die Idee der Entwicklungszusammenarbeit zwischen den sogenannten – ärmeren -  Entwicklungsländern und den reicheren Industrieländern und mittlerweile auch Schwellenländern basiert hingegen – zumindest in der Theorie – auf dem Konzept des gegenseitigen Lernens auf gleicher Augenhöhe. Jedenfalls soll durch Armutsbekämpfung nicht nur Armut, sondern auch Unzufriedenheit, Flucht oder letztendlich Radikalisierung vermieden werden. Nicht zu unterschätzen sind die entwicklungspolitischen Entscheidungen, die die Rahmenbedingungen für eine gerechtere Welt durch geänderte weltwirtschaftliche Rahmenbedingungen oder Entwicklung im Rahmen des bestehenden Wirtschaftsmodells fördern sollen.

**1.** Definieren Sie die folgenden Fachbegriffe:

Entwicklungshilfe: _____

Entwicklungszusammenarbeit: _____

Entwicklungspolitik: _____

Milleniumsziele: _____

NGO: _____

DAC der OECD: _____

Technische Zusammenarbeit: _____

ADA: _____

**2.** Agenda 2030 der UNO

Die UNO hat als Nachfolge der Milleniumsziele die Agenda 2030 definiert. In 17 Zielen sollen erhebliche Fortschritte erzielt werden. Arbeiten Sie mit dem folgenden Link heraus, wo es Übereinstimmungen (❶) mit den Milleniumszielen gibt, welche Ziele weggefallen (❷) sind und welche neu definiert wurden (❸).
Arbeiten Sie mit dem Link. http://www.bmz.de/de/ministerium/ziele/2030_agenda/index.html

❶ _____

❷ _____

❸ _____

**3.** „Teufelskreis der Armut":

a) Ordnen Sie die einzelnen Maßnahmen den negativen Punkten der Kreisläufe zu. Schreiben Sie die folgenden Maßnahmen auf die Pfeile.

> Schulpflicht für alle ■ gesunde Ernährung durch Vielfalt ■ Schaffung eines dualen Ausbildungssystems ■ faire Löhne zahlen ■ Unternehmer/innen bei der Anstellung unterstützen ■ Aufbau eines Sanitätswesens ■ Gewerkschaft gründen ■ Sicherheit schaffen ■ Einführung eines gerechten Steuersystems ■ Hilfe beim Vermarkten der eigenen Produkte ■ gerechte Preise für Lebensmittel ■ Generika produzieren und freies Gesundheitswesen

b) Fügen Sie dort, wo es Ihnen möglich ist, noch weitere Maßnahmen dazu.

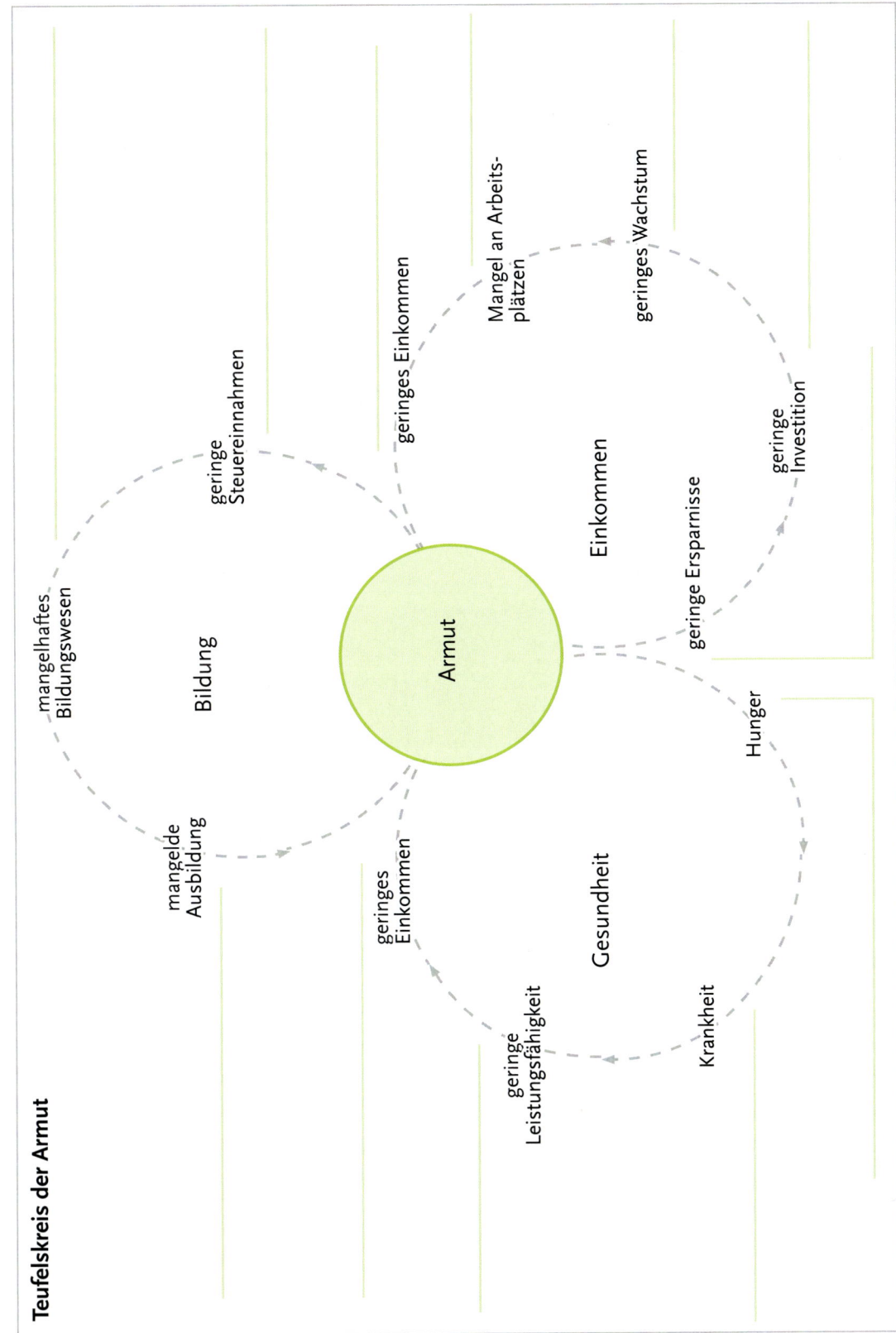

**Teufelskreis der Armut**

c) Halten Sie fest, welche Maßnahmen leicht und welche nur mit EZ umsetzbar sind.

## 4. Eine Blitzumfrage

Bewerten Sie die Aussagen mit Schulnoten und überlegen Sie ein Schlagwort als Begründung dazu. Diskutieren Sie die Ergebnisse.

„Entwicklungshilfe ist eine Einbahnstraße."

„Staatliche Entwicklungshilfe dient v. a. der eigenen Industrie."

„Wir brauchen ein grundlegend neues Weltwirtschaftssystem."

**Aus diesem Kapitel habe ich die nachstehend angeführten Erkenntnisse und/oder Einsichten gewonnen:**

# Europa und die Europäische Union

## Meine Ziele

Nach der Bearbeitung dieses Kapitels kann ich

- die Gründungsidee, die Entwicklung und die wirtschaftliche Integration der EU wiedergeben;
- die Ziele der Regionalentwicklung und des EU-Haushalts darstellen;
- die politische und wirtschaftliche Entwicklung in den neuen EU-Ländern, den Beitrittskandidaten und den Nicht-EU-Ländern analysieren;
- ökonomische Daten von europäischen Staaten und Regionen vergleichen;
- Vor- und Nachteile der wirtschaftlichen Zusammenarbeit in Europa bewerten;
- die Entwicklung von Europaregionen, der Gemeinsamen Agrarpolitik und der Fortschritte im Beitrittsprozess europäischer Staaten problematisieren.

Zusätzliche Übungen finden Sie in der TRAUNER-DigiBox.

**TöGEthér®**

S I N C E   1 9 5 7

Die EU erhielt 2012 den Friedensnobelpreis.

*Stahl teilen, damit*

 ■ Prüfen Sie, ob sich die Gründungsidee der EU vom „Nie mehr wieder Krieg in Europa" bewahrheitet hat.

 **FILM AB!**

Hier finden Sie ein Video zur „EU":

www.trauner.at/EU.aspx

■ Stellen Sie mithilfe der Karte das Beitrittsdatum fest. Gruppieren Sie die Staaten nach den Jahreszahlen der Legende.

*EU Flagge → Sterne nicht
für Länder
12 mythische Bedeutung
↳ Zusammenschluss
blau
↳ königliche Farbe*

*6 Gründungsstaaten
Benelux          Frankreich
Italien
Deutschland*

■ Benennen Sie die Beitrittskandidaten.

# 1 Die Europäische Union

*Der Zweite Weltkrieg forderte Millionen Opfer und verursachte ungeheure wirtschaftliche Zerstörungen. Deshalb schlug 1950 der französische Außenminister Robert Schuman vor, die Kohle- und Stahlindustrie – die Schlüsselindustrien zur Kriegsführung – Frankreichs und Deutschlands gemeinsam zu verwalten. Dadurch sollte künftig eine einseitige Aufrüstung als Voraussetzung für militärische Aggression, wie es in den 1930er-Jahren geschehen war, vermieden werden. Seine Vision „Nie mehr wieder Krieg in Europa" sollte zwischen den Ländern der heutigen EU Realität werden, eine Tatsache, die vor 60 Jahren im „Kontinent des beinahe immerwährenden Krieges" niemand zu träumen wagte.*

*1. & 2. Weltkrieg → danach zusammenschließen
↳ EGKS = Montanunion → kein Zelle für Konstrukt*

## 1.1 Die EU umfasst bis 2018 28 Mitgliedsländer

Aus dem von sechs Gründungsstaaten geschlossenen Vertrag der Europäischen Gemeinschaft für Kohle und Stahl (EGKS) entwickelte sich die Europäische Union (EU) mit 28 Mitgliedsstaaten. Die EU ist heute eine umfassende wirtschaftliche Gemeinschaft von europäischen Staaten mit Ansätzen zu einer politischen Union mit gemeinsamer Innen-, Außen-, Justiz- und Verteidigungspolitik.

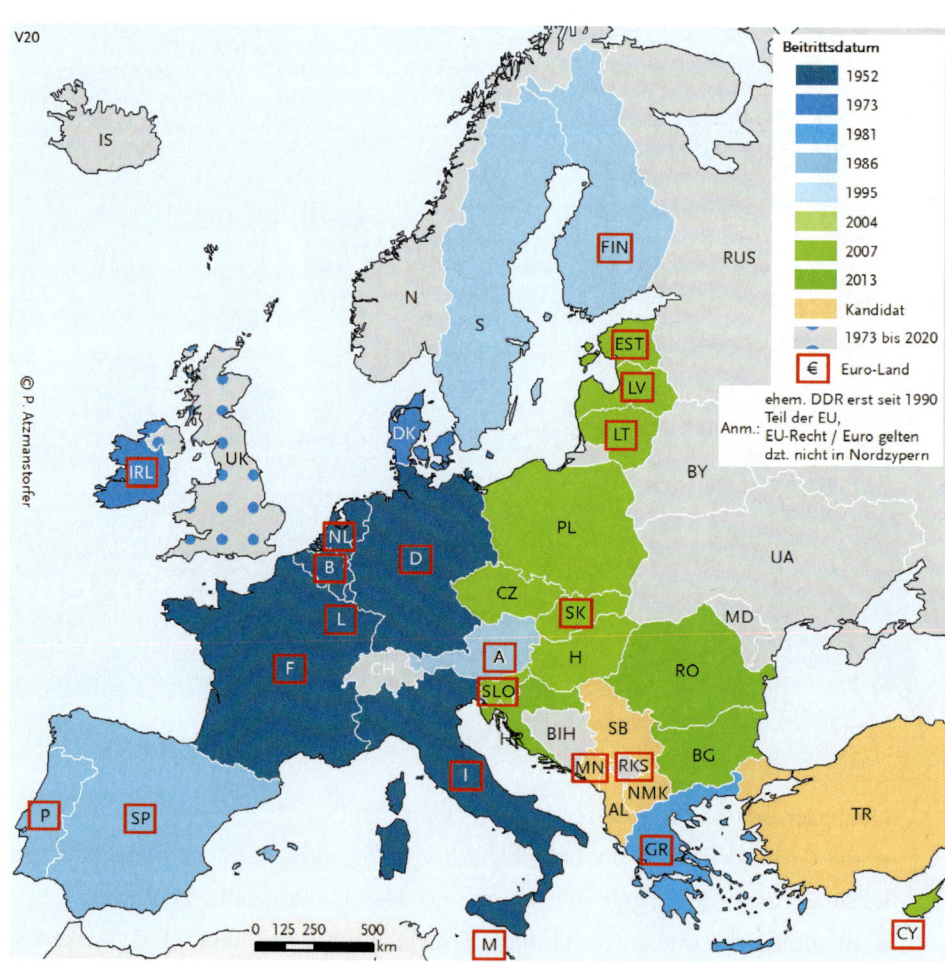

Die Europäische Union: Mitgliedstaaten, Beitrittskandidaten, Euro – Stand 2021

Wie sich die EU in den nächsten Jahren entwickeln wird, ist ungewiss. Der soziale, wirtschaftliche und demografische Wandel stellt die EU mit ihren 500 Millionen Bürgern und Bürgerinnen vor große Herausforderungen. Vor allem aber sind die gegenwärtige Coronakrise und die großen wirtschaftlichen Ungleichgewichte zwischen den Staaten keineswegs überwunden.

## 1.2 Die europäische Zusammenarbeit

Die europäische Einigung als wirtschaftlicher Zusammenschluss entworfen, wurde über mehrere Schritte laufend vertieft. Darüber hinaus vereinbarten die Mitgliedstaaten auch eine Zusammenarbeit in weiteren Bereichen, die allerdings im Vergleich zur Wirtschaft erheblich weniger ausgeprägt ist und vielfach aufgrund unterschiedlicher Interessen schwierig ist.

### Beispiele der Zusammenarbeit in der EU

| | |
|---|---|
| **Binnenmarkt** | Förderung von Regionen bzw. des ländlichen Raumes |
| **Struktur- und Agrarpolitik** | Überwachung der Außengrenzen gegen illegale Migration (FRONTEX) |
| **Wirtschafts- und Währungsunion** | Kooperation der Justiz (Eurojust) |
| **Zusammenarbeit in der Innenpolitik** | Euro |
| **Zusammenarbeit in der Rechtspolitik** | Fall der Grenzen in der Wirtschaft |
| **Gemeinsame Außenpolitik** | Koordination gemeinsamer Standpunkte zu außenpolitischen Themen |
| **Gemeinsame Sicherheitspolitik** | Kooperation der Polizeibehörden (Europol) |

■ Ordnen Sie in der Tabelle die Formen der Zusammenarbeit mit Pfeilen den angeführten Beispielen zu.

Die Verträge der EU werden nach den Städten benannt, in denen sie unterzeichnet wurden

*Binnenmarkt → innerhalb Innenmarkt*

# 2 Die wirtschaftliche Integration Europas

*Kernstück der europäischen Integration ist die wirtschaftliche Zusammenarbeit. Über mehrere Zwischenschritte vereinbarten die EU-Staaten u. a. den EU-Binnenmarkt, der die wirtschaftlichen Grenzen weitgehend verschwinden ließ, ebenso wie die Wirtschafts- und Währungsunion.*

*2015 → Flüchtlingskrise*

## 2.1 Der europäische Binnenmarkt

Die europäischen Volkswirtschaften sind für die Herausforderungen der Globalisierung, der internationalen Arbeitsteilung und der Ausweitung des Welthandels vergleichsweise klein. Um international bestehen zu können, wurde der europäische Binnenmarkt vereinbart. Daran nehmen alle EU-Staaten, sowie Liechtenstein, Island und Norwegen teil, die den Europäischen Wirtschaftsraum (EWR) bilden. Der Binnenmarkt kennzeichnet sich durch folgende Prinzipien:

*auch Länder ohne Teilnahme in EU ↳ Nicht EU Staaten nehmen teil*

*4 Grundfreiheiten des gemeinsamen Binnenmarktes der EU*

Der Energiedrink durfte vor dem Inkrafttreten des Binnenmarktes nicht in allen EU-Staaten verkauft werden.

### Der freie Warenverkehr

bedingt den Abbau aller Zollschranken und technischen Handelshemmnisse. Es bestehen also keine Handelsbarrieren mehr. Jedes Produkt, das in einem EU-Staat produziert wird, muss ungehindert auch in allen anderen EU-Staaten erhältlich sein. Dazu erfolgt eine Vereinheitlichung in den Bereichen Gesundheitsschutz oder technische Sicherheit. Dies erfolgt in Form von Richtlinien. Strengere nationale Gesetze, wie das Lebensmittelgesetz in Österreich, sind für die Produktion eigener Güter nach wie vor erlaubt. Für importierte Waren aus anderen EU-Staaten gelten jedoch die Bestimmungen ihrer Herkunftsländer.

### Der freie Personenverkehr

ermöglicht es EU/EWR-Bürgern und Bürgerinnen, ohne Arbeitsbewilligung in jedem anderen EU/EWR-Staat zu arbeiten. Hier sind sie inländischen Arbeitnehmern und Arbeitnehmerinnen gleichgestellt. Eine weitgehende Anerkennung der Ausbildung, Zeugnisse und Prüfungen erleichtert die grenzüberschreitende, freie Berufsausübung. Die Gleichbehandlungspflicht schützt EU-Bürger/innen in jedem Mitgliedsstaat vor arbeitsrechtlichen Benachteiligungen. Sozialrechtlich wie z. B. bei Arbeitslosigkeit werden diese in jenem EU-Staat unterstützt, in dem sie zuletzt gearbeitet haben.

### Der freie Dienstleistungsverkehr

ermöglicht Unternehmen Dienstleistungen in einem anderen EU-Land anzubieten. Es gelten grundsätzlich die gleichen lohn- und sozialrechtlichen Bedingungen wie im Zielland. Damit soll verhindert werden, dass z. B. ostmitteleuropäische Unternehmen mit ihrem niedrigeren Lohn- und Sozialniveau Unternehmen, die höheren Standards unterliegen, vom Markt verdrängen. Weiters können EU-Bürger/innen ein Gewerbe in jedem anderen EU-Staat als Selbstständige ausüben.

### Durch den freien Kapitalverkehr

unterliegen Kapitalflüsse zwischen den EU-Mitgliedsstaaten keinen nationalen Kontrollen. Die Kapitalmarktgeschäfte müssen zu gleichen Bedingungen zwischen allen EU-Staaten durchgeführt werden können. So dürfen beispielsweise Banken bei Überweisungen ins EU-Ausland nicht mehr höhere Gebühren als bei Inlandsüberweisungen verrechnen.

### Nachteile des Binnenmarktes

Generell profitieren die Wirtschaft und die Konsumenten und Konsumentinnen vom EU-Binnenmarkt. Allerdings gibt es auch einige negative Aspekte, wie z. B.:

- Der Wettbewerb und die härtere Konkurrenz für Unternehmen fördert zwar die Wettbewerbsfähigkeit, allerdings halten nicht alle Unternehmen diesem Druck stand. Sie kündigen Arbeitskräfte oder es kommt zu Betriebsstilllegungen.
- Der Druck auf Löhne, soziale Standards und Arbeitnehmer/innen-Rechte wächst, diese werden tendenziell reduziert.

### Arbeitsaufgabe

- Nehmen Sie zu den folgenden Aussagen zum EU-Binnenmarkt Stellung:
  - Ich habe eine viel größere Warenauswahl.
  - Ich kann im EU-Ausland einmal problemlos arbeiten.
  - Ich kann mir viel Geld ersparen.
  - Für mich wird der Einkauf im Internet günstiger.
  - Die „Erfolgreichen" profitieren, die „weniger Erfolgreichen" haben die Nachteile.

## 2.2 Großbritannien – Abschied von Europa („BREXIT")

### Von der industriellen zur konservativen Revolution

England war der Vorreiter der industriellen Revolution des 18. Jahrhunderts mit einer Konzentration auf die Schwer- und Textilindustrie. Das weltumspannende Kolonialreich schuf einen Überseemarkt für britische Produkte, was dem Land erlaubte, während des 19. Jahrhunderts den internationalen Handel zu kontrollieren. Im 20. Jahrhundert erlebte Großbritannien den langsamen Niedergang seiner Schwerindustrie. Durch den Zusammenbruch des Kolonialreiches nach dem Zweiten Weltkrieg ging auch der Status einer Welt-macht verloren.

In den 1980er-Jahren folgte durch eine konservative Wende mit einer weitgehenden Privatisierung eine Volkswirtschaft, die auf den Prinzipien der Liberalisierung, des freien Marktes, niedriger Besteuerung und geringer staatlicher Regulierung beruht. Heute dominiert in der fünftstärksten Wirtschaftsmacht der Welt der Dienstleistungssektor, im Speziellen der Sektor der Finanzdienstleistungen.

### Großbritannien und die EU – ungeliebte Freunde

Die wirtschaftlichen Vorteile des Zusammenschlusses von sechs Staaten ab 1957 motivierten das ökonomisch darniederliegende Großbritannien, 1973 der EWG (ab 1993 EG) beizutreten. Man erwartete sich wirtschaftliche Vorteile, eine Modernisierung der eigenen Industrie und eine stabile Partnerschaft, ohne jedoch den Euro als gemeinsame Währung übernehmen zu wollen. Im Zuge der Intensivierung der Integration begann in GB die Ablehnung gegen die EU zu wachsen. Einem Referendum entschied sich eine knappe Mehrheit der Britinnen/Briten für den Austritt aus der EU. Der nach mehrjährigen Verhandlungen am 31.1.2020 erfolgte.

### BREXIT: langwierige Verhandlungen und Einigung

In der Übergangsphase des Jahres 2020 blieb Großbritannien im EU-Binnenmarkt und in der Zollunion. Während des Jahres drohte mehrfach der Abbruch der Verhandlungen und ein endgültiger Austritt ohne Abkommen mit schwerwiegenden Folgen für die Wirtschaft. Besonders umstritten waren Bestimmungen zur Gewährleistung fairer Regeln in der Wirtschaft, deren Durchsetzung und die Frage der Fangquoten für EU-Fischer in britischen Gewässern. Am 24. Dezember 2020 kam es schließlich zu einer Einigung in allen Fragen – gleichsam in letzter Minute.

Aufgabe
Welchen Karikatur
Vor- & Nachteile entstehen
direkt für mich persönlich
durch 4 Grundfreiheiten?

▶ **FILM AB!**

Hier finden Sie zwei Videos zum „Brexit":

www.trauner.at/Brexit_erklärt.aspx

www.trauner.at/Brexit_Teil2.aspx

In Dover wurden die EU-Sterne entfernt

## Sonderfall Nordirland

Während der Großteil der Insel Irland einen eigenen Staat bildet (Republik Irland), gehört Nordirland zum Vereinigten Königreich von Großbritannien und Nordirland. Jahrzehntelang gewalttätige Konflikte zwischen der pro-britischen protestantischen Mehrheit und der auf die Vereinigung mit der Republik Irland drängenden katholischen Minderheit der Provinz konnten einerseits 1998 durch ein Friedensabkommen („Karfreitag-Abkommen") und durch die EU-Mitgliedschaft beider Staaten weitgehend entschärft werden. Die offenen und kaum mehr sichtbaren Grenzen ließen auch wirtschaftlich die beiden Teile der Insel zusammenwachen.

Den BREXIT wurde da mehrheitlich beim Referendum abgelehnt, da die Menschen sowohl ein Aufflammen der Gewalt als auch schwerwiegende wirtschaftliche Folgen befürchteten. Daher haben beide Seiten vereinbart, dass die Grenzen auf der irischen Insel für Personen und Güter offen bleiben und sich die Zollgrenze zur EU in die irische See verschiebt.

## Folgen des BREXIT

> Experten rechnen mit langfristigen negativen Folgen für die Wirtschaft Großbritanniens. Regierungschef Boris Johnson hingegen versucht, den Deal als Erfolg zu verkaufen. An den Grenzen werden in den kom-menden Wochen Lastwagenstaus erwartet, weil alle Beteiligten sich an die neuen Grenzkontrollen erst ge-wöhnen müssen. In den ersten Tagen könnte es aber weniger Verkehr geben als erwartet, weil viele Spediteure erst mal abwarten und die Grenze meiden. Auch haben etliche Unternehmen ihre Weihnachtspause verlängert und ihre Lager aufgestockt.
>
> *Nach: https://www.handelsblatt.com, 11. 1. 2021*

**Vermögensverwalter wählten Dublin, Luxemburg, Paris, Frankfurt und Amsterdam als künftigen Sitz. Für Frankfurt entschieden sich insbesondere die Banken, für Amsterdam die meisten Handelshäuser.**

■ **Stellen Sie die Nachteile des Austritts Großbritanniens den Vorteilen einer von der EU unabhängigen Wirtschaftspolitik gegenüber.**

### Was sich für die Briten ändert (Auszug)

| vor | BREXIT | nach |
|-----|--------|------|
| | **Personenfreizügigkeit** | |
| J | Visafreies Reisen (bis 90 Tage) | |
| J | Visafreies Reisen (über 90 Tage) | |
| J | Freie Wahl des Arbeits-, Wohn- und Studienorts | |
| J | Keine Roaminggebühren | |
| | **Warenverkehr** | |
| J | Reibungsloser Handel | |
| J | Zollfreiheit | |
| J | Keine Zollformalitäten | |
| J | Teilhabe an EU-Handelsabkommen | |
| | **Dienstleistungen** | |
| J | EU-Pass für Versicherungen und Wertpapierfirmen | |
| J | Einfache Anerkennung von Qualifikationen | |
| | **Verkehr und Energie** | |
| J | Volle Freiheit im einheitlichen Luftraum | |
| J | Frachtflüge zwischen EU-Staaten und Drittstaaten | |
| J | Einfache Regelungen für Speditionen | |
| J | Energiebinnenmarkt | |
| J | Energie-Handelsplattformen | |
| | **EU-Programme** | |
| J | Erasmus | |

*Nach: https://www.derstandard.at/ – 28. 12. 2020*

## 2.3 Die Wirtschafts- und Währungsunion (WWU)

Der EU-Binnenmarkt ist der Kern des gemeinsamen Wirtschaftsraums, in dem in wirtschaftlichen Belangen die Grenzen kaum noch eine Rolle spielen. So ist es bspw. egal, in welchem EU-Staat eine Ware produziert und verkauft oder eine Dienstleistung erbracht wird. Beide können ungehindert angeboten und gekauft werden. Als logische Konsequenz wurde von 1999 – 2002 in den meisten EU-Staaten als gemeinsame Währung der Euro eingeführt, der die nationalen Währungen ablöste.

 **FILM AB!**

Hier finden Sie ein Video zur „Währungsunion":

www.trauner.at/Waehrungsunion.aspx

### Arbeitsaufgabe

■ Untersuchen Sie mithilfe der Tabelle die Vor- bzw. Nachteile des Euro.

| Vor- und Nachteile des Euro | Vorteile | Nachteile |
|---|---|---|
| Geringere Abhängigkeit Europas vom US-Dollar | | |
| Teilweise Preissteigerungen bei der Währungsumstellung | | |
| Exportorientierte Unternehmen sparen Kosten, weil sie keine Umrechnungsspesen im Euro-Raum haben | | |
| Spekulation gegen kleine Währungen nicht mehr möglich | | |
| Abhängigkeit der Einzelstaaten von den anderen Euro-Staaten | | |
| Geringerer wirtschaftspolitischer Spielraum der Staaten | | |
| Vergleichbarkeit von Preisen | | |
| Keine Geldumwechslungen von Reisenden | | |

### Die Konvergenzkriterien – Voraussetzungen für die Teilnahme am Euro

Damit der Euro funktioniert, wurden „Spielregeln", die sogenannten Konvergenzkriterien, vereinbart, an die sich alle Staaten halten müssen, die die gemeinsame europäische Währung verwenden oder einführen möchten. Die Kriterien sollen verhindern, dass sich einzelne Staaten auf Kosten der anderen Vorteile verschaffen und diese wirtschaftlich schädigen. Sie lauten vereinfacht:

**Konvergenzkriterien**

| Inflationsrate | Jährliches Budgetdefizit | Öffentliche Schulden |
|---|---|---|
| Inflationsrate: max. 1,5 % über der Rate der drei preisstabilsten Mitgliedsstaaten des Vorjahres | jährliches Budgetdefizit: max. 3 % des BIP | öffentliche Schulden (Staatsverschuldung): unter 60 % des BIP |

💡 Die notwendigen Staatsausgaben zur Bewältigung der wirtschaftlichen Folgen der Covid-19-Krise ließen die Budgetdefizite und in Folge die öffentlichen Schulden stark ansteigen.

Allerdings verstoßen die meisten Euro-Staaten gegen die Kriterien „jährliches Budgetdefizit" und „öffentliche Schulden". Schon vor 2007 konnten diese Kriterien von den meisten Euro-Staaten nicht erfüllt werden, die Wirtschaftskrise ab 2007 verschärfte die Situation.

Der Vatikan als Nicht EU-Staat verwendet offiziell den Euro.

 Andorra, Monaco, San Marino, Liechtenstein, Vatikan sind assoziierte EURO Nutzer mit eigenen Münzen.

 www.trauner.at/internationale_daten.aspx

Aufgrund der massiven wirtschaftlichen Folgen der Covid-19-Pandemie können die Zahlen für 2019 und 2020 zum Vergleich nicht herangezogen werden. Durch den Wirtschaftseinbruch und massiv gestiegene Staatsausgaben in allen EU-Ländern kam es zu einem Anstieg des Budgetdefizits und der Staatsverschuldung.

 **Arbeitsaufgaben**

**1.** Erheben Sie für die Tabelle mit Hilfe des angegebenen Links die neuesten Zahlen.

| Auswahl Konvergenzkriterien – ausgewählte Länder | | | | | | |
|---|---|---|---|---|---|---|
| | Budgetdefizit in % des BIP | | | Staatsverschuldung in % des BIP | | |
| Land | 2009 | 2018 | _____ | 2009 | 2018 | _____ |
| **Griechenland** | -15,6 | +0,6 | | 129,7 | 182,5 | |
| **Italien** | -5,4 | -1,9 | | 116,4 | 131,1 | |
| **Portugal** | -10,2 | -0,7 | | 83,7 | 121,5 | |
| **Irland** | -13,7 | -0,1 | | 64,4 | 63,9 | |
| **Belgien** | -5,6 | -1,0 | | 95,7 | 101,4 | |
| **Euro-Zone** | -6,4 | -0,6 | | 80,0 | 86,9 | |
| **Deutschland** | -3,1 | +1,6 | | 74,5 | 60,1 | |
| **Österreich** | -4,1 | -0,3 | | 69,2 | 74,5 | |
| **Estland** | -2,0 | -0,5 | | 7,1 | 8,0 | |

*www.wko.at, 15. März 2019*

**2.** Erörtern Sie die Entwicklung der Zahlen im zeitlichen Verlauf.

**3.** Stellen Sie mithilfe der Karte zu Beginn des Kapitels jene Staaten fest, die zwar:

- EU-Mitglied sind, aber den Euro als Währung nicht verwenden,
- nicht EU-Mitglied sind, aber den Euro als Währung verwenden.

# 3 Reiche Regionen – arme Regionen

*Der Binnenmarkt kann nur funktionieren, wenn die gravierenden wirtschaftlichen Unterschiede zwischen den einzelnen EU-Staaten und Regionen ausgeglichen werden. Dazu verwendet die EU für verschiedene Programme Geldmittel, die über den EU-Haushalt vergeben werden.*

Eine Übung zur „Reiche Regionen – arme Regionen" finden Sie in der TRAUNER-DigiBox.

## 3.1 Regionale Disparitäten in der EU

Die Wirtschaftsleistung und der Lebensstandard der einzelnen EU-Staaten unterscheiden sich aus historischen und geografischen Gründen erheblich. Selbst innerhalb der einzelnen Staaten liegt kein einheitliches Bild vor. Ziel der EU ist es, durch verschiedene Programme die Disparitäten, d. h. diese Ungleichheiten abzubauen und die ärmeren Regionen der EU an die reicheren heranzuführen.

Auch das ist EU-Europa: unsanierter Plattenbau in Bulgarien

Luxemburg, die reichste Region der EU

### Indikator Kaufkraftparitäten

Ein wichtiger Kennfaktor der Wirtschaftskraft der Regionen ist das regionale Bruttoinlandsprodukt bezogen auf Kaufkraftparitäten. Dabei wird das unterschiedliche Preisniveau in die Berechnung einbezogen, da in Regionen mit geringerem Lohnniveau u. A. personenbezogene Dienstleistungen (wie z. B. Friseure/Friseurinnen, die Gastronomie) günstiger sind als in Regionen mit hohem Lohniveau und ohne diese Einberechnung das Bild verzerrt würde.

Das **Bruttoregionalprodukt** ist die regionale Entsprechung zum Bruttoinlandsprodukt (BIP). Es ist sozusagen das BIP einer Region (statt eines Staates).

### Arbeitsaufgabe

- Lokalisieren Sie in der Karte (auf der nächsten Seite) die ...
  - reicheren Regionen der EU,
  - ärmeren Regionen der EU,
  - reicheren Regionen Österreichs,
  - ärmeren Regionen Deutschlands und die
  - reicheren Regionen Italiens.

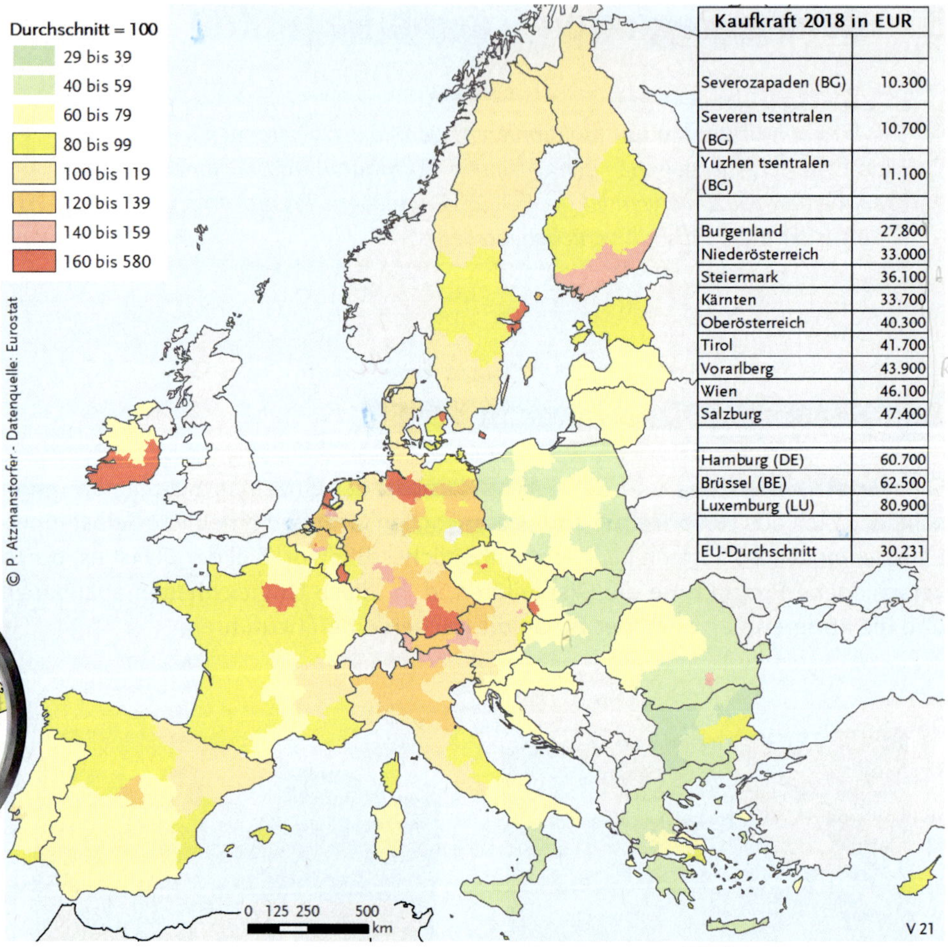

*(handwritten annotations)*

A → Arm
R → Reich

R → Bayern, Stuttgart, Frankfurt am Main, Luxenburg, Paris, Brüssel, Amsterdam, Koppenhagen, Prag, Pratislava, Stuttgart

Italien Süden - A Norden - R

Deutschland -

A → BG, R, Ost - Süd Ungarn, Ost slowakei, Polens, GR

R - Wien, Salzburg, Tirol, Vorarlberg
A - NiederÖ, Kärnten, Steiermark, Bl

**Kaufkraftparitäten in der EU: Bruttoregionalprodukt 2018 nach NUTS 2 – Regionen**

| Durchschnitt = 100 |
| --- |
| 29 bis 39 |
| 40 bis 59 |
| 60 bis 79 |
| 80 bis 99 |
| 100 bis 119 |
| 120 bis 139 |
| 140 bis 159 |
| 160 bis 580 |

© P. Atzmanstorfer · Datenquelle: Eurostat

0  125 250  500 km

V 21

| Kaufkraft 2018 in EUR | |
| --- | --- |
| Severozapaden (BG) | 10.300 |
| Severen tsentralen (BG) | 10.700 |
| Yuzhen tsentralen (BG) | 11.100 |
| Burgenland | 27.800 |
| Niederösterreich | 33.000 |
| Steiermark | 36.100 |
| Kärnten | 33.700 |
| Oberösterreich | 40.300 |
| Tirol | 41.700 |
| Vorarlberg | 43.900 |
| Wien | 46.100 |
| Salzburg | 47.400 |
| Hamburg (DE) | 60.700 |
| Brüssel (BE) | 62.500 |
| Luxemburg (LU) | 80.900 |
| EU-Durchschnitt | 30.231 |

**NUTS 2:** Dies ist ein Gebiet zwischen 800 000 und 3 Mio EW, das etwa kleineren Verwaltungseinheiten eines Staates entspricht (Originalwortlaut: Nomenclature des unités territoriales statistiques), z. B. in Österreich die Bundesländer, in Deutschland die Regierungsbezirke.

### Arbeitsaufgaben

1. Vergleichen Sie die Kaufkraft in Prag, Bratislava und Wien.

2. Stellen Sie die Kaufkraft in den drei ärmsten Regionen denen der drei reichsten gegenüber.

3. Begründen Sie die enormen Unterschiede zwischen den reichen und armen Regionen.

4. Begründen Sie die Unterschiede der Kaufkraft innerhalb Österreichs.

5. Diskutieren Sie über mögliche Gründe für das Ungleichgewicht zwischen …
   - dem „Osten" und dem „Westen",
   - dem „Süden" und dem „Zentrum".

## 3.2   Die Regionalförderung in der EU

Zwischen 2021 und 2027 stehen im EU-Budget 290 Mrd. Euro für die Kohäsionspolitik, d. h. für das Zusammenführen der einzelnen Regionen zur Verfügung. Diese werden von den EU-Staaten mit eigenen finanziellen Mittel aufgestockt. Die Höhe der Förderung konkreter Projekte durch die EU hängt von der Wirtschaftskraft der Region ab. Dadurch sollen unter anderem die Arbeitslosigkeit und die Abwanderung bekämpft werden.

V 20

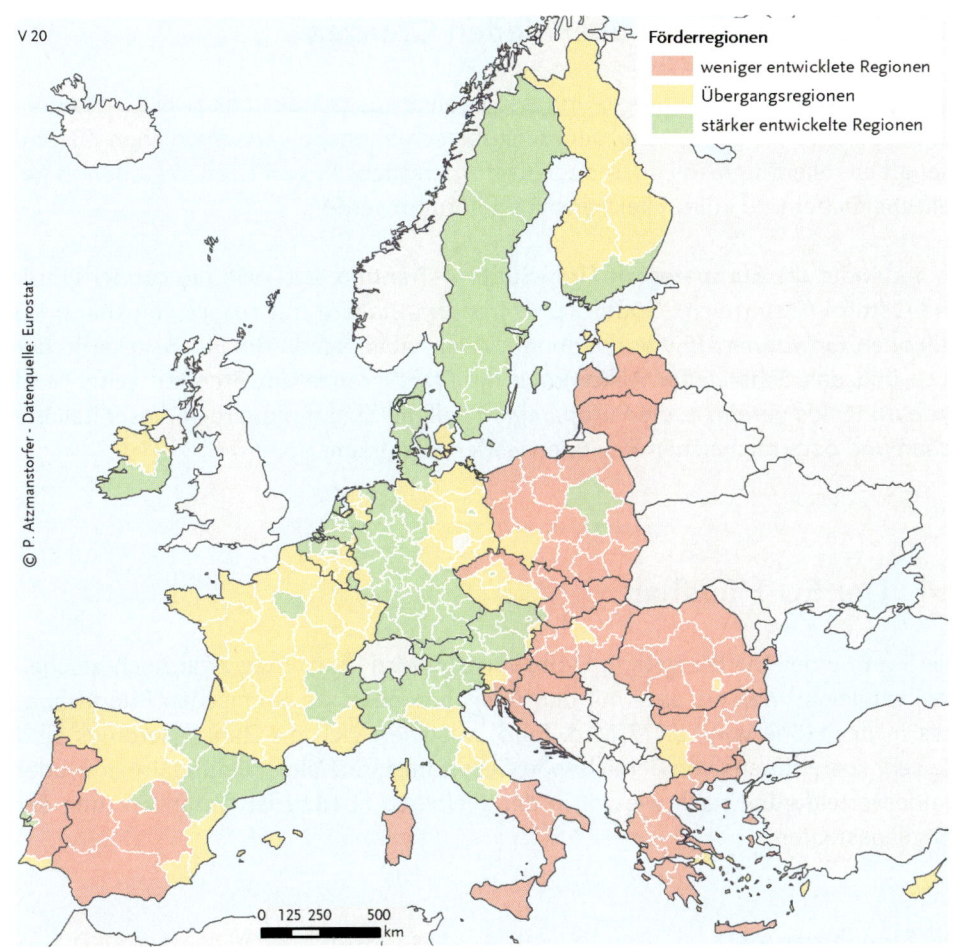

**Förderregionen**
- weniger entwickelte Regionen
- Übergangsregionen
- stärker entwickelte Regionen

© P. Atzmanstorfer · Datenquelle: Eurostat

0 125 250 500 km

Förderfähigkeit der EU-Regionen durch Strukturfonds 2014 bis 2020

Regionen mit dynamischer wirtschaftlicher Entwicklung, überdurchschnittlichen Einkommen und geringen Arbeitslosenzahlen sind die Staaten im Zentrum Europas, aber auch Norditalien, das südliche Skandinavien und Katalonien. Ärmere Regionen wie Süditalien, Griechenland, große Teile Spaniens, Portugals und die CEE weisen wirtschaftlichen Rückstand auf. Einige Hauptstadtregionen der CEE wie Bratislava, Prag, Budapest oder Warschau haben zu den erfolgreichen Regionen Europas aufgeschlossen.

 **Beispiel EU-Förderungen in Österreich**

**33 Regionalförder-Projekte von 2015-2019 im Bezirk Wiener Neustadt beschlossen**

Seit 2015 konnte das Land NÖ gemeinsam die Regionen Niederösterreichs mit rd. 129 Mio. Euro an Fördermitteln unterstützen. Dadurch konnten in den heimischen Regionen Investitionen von mehr als 276 Mio. Euro ausgelöst werden. Die Regionalförderungen sind ein wichtiger Impuls für die Umsetzung regionalwirtschaftlich wichtiger Infrastrukturprojekte. Diese Projekte werden direkt in den Regionen entwickelt und umgesetzt. 33 Projekte konnten im Bezirk Wiener Neustadt beschlossen werden, wodurch auch die Projekte „Attraktivierung Kasematten Wr. Neustadt" und „Bad Schönau/Errichtung sco²narium" ermöglicht wurden. Weiters konnte dadurch ein Investitionsvolumen in der Höhe von über 34 Mio. Euro ausgelöst werden. Das Land NÖ steuerte dazu 12,4 Mio. Euro bei und von der EU kamen 363.000 Euro.

*Nach: https://www.meinbezirk.at/wiener-neustadt - 23. 4. 2020*

Eisenbahn in Bulgarien: hoher Investitionsbedarf in die völlig veraltete Verkehrsinfrastruktur

 Link-Tipp – Online-Karte:
www.trauner.at/onlinekarte.aspx

 Die mittel- und osteuropäischen Länder (MOEL), die nach 2004 der EU beigetreten sind, werden häufig auch mit dem wirtschaftsenglischen Begriff CEE (Central Eastern Europe) bezeichnet.

*Moel:*
*mittel & ost Europäische Länder*

Erörtern Sie die Einbindung der Regionen bei der Umsetzung von EU-Regionalförderungsmaßnahmen.

Weitere Infos unter:
http://www.europaregion.info/de/
default.asp

Im **Schengener Abkommen** wurde der Abbau der Grenzkontrollen festgelegt.

## 3.3 Europaregionen überwinden Grenzen

Eine Europaregion bzw. Euregio umfasst Gebiete aus mindestens zwei EU-Staaten. Sie hat zwar vorrangig das Ziel der grenzüberschreitenden wirtschaftlichen Zusammenarbeit, allerdings soll auch das Zusammenwachsen von Grenzregionen in gesellschaftlicher und kultureller Hinsicht gefördert werden.

So verbindet die **Europaregion Tirol–Südtirol–Trentino** seit 1998 die Länder Nord- und Osttirol (Österreich), Südtirol und Trentino (Italien) mit zusammen knapp 1,6 Millionen Einwohnern/Einwohnerinnen. Zwar haben schon die EU insgesamt, der Euro und das Schengener Abkommen die Staatsgrenze am Brenner weitgehend bedeutungslos gemacht, die Europaregion soll die Zusammenarbeit dieser italienischen und österreichischen Regionen weiter verstärken.

## 3.4 Der EU-Haushalt

Die Summe des EU-Budgets in Höhe von 160 Mrd. Euro mag zwar hoch erscheinen, vergleicht man sie aber mit den Ausgaben des österreichischen Bundesbudgets in der Höhe von ca. 77 Mrd. Euro, relativiert sich die Zahl. Allerdings sind die sehr kostenintensiven Bereiche wie Gesundheit, Soziales, Bildung, Inneres oder Landesverteidigung nach wie vor in der alleinigen finanziellen Verantwortung der Mitgliedsstaaten.

### Die Einnahmen 2018

- Zahlungen der Mitgliedsstaaten
- Zölle und Zuckerabgaben
- Umsatzsteuereinnahmen
- Sonstige

*Quelle: ec.europa.eu*

- Einnahmen hauptsächlich durch Zölle, die bei der Einfuhr von Produkten aus Nicht-EU-Ländern eingehoben werden.
- Die Umsatzsteuereinnahmen betragen 1 Prozent der in den Mitgliedsländern eingehobenen USt.
- Beiträge der Mitgliedsländer aufgrund der Wirtschaftskraft jedes einzelnen Mitgliedslandes.
- Sonstige Einnahmen durch Steuern auf EU-Beamte, vom Europäischen Gerichtshof eingehobene Geldbußen u. a.

### Die Ausgaben 2018

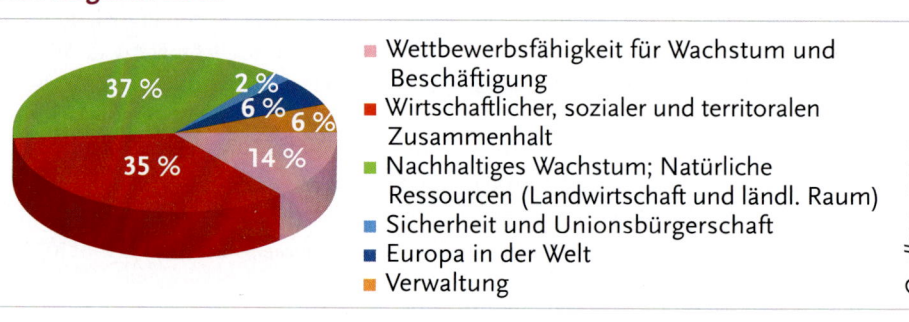

- Wettbewerbsfähigkeit für Wachstum und Beschäftigung
- Wirtschaftlicher, sozialer und territoralen Zusammenhalt
- Nachhaltiges Wachstum; Natürliche Ressourcen (Landwirtschaft und ländl. Raum)
- Sicherheit und Unionsbürgerschaft
- Europa in der Welt
- Verwaltung

*Quelle: europa.eu*

## Arbeitsaufgaben

1. Geben Sie die Idee des finanziellen Ausgleiches zwischen den EU-Staaten wieder.

2. Erörtern Sie die gleiche Höhe der Einnahmen und Ausgaben im EU-Haushalt.

### Nettozahler – Nettoempfänger

Auch das EU-Budget spiegelt die wirtschaftlichen Disparitäten zwischen den Mitgliedsstaaten wieder. Während die wohlhabenderen mehr einbezahlen als sie rücküberwiesen bekommen (Nettozahler), ist es bei den ärmeren genau umgekehrt. Sie sind Nettoempfänger.

| Nettozahler und Nettoempfänger in der EU 2019 | | | | | | | |
|---|---|---|---|---|---|---|---|
| **Nettozahler** | **Anteil am BIP in %** | **Euro pro Kopf** | **in Mio. Euro** | **Nettoempfänger** | **Anteil am BIP in %** | **Euro pro Kopf** | **in Mio. Euro** |
| Deutschland | -0,41 | -172,2 | -14.323,4 | Luxemburg | 0,04 | 24,6 | 15,4 |
| Niederlande | -0,36 | -170,6 | -2.970,6 | Spanien | 0,06 | 15,5 | 733,5 |
| Dänemark | -0,32 | -175,5 | -1.021,7 | Zypern | 0,34 | 81,5 | 72,4 |
| Österreich | -0,31 | -136,3 | -1.212,9 | Slowenien | 1,09 | 245,0 | 513,5 |
| Schweden | -0,29 | -139,0 | -1.435,6 | Malta | 1,18 | 277,5 | 142,8 |
| Vereinigtes Königreich | -0,27 | -101,8 | -6.821,8 | Portugal | 1,24 | 249,3 | 2.566,8 |
| Frankreich | -0,27 | -100,4 | -6.756,1 | Rumänien | 1,53 | 174,8 | 3.378,4 |
| Finnland | -0,23 | -101,2 | -559,1 | Slowakei | 1,65 | 280,0 | 1.528,0 |
| Italien | -0,23 | -68,1 | -4.061,0 | Tschechien | 1,67 | 328,7 | 3.515,1 |
| Belgien | -0,12 | -49,7 | -572,8 | Griechenland | 1,97 | 343,2 | 3.678,3 |
| Irland | -0,01 | -5,6 | -27,8 | Polen | 2,40 | 317,2 | 12.041,3 |
| | | | | Litauen | 2,48 | 416,1 | 1.162,5 |
| | | | | Bulgarien | 2,78 | 243,9 | 1.695,4 |
| | | | | Kroatien | 3,02 | 395,8 | 1.606,1 |
| | | | | Estland | 3,36 | 695,2 | 923,9 |
| | | | | Ungarn | 3,67 | 519,6 | 5.075,8 |
| | | | | Lettland | 3,68 | 583,9 | 1.113,8 |

*Quelle: http://www.bpb.de, 2021*

### Ein Haushalt als Motor für die Erholung nach der COVID 19 Krise

Nach der Zustimmung des Europäischen Parlaments am 17. Dezember 2020 hat der Rat die Verordnung zur Festlegung des Mehrjährigen Finanzrahmens (MFR) der EU für die Jahre 2021 bis 2027 angenommen.

Die Verordnung sieht einen langfristigen Haushalt der EU 27 in Höhe von 1074,3 Mrd. € zu Preisen von 2018 vor, einschließlich der Einbeziehung des Europäischen Entwicklungsfonds. Zusammen mit dem Aufbauinstrument „NextGenerationEU" in Höhe von 750 Mrd. € wird es der EU ermöglicht, über die nächsten Jahre beispiellose 1,8 Billionen € an Finanzmitteln bereitzustellen, um die Erholung von der COVID-19-Krise und die langfristigen Prioritäten der EU in verschiedenen Politikbereichen zu unterstützen.

*Nach: https://www.consilium.europa.eu/, Abfrage 28. 1. 2021*

Luxemburg ist zwar das absolut reichste Land der EU, trotzdem bekam es in manchen Jahren mehr aus dem EU-Haushalt zurück, als es einzahlte. Da es sich bei Luxemburg um ein bevölkerungsmäßig kleines Land handelt, können einzelne Projekte bereits zu einem temporären Überschuss führen. In der gesamten Periode 2014–2020 wird Luxemburg jedoch als Nettozahler zu führen sein.

## Arbeitsaufgaben

**Link-Tipp –
EU-Förderungen**
http://ec.europa.
eu/austria/map/
map_de.htm

**1.** Ziehen Sie Schlüsse aus der geografischen Lage der Nettozahler bzw. Nettoempfänger.

**2.** Bewerten Sie die Höhe der EU-Finanzhilfe zur wirtschaftlichen Überwindung der Covid-19-Krise.

**3.** Erheben Sie mithilfe des nebenstehenden Links, welches Projekt in der Nähe Ihres Wohnsitzes von der EU gefördert wird. Füllen Sie das Datenblatt der Seite aus.

| Datenblatt EU-Projekt | Name: |
|---|---|
| Ort | |
| Höhe der EU-Förderung | |
| Link | |
| Kurzbeschreibung | |

**4.** Googeln Sie eine Liste der Europaregionen und wählen Sie eine Europaregion mit österreichischer Beteiligung aus.

**5.** Öffnen Sie die URL (https://ec.europa.eu/regional_policy/de/projects/map/) der gewählten Europaregion und gestalten Sie ein Profil nach den Gesichtspunkten der anschließenden Grafik.

**6.** Präsentieren Sie die Ergebnisse Ihrer Arbeit in Form eines Plakates oder einer Powerpoint-Präsentation.

**7.** Fassen Sie die Ergebnisse im folgenden Schema zusammen.

**Profil Europaregion: „                                                                                    "**

**Teilnehmende Staaten bzw. Regionen**

**Wichtige Kennzahlen**

**Soziale Projekte**

**Wirtschaftliche Projekte**

**Besonderheiten der Europaregion**

# 4    Die europäische Landwirtschaft

*Kein anderer Wirtschaftsbereich der EU ist so gemeinschaftlich organisiert wie die Landwirtschaft. So orientieren sich die Preise von Lebensmitteln in Österreich an den europäischen. EU-Vorschriften gelten für alle landwirtschaftlichen Betriebe in Europa, um die 50 Prozent des EU-Budgets werden für den ländlichen Raum ausgegeben. Die Strategie 2020 soll die EU-Landwirtschaft für die neuen Herausforderungen fit machen.*

Landwirtschaftlicher Großbetrieb in Dänemark: In Europa werden Lebensmittel im Überschuss produziert.

## 4.1    Vom Mangel zur Überschussproduktion

In den 1950er-Jahren konnte sich Europa nicht selbst mit landwirtschaftlichen Produkten ausreichend versorgen.

Bereits 1962 schuf die EU (damals noch EWG) die Gemeinsame Agrarpolitik (GAP) als gemeinsame Politik für alle Mitgliedstaaten, die aus den Mitteln des EU-Haushalts auf europäischer Ebene finanziert und verwaltet wird, um folgende Ziele zu erreichen:
- die Produktivität in der Landwirtschaft verbessern, um eine sichere Versorgung mit bezahlbaren Nahrungsmitteln zu gewährleisten;
- den Landwirten der Europäischen Union ein angemessenes Einkommen ermöglichen;
- zur Bekämpfung des Klimawandels und zu einer nachhaltigen Bewirtschaftung der natürlichen Ressourcen beitragen;
- ländliche Gebiete und Landschaften in der EU erhalten;
- die Wirtschaft im ländlichen Raum durch Förderung von Arbeitsplätzen in der Landwirtschaft, der Agrar- und Ernährungswirtschaft beleben.

## Landwirtschaft funktioniert nicht nach industriellen Spielregeln, denn …

- Trotz aller Förderungen sind die Einkommen der Landwirte im Vergleich zu Einkommen aus nicht-landwirtschaftlichen Tätigkeiten rund 40 % niedriger.
- Die Landwirtschaft hängt stärker von der Witterung und dem Klima ab als andere Wirtschaftszweige.
- Zwischen der Nachfrage der Verbraucher und der Lieferung durch die Landwirte vergeht unweigerlich eine gewisse Zeit – Rindfleisch oder Getreide können nicht über Nacht erzeugt werden.

Da lange die produzierte Menge im Vordergrund stand, entwickelte sich eine Agrarindustrie, viele kleine Bauern mussten ihren Betrieb aufgeben. Mit einer Reform der Förderung 2003 und der neuen Strategie von 2020 wurden neue Schwerpunkte gesetzt.

Einer der unzähligen für immer geschlossenen Höfe, die den Preiskampf mit den großen Agrarbetrieben verloren haben.

### Strategie 2020

Mit einer neuen Betriebsprämienregelung werden nun die Beihilfen nicht mehr produktionsbezogen ausbezahlt. Damit sollten die Einkommen der Landwirte/Landwirtinnen unterstützt werden, allerdings nur, wenn bestimmte Standards hinsichtlich Umweltschutz, Tierwohl, Lebensmittelsicherheit und Landschaftspflege erfüllt werden. Diese neue Strategie fördert damit auch die Produktion hochwertiger und gesunder Nahrungsmittel.

### Finanzierung der EU-Landwirtschaft

2019 wurde die europäische Landwirtschaft mit knapp 60 Milliarden Euro unterstützt, das sind 36 % des gesamten EU-Budgets von 160 Milliarden. Diese Förderung teilt sich in drei Bereiche:

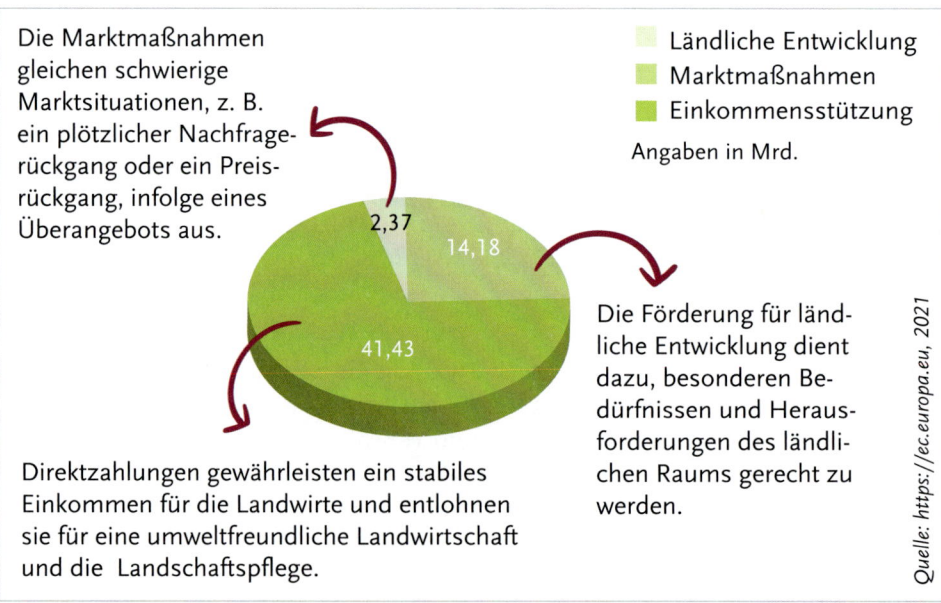

Die Marktmaßnahmen gleichen schwierige Marktsituationen, z. B. ein plötzlicher Nachfragerückgang oder ein Preisrückgang, infolge eines Überangebots aus.

Ländliche Entwicklung
Marktmaßnahmen
Einkommensstützung

Angaben in Mrd.

2,37
14,18
41,43

Die Förderung für ländliche Entwicklung dient dazu, besonderen Bedürfnissen und Herausforderungen des ländlichen Raums gerecht zu werden.

Direktzahlungen gewährleisten ein stabiles Einkommen für die Landwirte und entlohnen sie für eine umweltfreundliche Landwirtschaft und die Landschaftspflege.

Quelle: https://ec.europa.eu, 2021

**Global 2000 kritisiert die Agrarpolitik der EU**

### Die Ziele der EU-Agrarpolitik sind überholt

Obwohl die EU-Agrarpolitik seither viele Male grundlegend überarbeitet wurde und die Exportsubventionen verschwanden, ist nie ein neuer Zielkatalog vereinbart worden, der den Herausforderungen des 21. Jahrhunderts entspricht. Das betrifft vor allem den enormen Einfluss der Landwirtschaft auf Umwelt und Natur, auf nachhaltige Entwicklung und globale Gerechtigkeit. Die Qualität von Böden, des Wassers und der Lebensräume für Insekten und seltene Pflanzen – all diese Themen sind untrennbar mit der landwirtschaftlichen Produktion verbunden. Umwelt-, Tier- und Klimaschutz, die Gesundheit der Menschen, die soziale Entwicklung des ländlichen Raums und globale Nachhaltigkeitsaspekte sind die großen Herausforderungen, die auf europäischer Ebene geregelt werden sollten. Dennoch spielen diese Themen bislang nur eine sehr untergeordnete Rolle.

*Quelle: https://www.global2000.at/gemeinsame-agrarpolitik*

## Arbeitsaufgaben

1. Formulieren Sie einige Schlagzeilen, die Medien in den 1950er- und 1960er-Jahren zur Situation der Landwirtschaft schreiben hätten können.

2. Arbeiten Sie aus den vorliegenden Texten heraus, worin der wesentliche Unterschied in der Förderung der Landwirtschaft in den Anfängen und nach der Gesetzwerdung der Strategie 2020 besteht.

3. Vergleichen Sie das Budget der EU für die gesamte Landwirtschaft mit den Gesamtausgaben des österreichischen Budgets. Was fällt Ihnen dabei auf?

4. Formulieren Sie einige Überlegungen dazu, was Global 2000 mit ihrer Forderung nach besserer „sozialer Entwicklung des ländlichen Raums und globalen Nachhaltigkeitsaspekten" gemeint haben könnte, die derzeit zu wenig Berücksichtigung in der Förderung der EU-Landwirtschaft fänden.

## 4.2 Empfänger von EU-Agrarsubventionen in Österreich

Die großen Empfänger der EU-Gelder sind unterschiedliche Institutionen und Unternehmen, die im Umfeld von Landwirtschaft oder des ländlichen Raumes tätig sind. Während manche Empfänger unbestritten sind – was spricht z. B. gegen die Förderung der Vermarktung von Obst – können andere Einrichtungen wie Getränkekonzerne, die Zucker verarbeiten, durchaus kritisch gesehen werden. Die Offenlegung der Empfänger der Subventionen ist umstritten. Gerade größere Konzerne kämpfen gegen Transparenz.

## Agrarsubventionen: Die kleinen Bauern sind die Tescheks

Es gibt ein uralte Klischeevorstellung, die da lautet: Österreichs Bauern - nein, sogar Europas Landwirte, werden von der Europäischen Union und sonst wo großzügig mit Subventionen überhäuft, was im Vergleich zu anderen Berufsgruppen ungerecht sei.

Tatsächlich fließen alljährlich aus dem Europäischen Garantiefonds für Landwirtschaft und aus dem Europäischen Landwirtschaftsfonds für die Entwicklung des ländlichen Raums gigantische Steuermittel an unzählige Geförderte. Die Großen sind jedenfalls die großen Nehmer, wenn es um Förderungen geht. Werfen wir einen Blick auf die österreichische Realität, die durch das kürzlich in der Transparenzdatenbank veröffentlichte Datenmaterial transparent gemacht wird. Die dort einsehbaren Fakten untermauern die obige Kernaussage: Während sich etwa die staatliche Agrarmarkt Austria (AMA) im Zeitraum von Mitte Oktober 2013 bis Mitte Oktober 2014 gleich über 26,7 Millionen Euro an Unterstützung freuen durfte, erhielten rund 18.000 in der Landwirtschaft tätige Personen jeweils weniger als 1.250 Euro - sprich: gemeinsam nicht einmal annähernd so viel wie die AMA im Alleingang. Es ist folglich total okay, dass die kleinen Bauern nicht mehr wie früher namentlich angeführt, sondern nur noch anonymisiert erfasst werden. Wer in der Transparenzdatenbank nach rot-weiß-roten Förderungsnehmern sucht, erhält nicht weniger als 130.000 sogenannte „Treffer" auf Tausenden Seiten. Das Spektrum reicht von total unspektakulären Beträgen – das beginnt bei einem Euro 45, die jemand im steirischen Ort Landl in Empfang nehmen durfte – bis zu stattlichen Summen, die durchaus Freude aufkommen lassen. Zu den größten Profiteuren zählen – wenig überraschend - strategisch wichtige Firmen wie die Wein Marketing GmbH oder die Genuss Regionen Marketing GmbH, weiters Waldpflegevereine, diverse Obst- und Gemüsefirmen und die Ländlichen Fortbildungsinstitute in mehreren Bundesländern (siehe Link: Die 50 größten Subventionsempfänger). Die meisten Bundesländer schneiden, ähnlich wie zahlreiche Gemeinden, ebenfalls recht gut ab, auch die Landwirtschaftskammern kommen nicht zu kurz (siehe Links am Ende dieses Beitrags). Obendrein werden reihenweise Millionen beispielsweise verteilt auf

- Nationalparks – allen voran der Tiroler Nationalparkfonds Hohe Tauern (€ 1.295.857,-),
- Naturparks – erwähnenswert ist der Naturpark Tiroler Lech (€ 404.289,-),
- Tourismusverbände – am besten schneidet der Tourismusverband Moststraße in Amstetten ab (€ 254.378,-),
- Alpenparks – etwa der Alpenpark Karwendel in Hall in Tirol (€ 115.263,-),
- Arbeitsgemeinschaften – darunter die Arge Regionale Qualität in der Gastronomie (€ 680.913,-),
- Regionalvereine – zu nennen wäre der Regionalverein Hansbergland in Sankt Johann am Wimberg (€ 150.024,-),
- Vereine – zum Beispiel der Verein zur Förderung von Regional- und Agrarprojekten (€ 698.770,-),
- Bergbahnen wie die Bergbahnen Kappl GmbH (€ 103.491,-),
- Landesverbände à la Landesverband Urlaub am Bauernhof (€ 214.890,-),
- Bundesverbände – bestes Beispiel: der Bundesverband für Urlaub am Bauernhof (€ 498.735,-) - sowie jede Menge höchst unterschiedlicher
- Genossenschaften – besonders erfolgreich: das Obstlager in Puch bei Weiz (€ 1.571.423,-).

Das ist aber längst noch nicht alles: In der endlosen Liste der Geförderten Made in Austria sind auch klangvolle adelige Namen wie Liechtenstein, Schwarzenberg & Co. zahlreich vertreten, mehrere Stiftungen, wobei Esterhazy den Vogel abschießt, sowie die katholische Kirche in Gestalt ihrer geldbedürftigen Orden. Die Zisterzienser, Benediktiner oder Augustiner sind ja allesamt auch landwirtschaftlich engagiert, um ihre prunkvollen Stifte erhalten zu können. Und da kann es schon passieren, dass etwa die Landwirtschaftsbetriebe des Schotten-Stiftes mit rund 290.000 Euro deutlich mehr bekommen als etwa die Österreichische Bundesforste AG oder die Zentralstelle Österreichischer Landesjagdverbände.

*http://www.eu-infothek.com, Artikel vom 10. Juni 2015, Download 14. September 2017*

---

**Teschek** ist ein im wienerischen Sprachraum verwendeter Begriff für eine Person, die stets ausgenützt wird und immer die Benachteiligte ist.

## EU-Subventionen für Agrarexporte nach Afrika?

Bis 2003 erhielt die europäische Lebensmittelwirtschaft hohe Subventionen dafür, dass sie Überschüsse vom europäischen Markt nahm, um hier die Preise zu halten, und diese nach Afrika exportierte. Mit den auf den dortigen Märkten konkurrenzlos niedrigen Preisen kam die heimische Landwirtschaftsproduktion teilweise zum Erliegen.

Eine heftige Protestwelle zahlreicher NGOs und Medien erreichte, dass die EU diese Subventionen ab 2003 fast völlig zurückgenommen hat. Dass die Lebensmittelindustrie nach wie vor minderwertige Fleischteile, diesmal nicht exportgestützt, nach Afrika schickt, kann aber nicht ausgeschlossen werden.

Die EU verpflichtet sich in ihren Handelsabkommen, keine Exportsubventionen zu gewähren, die europäische Waren konkurrenzlos billig auf afrikanischen Märkten machen. EU-Geflügelexporte nach Afrika erhalten seit 2003 keine Ausfuhrsubventionen mehr. […] Umgekehrt öffnet die EU ihre Märkte für Produkte aus Afrika. Die EU gewährt den am wenigsten entwickelten Ländern vor allem in Afrika einseitig einen vollständigen zoll- und quotenfreien Marktzugang für ihre Waren, besonders für verarbeitete Produkte mit tieferer Wertschöpfung. Dadurch konnte beispielsweise Ghana seit 2008 seine Ausfuhren von verarbeitetem Kakao in die EU um das Vierfache und die Elfenbeinküste um das Zweieinhalbfache steigern.

Die Wirtschaftspartnerschaftsabkommen der EU mit u. a. afrikanischen Partnerländern erlauben es diesen, ihre sensiblen Produkte durch Zollerhöhungen oder Kontingentbeschränkungen zu schützen, wenn sie durch die EU-Importe Marktverzerrungen oder eine Gefahr für die heimische Wirtschaft sehen. Oft entscheiden sich die Regierungen dieser Länder aber gegen Importzölle auf Agrarprodukte aus der EU, weil sie andernfalls Schwierigkeiten sehen, ihre Millionenstädte mit günstigen Lebensmitteln zu versorgen. […]. Im Jahr 2015 wurden nur noch 3 Prozent der deutschen Agrarexporte nach Afrika exportiert und 0,7 Prozent in die am wenigsten entwickelten Länder.

*Quelle: https://ec.europa.eu, 2. Februar 2021*

Das beste Stück vom Huhn für den europäischen Konsumenten/ die europäische Konsumentin; die anderen Fleischteile werden zu Dumpingpreisen auch in Entwicklungsländer exportiert

**Dumpingpreis** Preis, der unter den Produktionskosten liegt. Er wird von Unternehmen dann eingesetzt, wenn ein Konkurrent aus dem Markt gedrängt werden soll. Im übertragenen Sinn auch besonders niedrige Preise oder Kosten etwa in Billiglohnländern.

## Arbeitsaufgaben

1. Finden Sie den Unternehmenszweck der meisten der österreichischen Top-Förderempfänger heraus.

2. Erörtern Sie die Konkurrenz europäischer Agrarprodukte für die lokal erzeugten Lebensmittel in Afrika.

3. Diskutieren Sie den Zusammenhang zwischen europäischem Konsumverhalten, dem Subventionsabbau, der Entwicklung der Exporte und den Folgen in Afrika.

4. Beschreiben Sie die Umstellung der Subventionspolitik der EU im Agrarsektor.

In der Antike war Europa eine Nymphe, die vom Götterkönig Zeus in Form eines Stiers geraubt wurde. Heute kämpft Europa nicht mit den Göttern, sondern mit seinen Hauptkonkurrenten: die USA und Ostasien.

# 5 Raketen, Flugzeuge, Autos – Europa im Kampf um die wirtschaftliche Vormachtstellung

*Europa (v. a. Westeuropa) hat in einigen Bereichen der Hochtechnologie einen Rückstand auf die beiden Konkurrenten USA und Japan aber auch zunehmend zu China und auch Indien. Dazu kommt, dass in vielen alten Industriegebieten die Kohle- und Stahlindustrie darniederliegt und eine hohe Arbeitslosigkeit das Budget vieler Länder belastet. Aber bereits seit den 1970er-Jahren bemühen sich die europäischen Staaten, den wirtschaftlichen Wettkampf mit den USA und Japan aufzunehmen.*

## Europa im Kampf um die wirtschaftliche Vormacht

USA, China, Indien sind in den letzten 20 Jahren wirtschaftlich enorm gewachsen, Japan hat an Dynamik verloren, doch alle liegen sie mit ihrem BIP noch deutlich vor Deutschland, Europas führender Wirtschaftsmacht. Mit Großbritannien, Frankreich, Italien und Spanien liegen weitere 5 Volkswirtschaften Europas innerhalb der 15 wichtigsten Wirtschaftsmächten der Welt. Russland konnte nicht in gleichem Maß wachsen und liegt hinter Deutschland. Europas Wirtschaft kann nur dann mithalten, wenn sich die Unternehmen zusammenschließen und kooperieren.

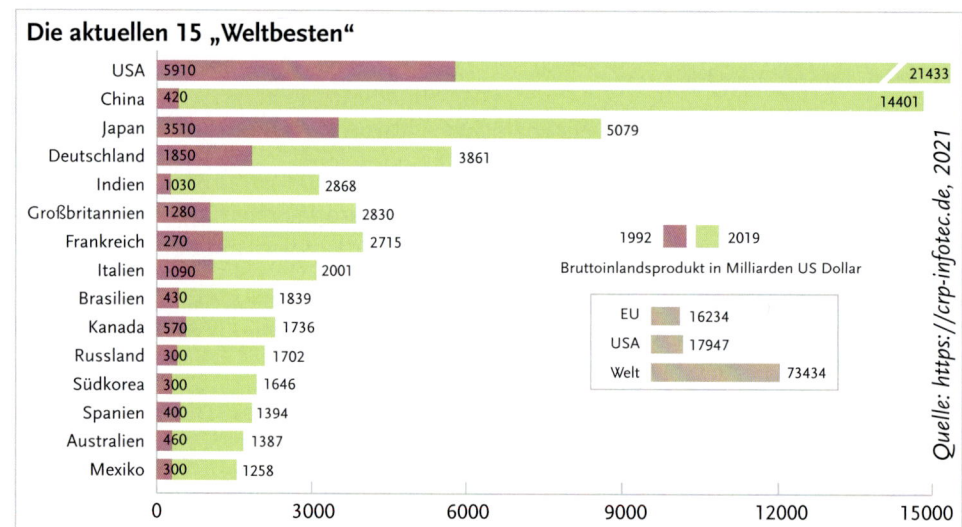

Die aktuellen 15 „Weltbesten"

Bruttoinlandsprodukt in Milliarden US Dollar

Quelle: https://crp-infotec.de, 2021

### Arbeitsaufgabe

■ Berechnen Sie die drei Staaten mit dem stärksten und die drei mit dem schwächsten Wirtschaftswachstum zwischen 1992 – 2019 (absolute Zahlen). Setzen Sie sich mit den Ursachen dafür auseinander.

## Europäische Prestigeprojekte

### Airbus – eine europäische Erfolgsgeschichte

Die Airbusflugzeuge werden seit 1970 gebaut. Vier europäische Länder arbeiten an diesem Projekt. 1970 betrug der Anteil des Airbuskonzerns am internationalen Flugzeugmarkt nur 7 %. Dieser Anteil stieg bis 2008 auf 52 %. Die Teile werden in den einzelnen Ländern selbstständig entwickelt und gebaut. Das Assembling (der Zusammenbau der einzelnen Teile) des Flugzeuges erfolgt in Toulouse oder in Hamburg. Derzeit hat das Unternehmen Airbus ca. 52 000 Mitarbeiter/innen an 17 europäischen Standorten.

**Herkunft der Airbusteile**

Ariane 5-Rakete auf dem Weltraumflughafen in Kourou in Französisch-Guyana

### Ariane – Europa im Weltraum

Ein zweites erfolgreiches Projekt ist die Entwicklung der Arianeträgerrakete, die als Gegenpol zur amerikanischen Raumfahrtindustrie gedacht ist. Bei der Entwicklung arbeiten in der Zwischenzeit 18 europäische Länder mit. Das Zentrum der Firma Arianespace liegt in Evry, südlich von Paris. Die Raumstation befindet sich in Kourou, einer Stadt im französischen Überseedepartement Guyana.

## Die europäische Automobilindustrie

Die europäische Automobilindustrie war lange Zeit der japanischen Konkurrenz unterlegen. Kleine, billige Modelle mit extrem niedrigem Treibstoffverbrauch machten den alteingesessenen europäischen, aber auch den amerikanischen Unternehmen zu schaffen. Ähnlich wie in den USA begannen die Japaner, in Europa (v. a. in Großbritannien und Frankreich) Autos zu produzieren, um so direkt auf dem Absatzmarkt anwesend zu sein.

**Standorte der Automobilindustrie in Ostmitteleuropa**
Auch in Österreich und seinen östlichen Nachbarstaaten entstanden seit den 1980er-Jahren einige bedeutende Automobil- oder Motorenwerke.

### Arbeitsaufgabe

■ Odnen Sie die Automobilwerke den Orten zu und tragen Sie die entsprechende Nummer in den leeren Kreis:

1. Steyr – BMW-Motoren
2. Graz – Magna-Steyr
3. Wien – Opel-Motoren und Getriebe
4. Bratislava – VW/Skoda
5. Mlada Boleslav – VW/Skoda
6. Novo Mesto – Renault
7. Györ – Audi

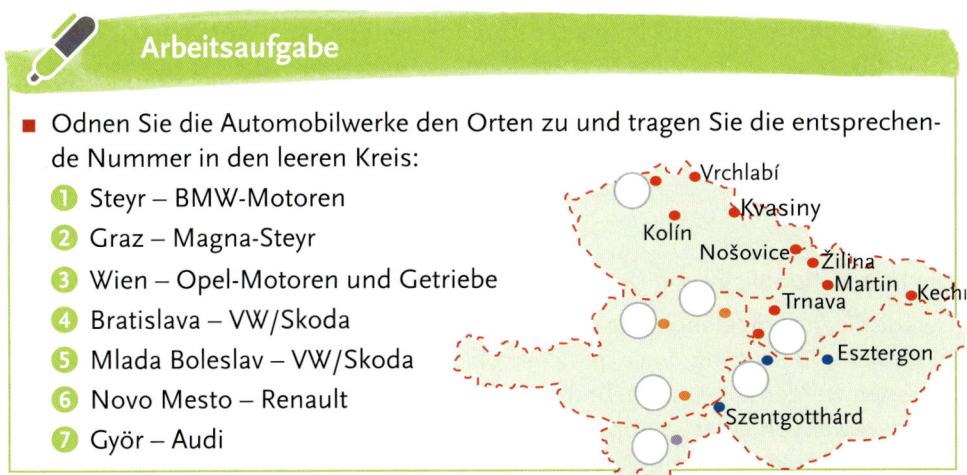

Die europäische Autoindustrie musste also ebenfalls Möglichkeiten zu einer billigeren Produktion suchen. Während die Konzernsitze im europäischen Zentralraum blieben, wanderten viele Produktions- und Montagewerke an die europäische Peripherie – in jene Regionen, die aufgrund relativ billiger Arbeitskräfte niedrige Produktionskosten ermöglichten. In den Zentren gingen so Tausende gut bezahlte Arbeitsplätze verloren, in Spanien, Portugal, in Osteuropa (in der Slowakei, in Tschechien und Polen) und anderen Regionen wurden Tausende relativ billige Arbeitsplätze geschaffen.

VW-Stammwerk in Wolfsburg: Die Automobilindustrie ist immer noch eine Schlüsselindustrie für die europäische Wirtschaft

Das riesige Skoda-Werk in Mlada Boleslav mit über 10 000 Beschäftigten wurde 1991 von VW aufgekauft und die Marke Skoda erfolgreich in den VW-Konzern integriert

**Veränderungen in der Eigentümerstruktur**
Volvo wurde bereits 1999 an Ford verkauft. Ford verkaufte 2009 die Marke Volvo an das chinesische Unternehmen Geely.

## E-Autos stark im Kommen

Zwar ist der Preis für Treibstoffe derzeit sehr niedrig und der Anschaffungspreis für e Autos im Vergleich sehr hoch, doch die Wachstumsraten sind nun auch in Europa beachtlich.

2020 wurden bis Ende November in Deutschland 150 000 neue E-Autos zugelassen (rund 5,2 % aller neu zugelassenen Autos). Norwegen kam im selben Zeitraum auf knapp mehr als 63 000 Neuzulassungen (56 % aller Pkw-Neuzulassungen). Frankreich mit mehr als 90 000 und Großbritannien mit knapp 86 500 liegen in dem Ranking der meisten Neuzulassungen bei E-Autos zwischen Deutschland und Norwegen. In Österreich wurden in diesem Zeitraum 12 500 E-Autos neu angemeldet. Experten sehen im Boom an E-Fahrzeugen mehrere Gründe: hohe Förderungen, rascher Ausbau der privaten und öffentlichen Lade-Infrastruktur und gestiegene Reichweite der Akkus.

 **Arbeitsaufgaben**

1. Erklären Sie, wie die europäische und besonders die deutsche Autoindustrie mit der amerikanischen und japanischen Konkurrenz mithalten konnten.

2. Begründen Sie, warum die Slowakei als Standort der Automobilindustrie in den letzten Jahren sehr wichtig wurde.

3. Finden Sie zu jeder Automarke den Hauptsitz des jeweiligen Unternehmens.

| | |
|---|---|
| Fiat | Rüsselsheim |
| VW | Göteborg |
| Volvo | Vélizy-Villacoublay |
| BMW | Turin |
| Peugeot-Citroen | Paris |
| Renault | Stuttgart |
| Daimler (Mercedes-Benz) | Wolfsburg |
| Opel | München |

4. Recherchieren Sie die Hauptsitze folgender europäischer Automarken (Auswahl), zeichnen Sie diese in obige Karte ein und ordnen Sie die Marken den Konzernen zu:

Audi ▪ Seat ▪ Dacia ▪ Alfa Romeo ▪ Lancia, Maserati ▪ Vauxhall

## Die Internationalisierung der europäischen Automobilindustrie

Gerade die Automobilindustrie ist durch ständige Unternehmenszusammenschlüsse immer in Bewegung. Viele der alten Marken bleiben zwar bestehen, aber durch Fusionen werden die Unternehmen immer internationaler, sodass in Zukunft nur mehr schwer von einer „europäischen Automobilindustrie" zu sprechen sein wird. Beispiele aus der jüngeren Vergangenheit sind der Kauf des schwedischen Unternehmens Volvo durch den chinesischen Konzern Geely. Opel gehörte seit 1929 zu General Motors und wurde 2017 an PSA (Peugeot-Citroen) verkauft. 2021 schlossen sich PSA und Fiat-Chrysler zum internationalen Konzern Stellantis zusammen (mit Hauptsitz in Amsterdam). Vorher fusionierten schon Chrysler und Fiat 2014.

# 6 Die Geografie der Industrie – alte und junge Industrieregionen

Zusätzliche Übungen finden Sie in der TRAUNER-DigiBox.

*In Europa kann man zwischen alten Industrieregionen, deren Ursprünge auf das 19. Jahrhundert zurückgehen, und jungen Industrieregionen, die nach dem Zweiten Weltkrieg entstanden sind, unterscheiden. Während in Ersteren vor allem die Schwer- und Textilindustrie dominiert, ist die Industriestruktur der jungen Industrieregionen vielfältiger und dadurch auch anpassungsfähiger bei wirtschaftlichen Schwankungen.*

## Alte Industrieregionen

Der Typus des „alten Industriegebiets" entwickelte sich im Laufe des 19. Jahrhunderts im Zuge der ersten industriellen Revolution. In der Nähe von Steinkohlelagerstätten und/oder Eisenerzvorkommen, angebunden an das Eisenbahnnetz, entstanden die ersten großen zusammenhängenden, oft aus mehreren Städten bestehenden Agglomerationen (Ballungsgebiete).

Bis in die 1970er- und 1980er-Jahre dominierte der Typus des „alten Industriegebietes" das wirtschaftliche Geschehen Europas. Nach dem Zweiten Weltkrieg, mit dem Wirtschaftsboom der Aufbaujahre, war Stahl der wichtigste Grundstoff und Kohle der billigste Rohstoff. Die Nachfrage explodierte und es entstanden blühende Industriegebiete mit Großbetrieben mit bis zu 20 000 Beschäftigten. Riesige miteinander verwobene Komplexe, in denen von der Rohstoffgewinnung bis zur Endproduktion alles vereint war, waren auf relativ engem Raum konzentriert.

Eine starke innerbetriebliche Arbeitsteilung, ein streng hierarchisches Managementmodell und eine starke gewerkschaftliche Vertretung waren die Eckpfeiler eines über Jahrzehnte funktionierenden Sozial- und Regionalmodells. Dazu kam, dass viele dieser Großbetriebe in staatlicher Hand waren und von internationalen Konkurrenzkämpfen durch Subventionen künstlich ferngehalten wurden – so lange, bis das System schließlich kollabierte.

Zeche im Ruhrgebiet

**Subventionen:** dabei handelt es sich um staatliche Zahlungen zur Unterstützung von Betrieben, Kultur- und sozialen Organisationen oder um Preise sensibler Güter (wie Brot, Wasser etc.) künstlich niedrig zu halten.

## Junge Industrieregionen

In den Krisenzeiten der Achtzigerjahre erkannte man in Europa, dass dynamische Klein- und Mittelbetriebe zigtausende Arbeitsplätze schufen und mit ihren zum Teil hoch spezialisierten Produkten im Hightechbereich (Mikroelektronik, Informationstechnologie, Biotechnologie) die Wirtschaft ganzer Landstriche prägten. Der Regionstyp „junges Industriegebiet" war geschaffen.

Neue Standortfaktoren wurden immer wichtiger. Eine intakte Umwelt, das positive Image einer Region, Kultur- und Freizeitmöglichkeiten, ein angenehmes Klima etc. sind heute die gefragten „weichen" Standortfaktoren. Eine gute Verkehrsinfrastruktur ist natürlich wesentlich. Aber nicht mehr Eisenbahnanschlüsse für den Transport von Massengütern, sondern gut ausgebaute Autobahnnetze für den Transport von Bauteilen, die „just in time", also rechtzeitig, beim Abnehmer sein müssen, sind ausschlaggebend. Auch die Nähe zu internationalen Flughäfen ist heute für den weltweiten Export unverzichtbar. Die Nähe zu Universitäten, technischen Hochschulen und Forschungs- und Entwicklungslabors ist nun entscheidender als die Nähe zu Fertigungsstätten.

Ab den 1980er- und 1990er-Jahren wurden Regionen, die noch vor dem Zweiten Weltkrieg „rückständige" Agrarregionen ohne nennenswerte Industrie gewesen waren, vielfach zu Erfolgsregionen. Sie hatten den Vorteil, nicht die strukturellen Probleme der alten Industrieregionen mitzuschleppen.

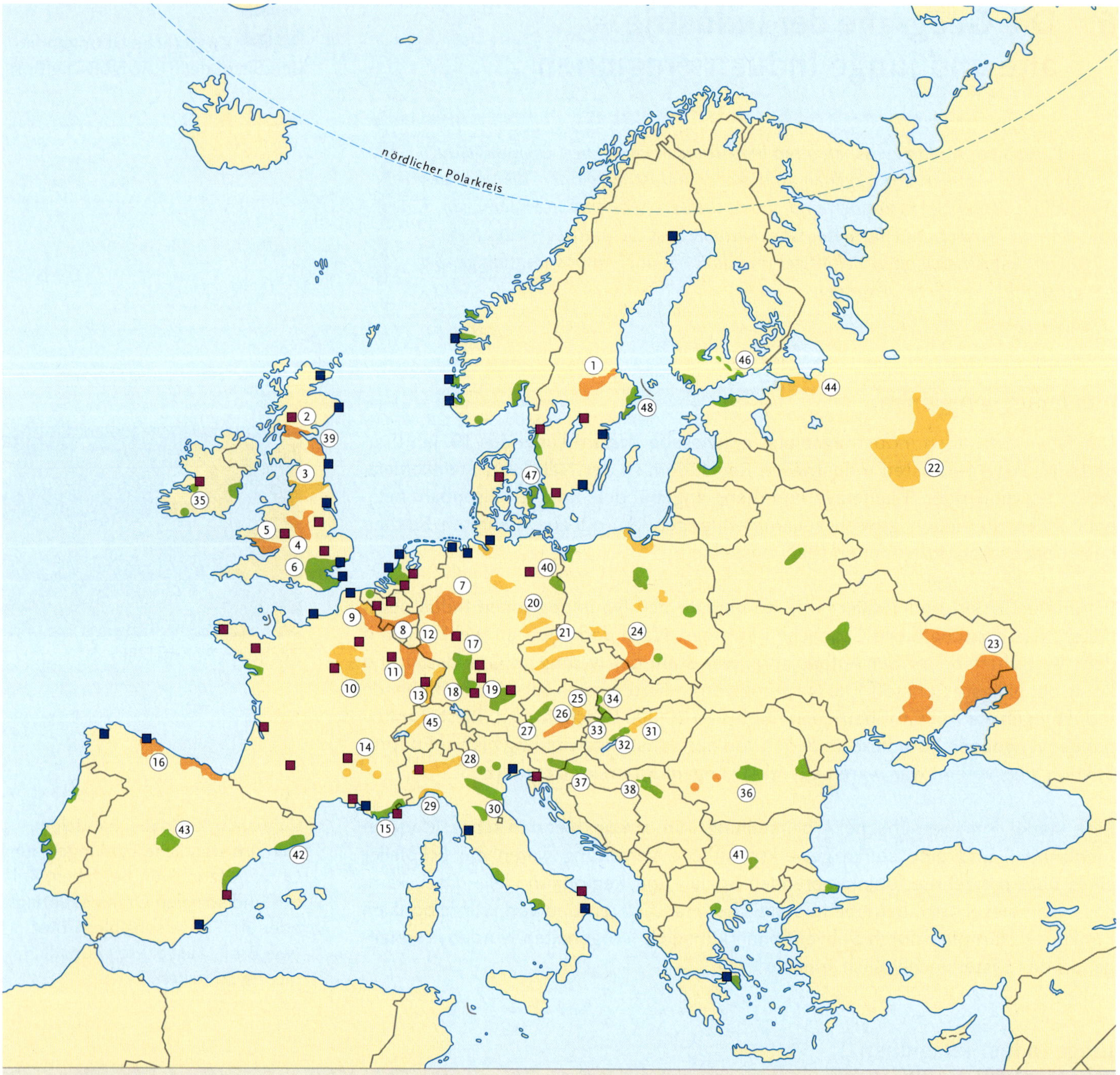

Maßstab 1 : 24 000 000

```
0   200  400  600  800  1 000
                              km
```

——— Staatsgrenze

‑ ‑ ‑ ‑ Teilungsgrenze auf Zypern

**alte Industrieregionen (vor dem Ersten Weltkreig entstanden)**

überwiegend Stahl- und Eisenindustrie, zum Teil Bergbau (Steinkohle und Eisenerz)

diversifizierte Branchenstruktur (Textilien, Bekleidung; Metallverarbeitung, Maschinenbau)

**junge Industrieregionen (vor allem nach dem Zweiten Weltkrieg aufgebaut)**

meist diversifizierte Branchenstruktur (Autos, Maschinenbau, Mikroelektronik; im ehemaligen Ostblock zum Teil Schwerindustrie)

■ neue Hafenstandorte (Erdölverarbeitung; Stahlerzeugung)

■ Technologieparks und Innovationszentren (außerhalb traditioneller Industrieregionen)

## Arbeitsaufgaben

1. Fassen Sie die wesentlichen Standortfaktoren der alten und jungen Industriegebiete in einem Schema zusammen.

2. Erklären Sie die wichtigsten Unterschiede zwischen alten und jungen Industrieregionen.

3. Beurteilen Sie, wie diese Regionstypen auf den Prozess der Globalisierung reagieren.

**4.** Tragen Sie die Nummern aus der Karte in das jeweilige Kästchen der entsprechenden Region ein.

**Alte monostrukturelle Industrieregionen:**
Stahl und Eisen erzeugende Industrie, Kohlebergbau; während der industriellen Revolution entstanden

| | |
|---|---|
| | Lothringen |
| | Maas-Sambre-Furche |
| | Saarland |
| | Ruhrgebiet |
| | Oberschlesien |
| | Donbass |
| | Baskenland – Asturien |
| | Mittelschweden |
| | Schottische Senke |
| | Newcastle – Middlesbrough |
| | Midlands |
| | Südwales |
| | Mur-Mürz-Furche |

**Alte Industrieregionen mit teilweise diversifizierter Branchenstruktur:**
zum Teil bereits aus vorindustrieller Zeit; Textil-, Bekleidungsindustrie und andere Leichtindustrie; Metall verarbeitende Industrie

| | |
|---|---|
| | Nord-Pas-de-Calais |
| | Elsass |
| | Région Parisienne |
| | Région Lyonnaise |
| | Jura |
| | Lancashire – Yorkshire |
| | Sachsen – Thüringen |
| | Nordböhmen |
| | „Russisches Zentrum" (Moskau – Nischnij Nowgorod) |
| | Wiener Becken |
| | Budapest – Nordungarn |
| | Ligurien |
| | St. Petersburg |
| | Oberitalien |

**Junge Industrieregionen:**
zum Großteil nach 1945 auf- oder ausgebaut; diversifizierte Branchenstruktur (Auto-, Maschinenbau, Mikroelektronik); im ehemaligen Ostblock zum Großteil Schwerindustrie

| | | | |
|---|---|---|---|
| | Südostengland (Kent) | | Plovdiv |
| | Côte d'Azur | | Siebenbürgen |
| | Barcelona | | Kisalföld (Kl. Ungar. Tiefland) |
| | Madrid | | Mittel- und Transdanubien (Ungarn) |
| | Neckarregion | | Cottbus (Eisenhüttenstadt) |
| | Rhein-Main-Region | | Bratislava |
| | München – Südbayern | | Cork |
| | „Drittes Italien" | | Helsinki – Espoo |
| | Oö. Zentralraum – Salzburg | | Öresundregion |
| | Slowenien – Nordkroatien | | Stockholm |
| | Belgrad – Novisad | | |

# 7 London, Paris, Frankfurt – die drei Finanzzentren Europas

*Im modernen Weltwirtschaftssystem konzentriert sich wirtschaftliche Macht auf wenige Orte. London, Paris und Frankfurt am Main sind in Europa die drei wichtigsten Finanzzentren. Sie stehen untereinander in Konkurrenz um die Ansiedlung wichtiger Finanzdienstleistungsunternehmen. Mit dem von Großbritannien beschlossenen Brexit – dem Austritt aus der EU – wird es zu einem noch schwer vorhersehbaren Machtwechsel in den Finanzzentren kommen.*

## 7.1 London – Weltfinanzzentrum seit dem 19. Jahrhundert

London war im 19. Jahrhundert die größte Stadt der Erde. Als Hauptstadt der größten Industrie-, Handels- und Kolonialmacht Großbritannien war es bis zum Ersten Weltkrieg Zentrum des Welthandels und des internationalen Bank- und Finanzwesens. Der Ballungsraum London hat heute ca. 14 Millionen Einwohner/innen, die Stadt selbst ca. 3 Millionen. Das eigentliche Finanzzentrum beschränkt sich auf das alte Zentrum Londons, die sogenannte City.

### Die City – das eigentliche Wirtschaftszentrum Londons

Das Zentrum der City ist die auf einem Hügel gelegene Bank of England. In nächster Nähe liegt die zentrale Börse (London Stock Exchange). Die Londoner Metallbörse (London Metal Exchange) ist Zentrum des Welthandels mit Kupfer, Zinn, Zink, Blei, Silber, Aluminium und Nickel. In London wird auch der Weltmarktpreis für Gold und Diamanten gebildet. Weiters liegt in der Londoner City die Terminbörse LIFFE (London International Financial Futures and Options Exchange), an der u. a. Rohstoffe wie Kakao oder Kaffee gehandelt werden.

City of London

In etwas größerer Entfernung von der Bank of England liegen Verwaltungsgebäude und Agenturen von Schifffahrtslinien, Filialen von Banken und Versicherungen aus der ganzen Welt. Zwei Drittel der Weltfrachtgeschäfte werden hier versichert, unter anderem durch die schon vor mehr als 300 Jahren gegründete Versicherung Lloyd's. London weist auch andere hoch spezialisierte Finanz-, Beratungs- und Marktdienste auf, z. B. die Auktionshäuser Sotheby's und Christie's.

### Der Finanzplatz London ist gefährdet

Mit dem Brexit dürfte die Erlaubnis, Finanzprodukte in allen EU-Ländern zu vertreiben, wegfallen. Vor allem amerikanische Banken, die in London große Standorte hatten, könnten nach dem EU-Austritt umdenken. Der Finanzhauptstadt London droht ein Bedeutungsverlust. Teile von Banken, die etwa mit der Entwicklung von Finanzprodukten zu tun haben, könnten nach Frankfurt ziehen. Der Brexit könnte auch die geplante Fusion der beiden Börsen in Frankfurt und London gefährden. Die Wall Street Bank und zahlreiche Unternehmen werden Tausende Jobs aus Großbritannien in andere europäische Länder, vor allem nach Frankfurt oder Dublin verlagern.

### Mögliche „Nachfolger" Londons

London wird auch nach dem Brexit Europas bedeutendster Finanzplatz bleiben. Aber viele Finanzgeschäfte werden in die EU „zurückwandern". Welche Finanzzentren werden die Gewinner des relativen Bedeutungsverlustes von London sein?

**Platzmangel in der City**

Durch die enorme Nachfrage entstand ein gewaltiger Preisdruck. Die Bodenpreise in der City haben sich seit den 1980er-Jahren verdreifacht. Nur mehr global agierende Unternehmen können sich derzeit Standorte direkt in der City leisten. Andere wandern an den Rand der City. Rund um die City entstehen so neue Bürozentren. Eines der bekanntesten dieser neuen Dienstleistungszentren liegt im ehemaligen Industriegebiet der Docklands.

## Arbeitsaufgabe

- Recherchieren Sie im Internet über die potenziellen „Nachfolger" Londons als Finanzplatz in der EU und erstellen Sie aufgrund Ihrer Nachforschungen ein Ranking folgender Städte.

| | Rang | Begründung in Stichworten |
|---|---|---|
| Dublin | | |
| Amsterdam | | |
| Paris | | |
| Luxemburg | | |
| Frankfurt | | |

## 7.2 Paris – ewiger Konkurrent Londons

Paris ist eine der bedeutendsten Weltstädte und das überragende politische, wirtschaftliche sowie kulturelle Zentrum Frankreichs. Im gesamten Ballungsraum leben ca. 11 Millionen Menschen, in Paris selbst ca. 2,8 Millionen. Paris ist außerdem der größte Verkehrsknotenpunkt Frankreichs (unter anderem mit drei Flughäfen und sechs Kopfbahnhöfen) und ist Sitz bedeutender internationaler Organisationen wie der UNESCO, der OECD und der ICC (International Chamber of Commerce).

Die gesamte Wirtschaft ist von jeher auf Paris konzentriert. Das gesamte Verkehrsnetz läuft sternförmig aus allen Richtungen Frankreichs auf Paris zu. Ein Drittel des französischen Bruttoinlandsprodukts wird in Paris erzeugt. Traditionellerweise ist hier das Zentrum der Modeindustrie und der Erzeugung von Luxusgütern. Fast alle nationalen und auch viele internationale Medienkonzerne (z. B. Vivendi Universal) haben ihren Sitz in der französischen Hauptstadt.

Seit den 1990er-Jahren verlor Paris eine Viertelmillion Arbeitsplätze. Grund dafür ist die Abwanderung vieler Dienstleistungsunternehmen in Gemeinden des Umlandes. Herausragendes Beispiel dafür ist La Défense, die größte „Bürostadt" Europas, die westlich von Paris errichtet wurde. Heute ist es der Sitz der bedeutendsten Banken und Versicherungen. Mit der Finanzkrise ab 2008 begannen allerdings die ersten Banken und Versicherungen abzuwandern. So verließen etwa die Bank Société Générale und der Versicherungskonzern Axa La Défense, um sich an billigeren Standorten in der Umgebung von Paris niederzulassen.

Blick vom Eiffelturm auf das moderne Bürozentrum La Défense, das außerhalb von Paris auf dem Gebiet der drei Städte Courbevoie, Nanterre und Puteaux liegt

### Von der Pariser Börse zur Euronext – internationale Zusammenarbeit auf dem Finanzsektor

Die Pariser Börse ist einer der ältesten Handelsplätze für Wertpapiere und besteht seit 1724. Im Jahr 2000 schlossen sich die Börsen von Paris, Brüssel und Amsterdam zur Euronext-Börse zusammen, um so ein größeres Gewicht gegenüber den Finanzzentren Frankfurt und London zu bekommen. 2007 vereinigte sich Euronext mit der NYSE (New York Stock Exchange).

## 7.3 Frankfurt am Main – das deutsche Finanzzentrum

Zum Unterschied von London und Paris ist das dritte große Finanzzentrum Europas eine verhältnismäßig „kleine" Stadt. Sie hat knapp 700 000 Einwohner/innen und ist damit nur die fünftgrößte Stadt Deutschlands. Als Standort der Deutschen Börse wurde Frankfurt am Main jedoch zum bedeutendsten Bankenstandort Deutschlands. Auch die Europäische Zentralbank (EZB) hat 1998 Frankfurt als Sitz gewählt. Durch die zentrale Lage in Europa gehört Frankfurt mit dem Frankfurter Flughafen, dem Hauptbahnhof und dem Autobahnkreuz zu den wichtigsten Verkehrsknotenpunkten Europas. Frankfurt ist eine der wenigen Städte Europas mit einer von zahlreichen Hochhäusern geprägten Skyline und wird deshalb auch manchmal als „Mainhattan" bezeichnet – eine Anspielung auf Manhattan.

Die Skyline von „Mainhattan"

### Probleme am Finanzplatz Frankfurt?

Obwohl der Finanzplatz Frankfurt europaweit „nur" auf Platz drei liegt (hinter London und der Vierländerbörse „Euronext"), spielt die Deutsche Börse im internationalen Vergleich dennoch ganz vorne mit. In jüngster Zeit jedoch mehren sich warnende Stimmen, die ein unsanftes Ende der Frankfurter Höhenflüge für möglich halten. Dass dies auch die Deutsche Börse AG so sieht, belegen ihre – bisher jedoch allesamt vergeblichen – Bemühungen, sich mit einem starken Partner zusammenzuschließen. Nach dem 2005 gescheiterten Übernahmeversuch der London Stock Exchange und der aktuell geplatzten Fusion mit der Mehrländerbörse Euronext (die ihrerseits der NYSE den Vorzug gibt) droht dem Finanzplatz Frankfurt ein schwerer Rückschlag, wenn es der Deutschen Börse nicht bald gelingt, einen anderen Partner zu finden.

*http://www.k-faktor.com*

## Arbeitsaufgaben

**1.** Vergleichen Sie die drei europäischen Finanzzentren:

| | London | Paris | Frankfurt |
|---|---|---|---|
| **Größe (Zahl der Einwohner)** | | | |
| **Börsen/Banken** | | | |
| **Sonstige Bedeutung** | | | |
| **Probleme** | | | |

**2.** Wie heißen die Börsenindizes der großen Aktienbörsen? Ordnen Sie die Namen richtig zu.

| | |
|---|---|
| New York | FTSE 100 |
| Tokio | DAX |
| London | CAC40 |
| Paris | Nikkei |
| Frankfurt | Dow Jones |

# 8 Erfolgsstory Osteuropa?

*Die Länder im Osten Europas haben gegenüber dem Westen einen beträchtlichen wirtschaftlichen Entwicklungsrückstand. Seit 1989, dem Zusammenbruch der kommunistischen Systeme, versuchen diese Staaten durch wirtschaftliche Reformen den Abstand zum westlichen Entwicklungsniveau zu verringern. Doch dabei gibt es beträchtliche Schwierigkeiten, aber auch einige Erfolge.*

Zusätzliche Übungen finden Sie in der TRAUNER-DigiBox.

McDonalds in Prag: Zeichen des wirtschaftlichen Aufschwungs?

## Das Erbe des Kommunismus

Die Länder des ehemaligen Ostblocks waren von 1945/47 bis 1989 durch kommunistische Planwirtschaft geprägt. Im Unterschied zur westlichen Marktwirtschaft bestanden kaum Privatbetriebe, sondern fast ausschließlich verstaatlichte Großbetriebe. Das bedeutet, dass der Staat der alleinige Besitzer von Kapital war. Produziert wurde nicht nach den Bedürfnissen der Bevölkerung, sondern nach den Vorgaben einer zentralen Planbehörde, die in sogenannten Fünfjahresplänen niedergeschrieben wurden. Das kommunistische Wirtschaftssystem bot zwar sichere Arbeitsplätze und billige Wohnungen, aber die Nachteile waren gewaltig:

- ein bescheidenes Einkommens- und Konsumniveau
- Versorgungsengpässe bei Konsumgütern
- starke Bürokratie
- wenige Innovationen und Vernachlässigung der Produktionsanlagen
- Vernachlässigung des Umweltschutzes und dadurch starke Umweltverschmutzung in vielen Regionen
- politische Unterdrückung (Ein-Parteien-Herrschaft)

Die Nachteile des Systems führten 1989 zum Zusammenbruch der kommunistischen Länder und zu einem ziemlich abrupten Übergang in eine freie Marktwirtschaft und zu Demokratien westlichen Zuschnitts. Dieser Übergang (die sogenannte Transformation) brachte in allen Ländern eine Menge wirtschaftlicher und sozialer Probleme, aber auch beträchtliche Erfolge mit sich.

Die Stadt Ostrava in Nordmähren wurde schon zu Zeiten der Monarchie auf Basis der reichen Kohlevorkommen industrialisiert. In kommunistischer Zeit wurden die Wohnblöcke direkt neben die Werksanlagen gebaut. Bis in die 1980er-Jahre war dieser Kohleschacht in Betrieb. Heute wird er als Industriedenkmal touristisch beworben.

## Die positive Seite der Transformation – die Städte bekommen neues Leben

### Beispiel Budapest

Wie viele osteuropäische Großstädte hat auch Budapest sein Antlitz in den letzten zwanzig Jahren nachhaltig verändert. Die Gegensätze innerhalb der Stadt haben sich allerdings verschärft. Während im Zentrum immer neue herausgeputzte, elegante und sündteure Geschäfte entstehen, ver-

slumen manche Randbezirke. Budapest war in vielen Bereichen der Vorläufer im ehemaligen Ostblock: der erste McDonald's, der erste Pierre-Cardin-Laden, der erste Sexshop. Obwohl Benzin kaum billiger als in Österreich ist, ist der Autoverkehr dichter als in jeder westlichen Metropole, aber auch die Luftverschmutzung ist stärker. Die Handydichte übertrifft ebenfalls die westlicher Städte.

## Neue Standorte im Osten

Die Standortvorteile der Reformländer liegen vor allem in ihren niedrigen Lohnkosten und in einer für Unternehmen günstigen Steuerpolitik. In all diesen Ländern liegen die Sätze für die Unternehmenssteuer (Körperschaftssteuer) deutlich unter jenen der westeuropäischen Länder. Dadurch werden viele Investoren angelockt. So liegt die Körperschaftssteuer in der Slowakei bei 19 %, in Österreich bei 25 %.

Auch auf regionaler Ebene ist ein Wandel zu beobachten. Während alte Industriegebiete wie Nordböhmen oder das oberschlesische Industrierevier nicht allzu große Investitionen anziehen, boomen die Metropolen und die westlichen Grenzregionen.

VW-Werk bei Bratislava – eines der modernsten VW-Werke des Konzerns

Peugeot-Werk in Trnava. Peugeot errichtete 2003 eine Automobilfabrik in Trnava, ca. 60 km östlich von Bratislava

### Höchste Pro-Kopf-Autoproduktion der Welt: Slowakei will Fahrzeuge entwickeln, nicht nur fertigen

Die Slowakei will sich in Zukunft stärker auf die Entwicklung von Autos konzentrieren. Das Land hat die höchste Pro-Kopf-Autoproduktion der Welt.

Das Autoland Slowakei will sich künftig stärker auf die Entwicklung von Fahrzeugen konzentrieren und damit wettbewerbsfähig bleiben. „Wir wollen nicht nur als der Ort gesehen werden, an dem die Teile zusammengebaut werden", sagte Außenminister Miroslav Lajcak der Deutschen Presse-Agentur. „Wir wollen auch als der Ort gelten, an dem Zukunftsentscheidungen getroffen werden und überlegt wird, wie das Auto der Zukunft aussieht."
Deshalb wolle das EU-Land die Struktur der Autoindustrie leicht verändern, die derzeit stark auf der Fertigung basiert. „Wir wollen uns mehr auf Forschung und Entwicklung fokussieren", sagte Lajcak am Rande der Jahrestagung des Weltwirtschaftsforums in Davos.

„Die Automobilindustrie ist unsere spezielle Nische"
Fragen nach einer Diversifizierung der slowakischen Wirtschaft, die stark von der Autobranche abhängt, wich der Minister aus. „Die Automobilindustrie ist unsere spezielle Nische", sagte er. Die Slowakei biete Fähigkeiten und Erfahrung. „Wir glauben, dass die starke Präsenz der Autoindustrie ein Fakt ist, den wir nutzen wollen, um wettbewerbsfähig zu bleiben." Der Minister räumte zugleich ein, dass die Branche unter Fachkräftemangel leide.

Lajcak sagte, die geplante Fabrik von Volkswagen in der Türkei habe keine Folgen für die Slowakei. „Wir verlieren dadurch nichts. Wir sind sehr zufrieden mit der Präsenz von Volkswagen in der Slowakei."

Die Slowakei mit etwa 5,4 Millionen Einwohnern hat weltweit die höchste Pro-Kopf-Autoproduktion. Im Jahr 2019 wurden von Volkswagen in Bratislava, Peugeot PSA in Trnava, Kia in Zilina und neuerdings auch Jaguar Land Rover in Nitra insgesamt 1,1 Millionen Autos produziert. Das entspricht nach Angaben des Branchenverbandes ZAP 202 Autos pro 1000 Einwohnern.

*https://www.automobilwoche.de, 26.1.2020*

## Arbeitsaufgaben

1. Nennen Sie jene Staaten, die früher zum Ostblock gehörten.

2. Suchen Sie im Atlas den Verlauf des ehemaligen „Eisernen Vorhangs".

3. Fassen Sie die Gründe für den Zusammenbruch des kommunistischen Systems zusammen.

4. Erklären Sie die Standortvorteile der Reformländer gegenüber Westeuropa.

# Die positiven und negativen Seiten der Transformation

**Arbeitsaufgabe**

■ Ordnen Sie die Texte den richtigen Fotos zu, indem Sie die Nummer des Textes in das Foto schreiben.

**1** Ländliche Räume wurden schon im Kommunismus vernachlässigt. Auch jetzt fehlt das Geld, um Dörfer zu sanieren. Die Abwanderung in die Städte verstärkt den Verfallsprozess.

**2** Die Städte bekommen neues Leben. Die alten Zentren werden renoviert und nach dem Vorbild des Westens zu modernen Einkaufsstraßen umfunktioniert.

**3** Im Kommunismus entstanden rund um die Altstädte riesige mehrstöckige Wohnanlagen, die sogenannten Plattenbauten. Heute sind sie saniert. Die Wohnungen sind in der Zwischenzeit relativ beliebt geworden.

**4** Mittelalterliche Stadtkerne, die jahrzehntelang dem Verfall preisgegeben waren, werden vorbildhaft renoviert und so zu Zentren eines neu entstehenden Kulturtourismus.

**5** Viele Fabriken halten dem internationalen Konkurrenzdruck nicht stand und werden aufgelassen. In vielen Städten findet man Industrieruinen.

**6** Am Rande der großen Städte entstehen moderne Einkaufszentren. Ausländische Handelskonzerne siedeln sich an.

**7** Während die Stadtzentren zu neuem Leben erwachen, verfallen angrenzende Viertel. Oft siedeln sich ethnische Minderheiten in diesen Vierteln an (z. B. Roma). Hohe Arbeitslosigkeit und geringe Einkommen verhindern hier Renovierungen.

**8** Investitionen konzentrieren sich auf die großen Städte und Metropolen, in den Dörfern gibt es größtenteils immer noch keine moderne Infrastruktur.

# Europa – ein Überblick

## Arbeitsaufgaben

**1.** Beschriften Sie die Karte mit folgenden topografischen Begriffen:

Skandinavien ■ Mitteleuropa ■ Britische Inseln ■ Naher Osten ■ Iberische Halbinsel ■ Osteuropa ■ Maghreb ■ Mittelmeerraum ■ Apenninen-Halbinsel ■ Balkan-Halbinsel ■ Baltikum ■ Westeuropa

**2.** Europas Grenzen werden unterschiedlich gezogen. Lokalisieren Sie mögliche Varianten mithilfe der Karte:

Kaukasus ■ Ural-Gebirge ■ Mittelmeer ■ Mt. Blanc ■ Bosporus ■ Manytsch-Niederung ■ Türkei ■ Elbrus

Das _____ und der Ural-Fluss trennen Europa von Asien. Anschließend wird am häufigsten der Hauptkamm des _____ als Trennline genannt. Somit wäre der _____ der höchste Berg Europas. Eine zweite Variante ist die _____ in Südrussland. Hier wäre dann der _____ der höchste Berg des Kontinents. Bei beiden Varianten verläuft die Grenze über den _____, die Verbindung des Mittelmeers zum Schwarzen Meer. Selten wird die europäische Grenze an der Nordgrenze des Irans und an der Ostgrenze der _____ gezogen. Das _____ ist abschließend die Grenze zu Afrika.

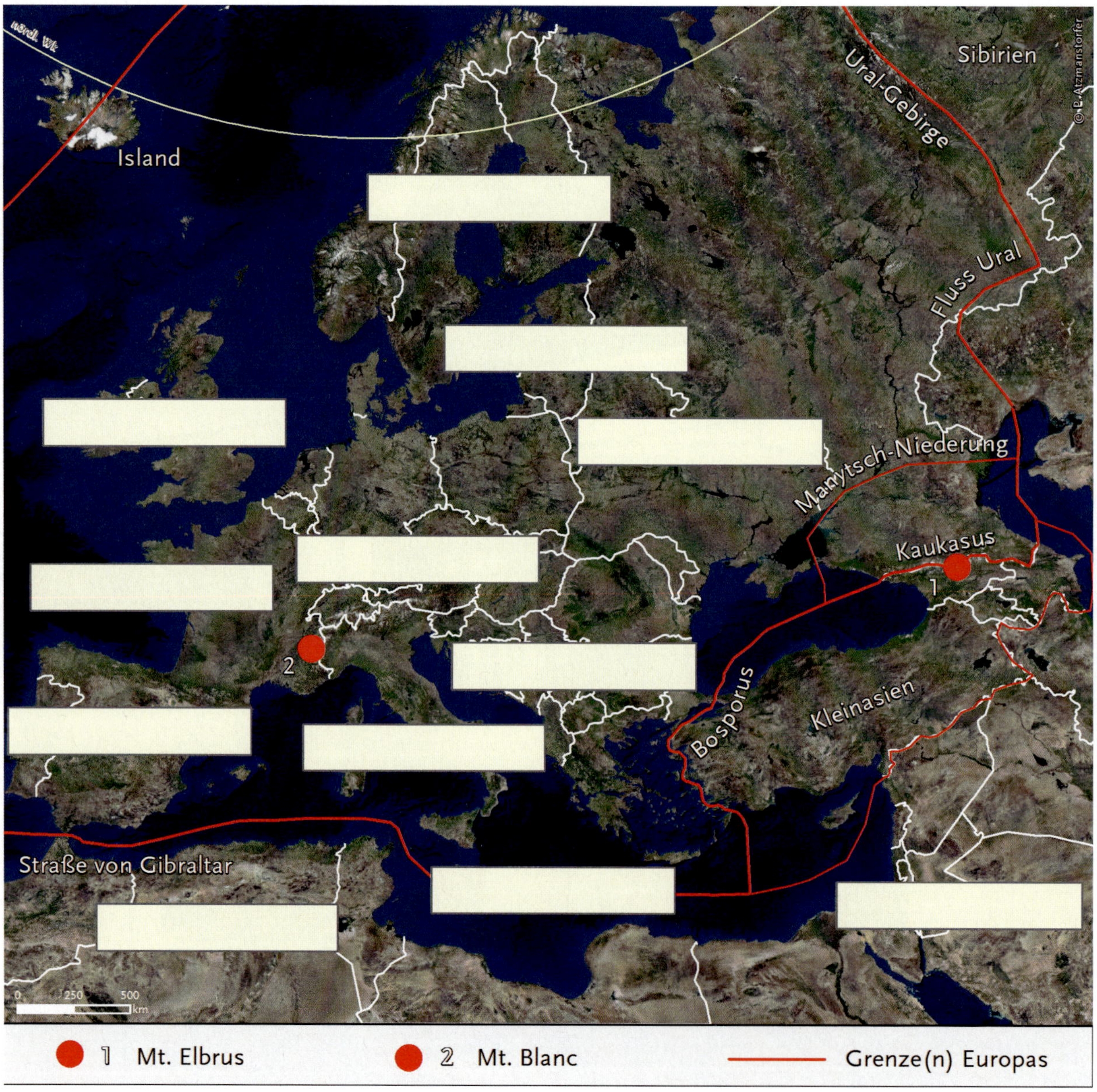

![Satellitenkarte von Europa mit topografischen Beschriftungen: Sibirien, Ural-Gebirge, Island, Fluss Ural, Manytsch-Niederung, Kaukasus, Bosporus, Kleinasien, Straße von Gibraltar]

● 1   Mt. Elbrus          ● 2   Mt. Blanc          ——— Grenze(n) Europas

**3.** Ergänzen Sie die folgenden Texte, indem Sie die angegebenen Begriffe verwenden. Beziehen Sie sich dabei auf die nebenstehenden Karten des entsprechenden Themas.

### a) Naturraum

> Gebirge ▪ aktive Vulkane ▪ natürliche Vegetation ▪ subtropischer Hartlaubvegetation ▪ verändert ▪ Tundra ▪ boreale Nadelwälder ▪ gemäßigten Zone ▪ Kontinentalität ▪ vielgestaltig ▪ kontinentale Steppe ▪ Tiefebenen

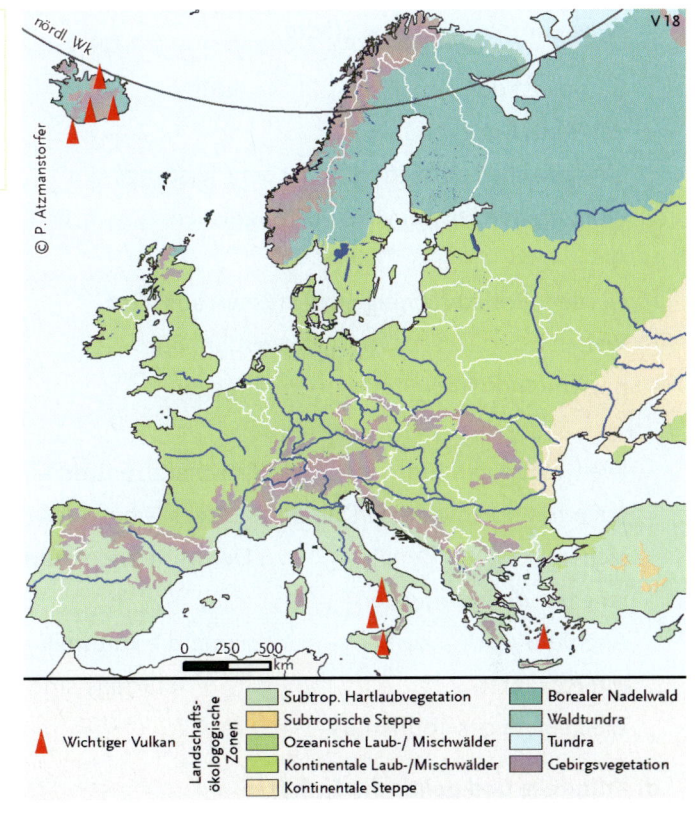

Europas Naturraum ist _____ .
_____ wie die Alpen, Karpaten, Pyrenäen oder Apenninen stehen _____ wie dem Norddeutschen Tiefland oder der Russischen Tafel gegenüber.
In Süditalien gibt es _____ .
Die _____ bildet die Klimazonen ab. Sie ist aber durch intensive menschliche Nutzung weitgehend _____ .
Im Norden Skandinaviens und Russlands zeigt die _____ die polare Zone an. Es folgen ausgedehnte _____ .
Der Großteil Europas liegt in der _____ . Durch die zunehmende _____ von West nach Ost gehen die ozeanischen und dann kontinentalen Laub- und Mischwälder in _____ über. Der Mittelmeerraum wird schließlich von _____ geprägt.

### b) Bevölkerung

> Nordafrika ▪ Millionenstädte ▪ Mitteleuropa ▪ nördlichen Randbereiche ▪ attraktives Zielgebiet ▪ am dichtesten ▪ innerhalb Europas ▪ Türkei ▪ fünf Millionen

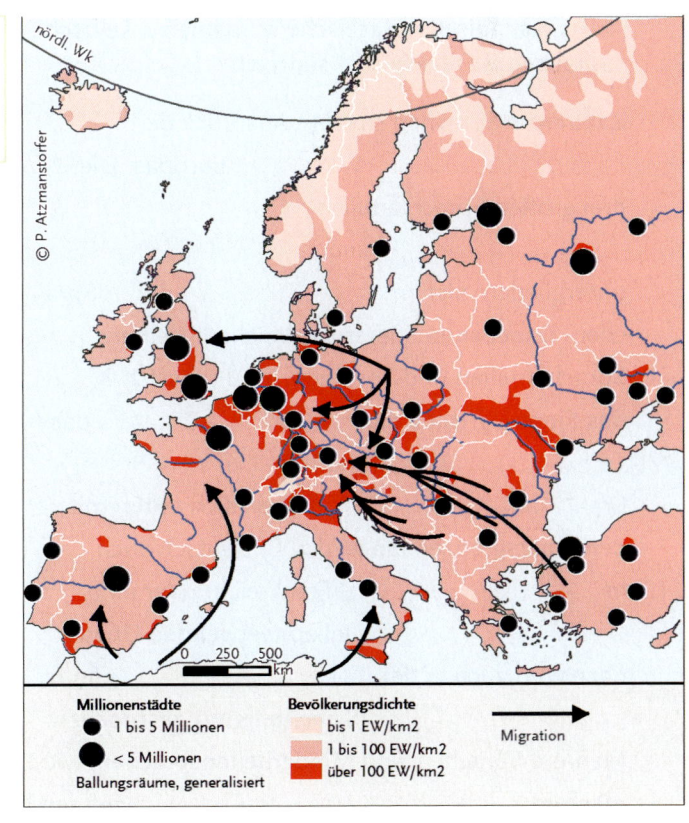

Europa ist der _____ besiedelte Kontinent. Nur die _____ und die Gebirge sind dünner besiedelt. Insbesondere _____ weist eine hohe Bevölkerungsdichte auf. In ganz Europa gibt es zahlreiche _____ . Diese Ballungsräume weisen eine höhere Einwohnerzahl auf als die eigentliche Stadt. Mehr als _____ Einwohner haben London, Paris, Istanbul, Moskau, St. Petersburg und Madrid. Wanderungsbewegungen finden nicht nur _____ statt, sondern der Kontinent ist insgesamt ein _____ der Migration. Insbesondere aus _____ , aber auch aus der _____ sind Millionen Menschen zugewandert.

## c) Integration in die Weltwirtschaft

Tourismusdestinationen ■ Überschüsse ■ exportiert ■ hoch mechanisierte ■ wichtigste Wirtschaftsraum ■ importiert ■ weltweit exportiert ■ Mittel- und westeuropa ■ Alpen ■ Städte

Europa ist der _____

_____ der Welt. Die

europäische Landwirtschaft ist sehr leistungsfähig und erzielt bei vielen Erzeugnissen

_____ , die _____ ,

werden. Rohstoffe hingegen müssen aus aller

Welt _____ werden. Euro-

päische Industriegüter werden hingegen

_____ .

Die wichtigsten Industrie- und Wirtschaftszentren –
auch mit hochwertigen Dienstleistungen – befinden

sich in _____ . Der Mittelmeerraum

ist einer der wichtigsten _____ .

Auch die _____ und die kulturell

interessanten _____ Europas sind

Zielgebiete des Tourismus.

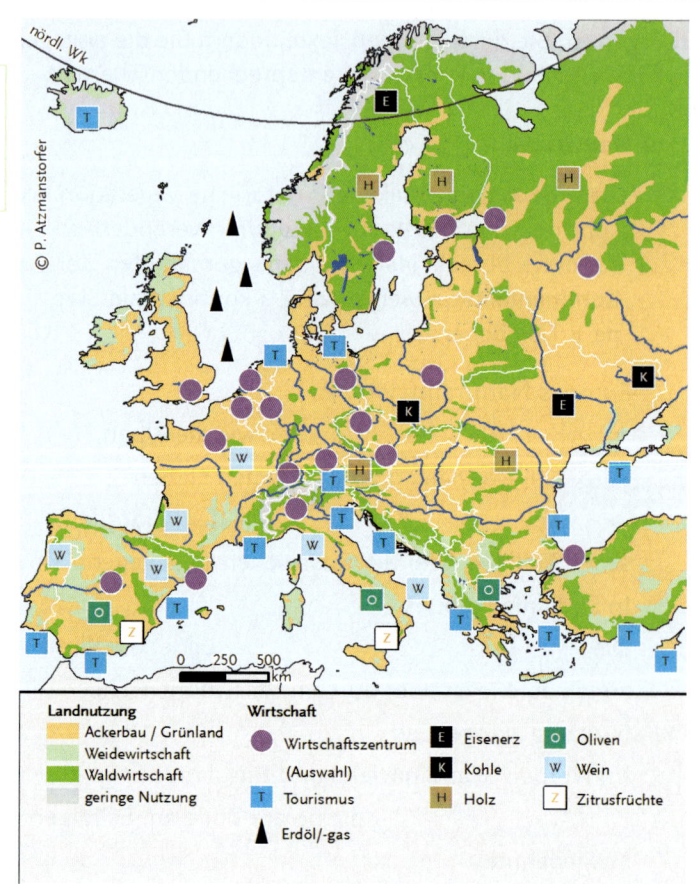

**Landnutzung**
- Ackerbau / Grünland
- Weidewirtschaft
- Waldwirtschaft
- geringe Nutzung

**Wirtschaft**
- ● Wirtschaftszentrum (Auswahl)
- T Tourismus
- ▲ Erdöl/-gas
- E Eisenerz
- K Kohle
- H Holz
- O Oliven
- W Wein
- Z Zitrusfrüchte

© P. Atzmanstorfer

## d) Kulturelle und politische Einflüsse

Südost- und Ostmitteleuropa ■ Elsass-Lothringen ■ germanisch ■ Rumänien ■ eigenständige ■ Finnische ■ Estnische ■ Ungarische ■ kulturellen Vielfältigkeit ■ Sprachgrenzen ■ Südtirol ■ Slowakei ■ romanisch ■ Baskische ■ Spanien ■ keltische Sprachen ■ Frankreich ■ slawisch

Zahlreiche Sprachen sind ein Ausdruck der

_____ Europas. Die

drei großen Sprachfamilien _____ ,

_____ und

_____ untergliedern sich in _____ Spra-

chen. Daneben existieren zahlreichere kleinere
Sprachfamilien und Sprachen. So umfasst z. B.

das Finno-ugrische das _____ , das

_____ und das _____ .

Die _____ decken sich selten mit

den Staatsgrenzen. So wird z. B. Deutsch auch

in _____ (Frankreich) oder in

_____ (Italien) verwendet. Unga-

risch wird auch in der _____ und in

_____ (Siebenbürgen) gesprochen.

Mehrere Sprachen sind Minderheitensprachen, wie z. B. das _____ im Norden Spaniens oder

mehrere _____ auf den Britischen Inseln. Romanes, die Sprache der Roma, ist in

_____ , aber auch in _____ und _____ weit verbreitet.

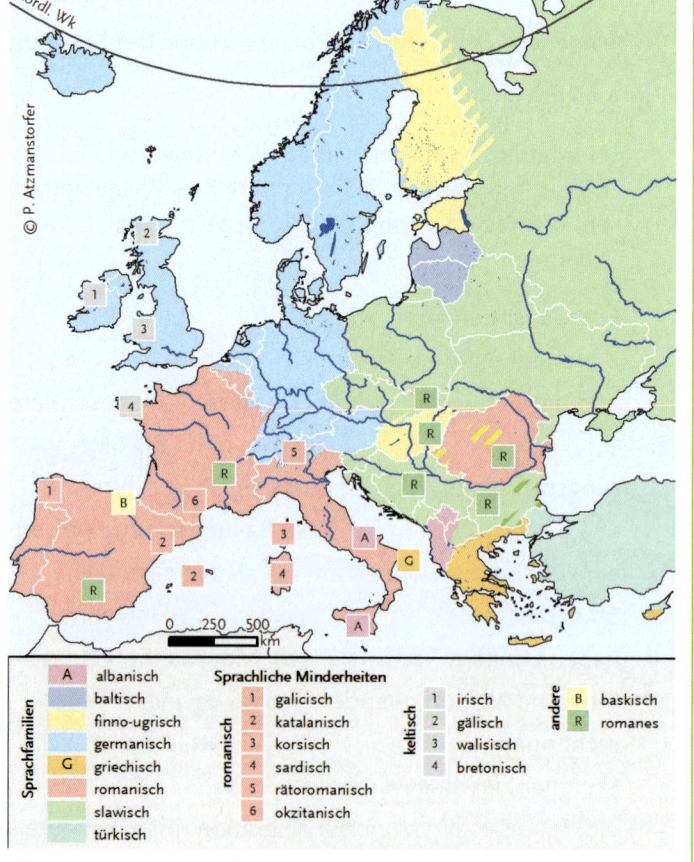

**Sprachfamilien**
- A albanisch
- baltisch
- finno-ugrisch
- germanisch
- G griechisch
- romanisch
- slawisch
- türkisch

**Sprachliche Minderheiten**

*romanisch:*
1 galicisch
2 katalanisch
3 korsisch
4 sardisch
5 rätoromanisch
6 okzitanisch

*keltisch:*
1 irisch
2 gälisch
3 walisisch
4 bretonisch

*andere:*
B baskisch
R romanes

© P. Atzmanstorfer

# Iberische Halbinsel

Arbeitsaufgabe

■ Tragen Sie die in der Karte angeführten Städte, Gewässer usw. in die Tabelle bzw. Kästchen ein.

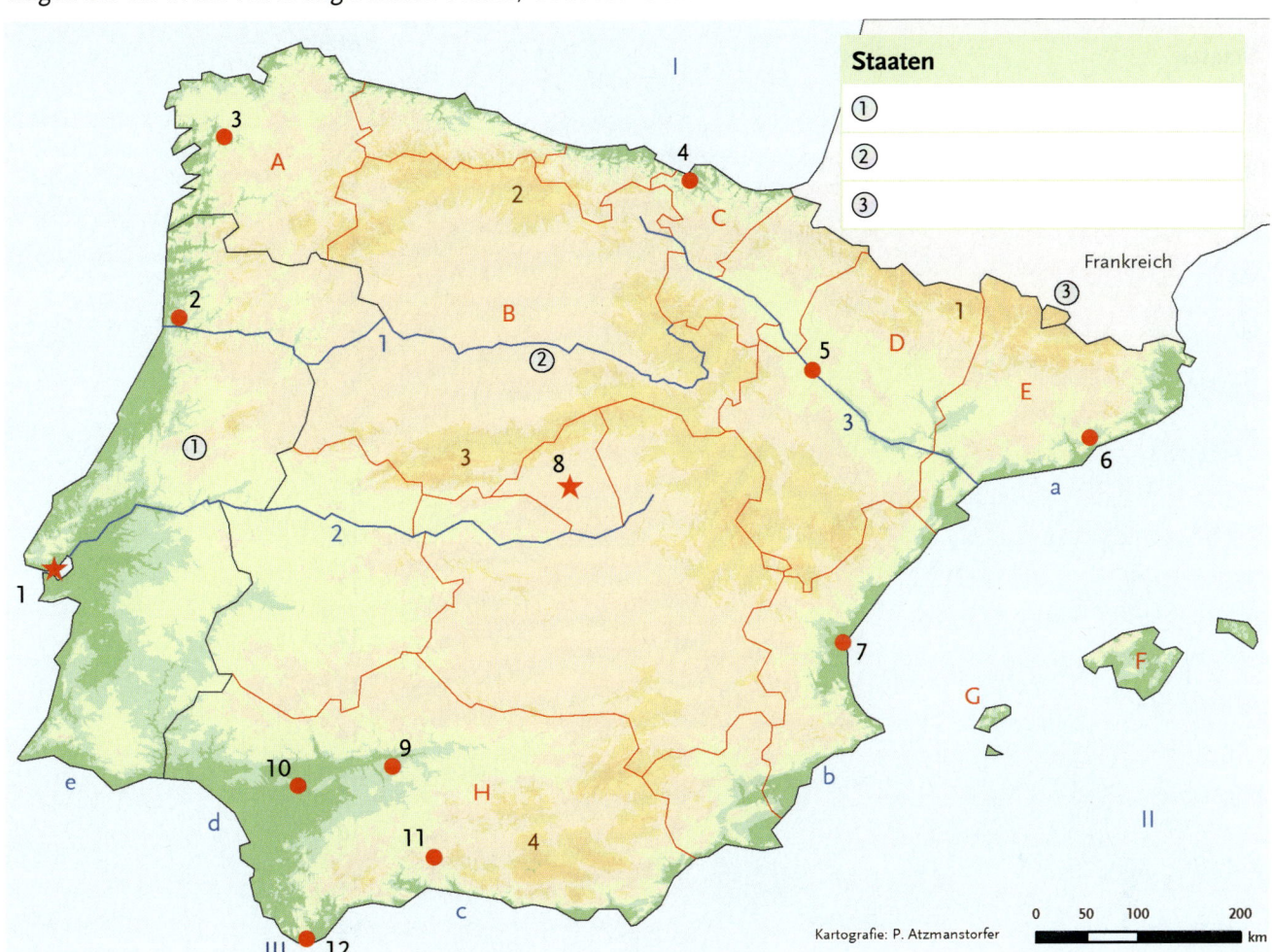

**Staaten**

| ① | |
| ② | |
| ③ | |

Frankreich

Kartografie: P. Atzmanstorfer

| Städte | | Regionen/Inseln | | I | |
|---|---|---|---|---|---|
| 1 | | A | | II | |
| 2 | | B | | III | *Straße von* |
| 3 | *S* | C | | a | |
| 4 | *B* | D | | b | |
| 5 | *S* | E | | c | |
| 6 | | F | | d | |
| 7 | | G | | e | |
| 8 | | H | | **Gebirge** | |
| 9 | | **Gewässer** | | 1 | |
| 10 | | 1 | | 2 | *Kant* |
| 11 | | 2 | | 3 | *Kast* |
| 12 | *G* | *(brit.)* | 3 | | 4 | |

# Westeuropa

## Arbeitsaufgabe

■ Tragen Sie die in der Karte angeführten Städte, Gewässer usw. in die Tabelle bzw. Kästchen ein.

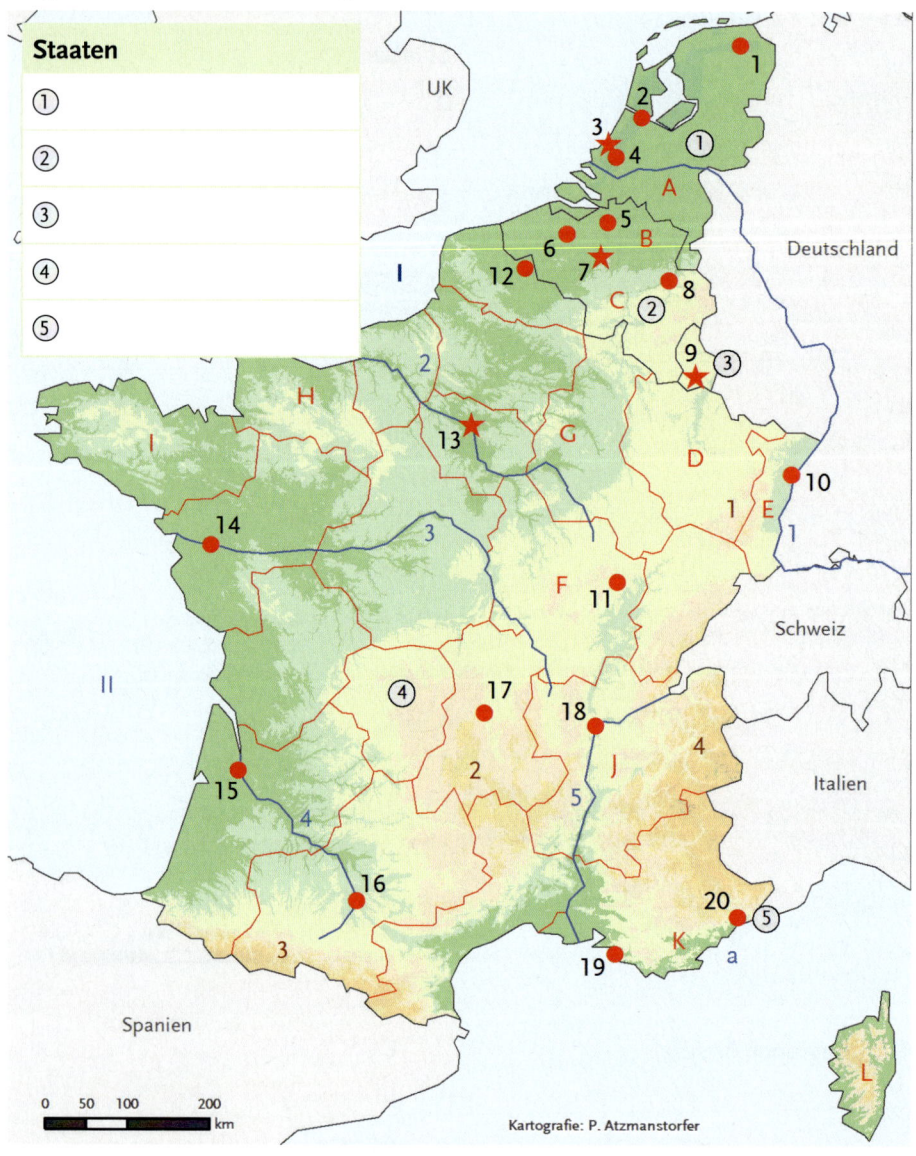

Kartografie: P. Atzmanstorfer

**Staaten**

| | |
|---|---|
| ① | |
| ② | |
| ③ | |
| ④ | |
| ⑤ | |

**Städte**

| | |
|---|---|
| 1 | Grö |
| 2 | R |
| 3 | Den H |
| 4 | A |
| 5 | A |
| 6 | G |
| 7 | B |
| 8 | L |
| 9 | L |
| 10 | S |
| 11 | D |
| 12 | L |
| 13 | P |
| 14 | N |
| 15 | B |
| 16 | T |
| 17 | C |
| 18 | L |
| 19 | M |
| 20 | N |

**Regionen/Inseln**

| | |
|---|---|
| A | Ho |
| B | Fla |
| C | Wall |
| D | Lo |
| E | El |
| F | Bu |
| G | Cha |
| H | Nor |
| I | Bre |
| J | Sar |
| K | P |
| L | K |

**Gewässer/Küsten**

| | |
|---|---|
| 1 | |
| 2 | |
| 3 | |
| 4 | |
| 5 | |
| I | |
| II | Golf von B |
| a | Cote |

**Gebirge**

| | |
|---|---|
| 1 | V |
| 2 | Z |
| 3 | A |
| 4 | P |

# Britische Inseln

## Arbeitsaufgabe

■ Tragen Sie die in der Karte angeführten Städte, Gewässer usw. in die Tabelle bzw. Kästchen ein.

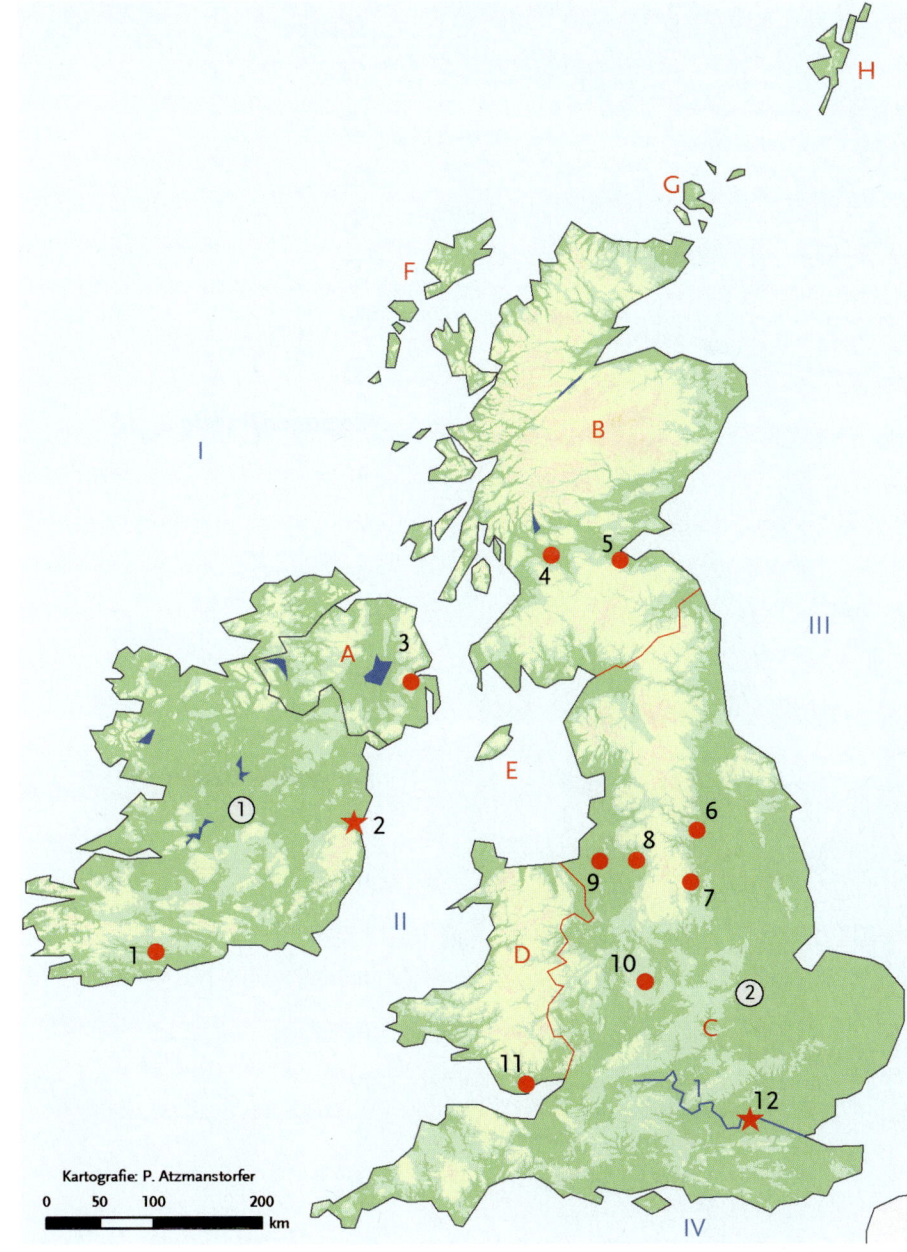

| Staaten | |
|---|---|
| ① | |
| ② | |
| **Regionen/Inseln** | |
| A | |
| B | |
| C | |
| D | |
| E | |
| F | |
| G | |
| H | |
| **Gewässer/Küsten** | |
| 1 | |
| I | |
| II | |
| III | |
| IV | |

Kartografie: P. Atzmanstorfer

0   50   100   200 km

| Städte | | | |
|---|---|---|---|
| 1 | | 7 | S |
| 2 | | 8 | M |
| 3 | | 9 | |
| 4 | | 10 | B |
| 5 | | 11 | |
| 6 | L | 12 | |

# Skandinavien und Baltische Staaten

## Arbeitsaufgabe

■ Tragen Sie die in der Karte angeführten Staaten, Städte, Gewässer usw. in die Tabelle bzw. Kästchen ein.

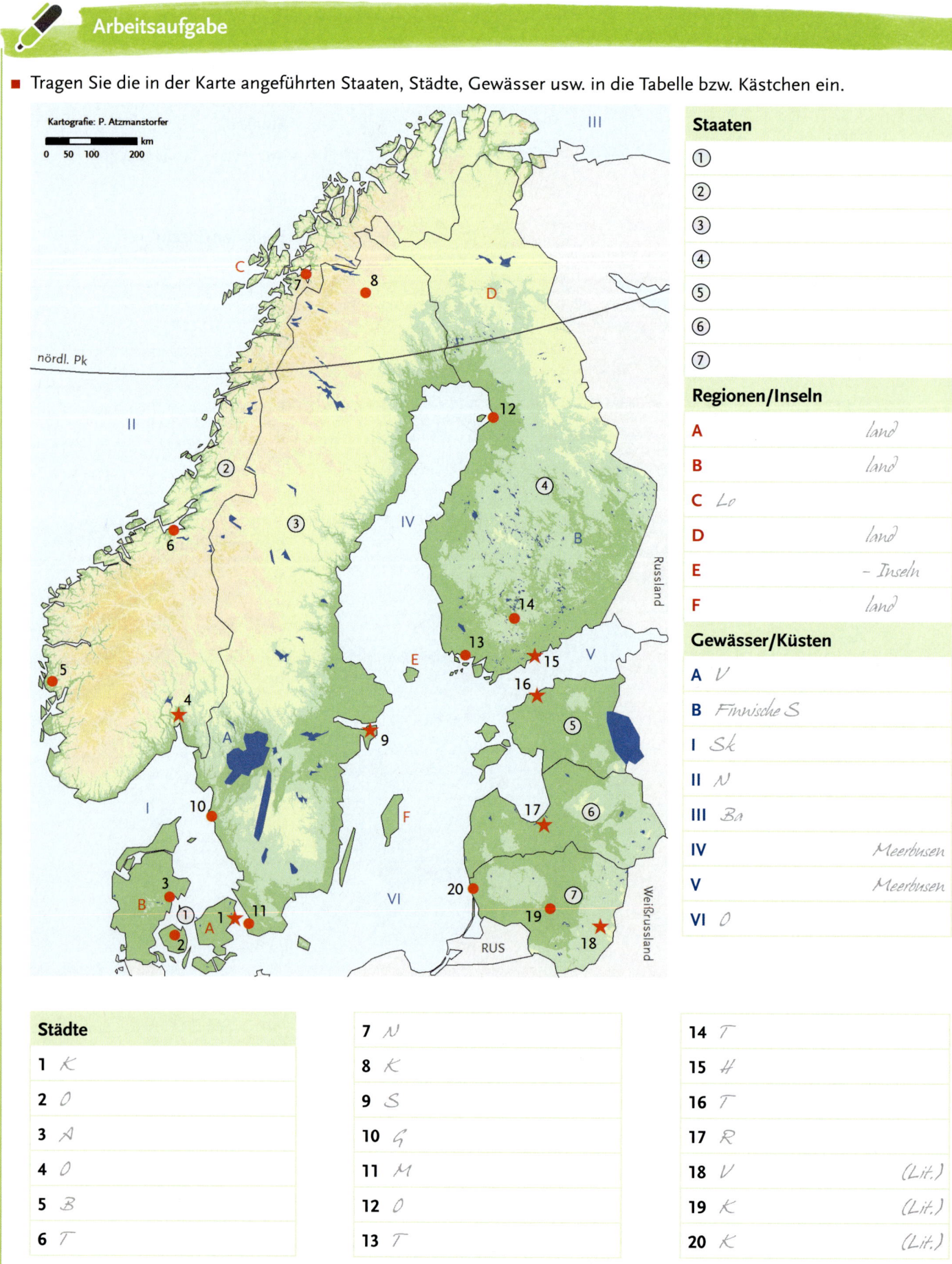

Kartografie: P. Atzmanstorfer

| Staaten | |
|---|---|
| ① | |
| ② | |
| ③ | |
| ④ | |
| ⑤ | |
| ⑥ | |
| ⑦ | |

| Regionen/Inseln | |
|---|---|
| A | *land* |
| B | *land* |
| C | *Lo* |
| D | *land* |
| E | *– Inseln* |
| F | *land* |

| Gewässer/Küsten | |
|---|---|
| A | *V* |
| B | *Finnische S* |
| I | *Sk* |
| II | *N* |
| III | *Ba* |
| IV | *Meerbusen* |
| V | *Meerbusen* |
| VI | *O* |

| Städte | | | | | |
|---|---|---|---|---|---|
| 1 *K* | 7 *N* | 14 *T* |
| 2 *O* | 8 *K* | 15 *H* |
| 3 *A* | 9 *S* | 16 *T* |
| 4 *O* | 10 *G* | 17 *R* |
| 5 *B* | 11 *M* | 18 *V* (Lit.) |
| 6 *T* | 12 *O* | 19 *K* (Lit.) |
| | 13 *T* | 20 *K* (Lit.) |

# Italien, Ungarn und Südosteuropa

## Arbeitsaufgabe

- Tragen Sie die in der Karte angeführten Staaten, Städte, Gewässer usw. in die Tabelle bzw. Kästchen ein.

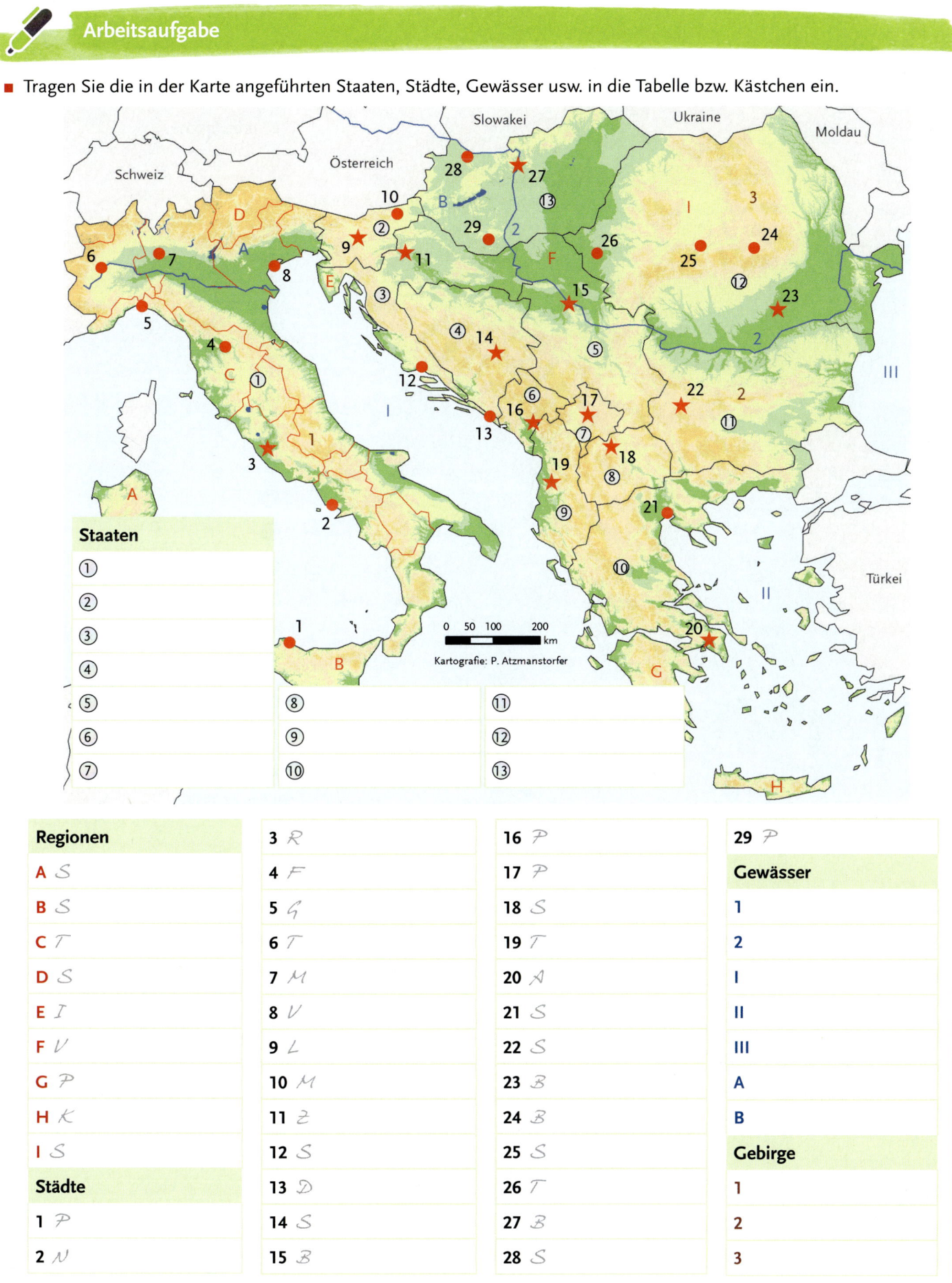

**Staaten**

| ① | |
|---|---|
| ② | |
| ③ | |
| ④ | |

| ⑤ | ⑧ | ⑪ |
|---|---|---|
| ⑥ | ⑨ | ⑫ |
| ⑦ | ⑩ | ⑬ |

| **Regionen** | | 3 | ℛ | 16 | 𝒫 | 29 | 𝒫 |
|---|---|---|---|---|---|---|---|
| A | 𝒮 | 4 | ℱ | 17 | 𝒫 | **Gewässer** | |
| B | 𝒮 | 5 | 𝒢 | 18 | 𝒮 | 1 | |
| C | 𝒯 | 6 | 𝒯 | 19 | 𝒯 | 2 | |
| D | 𝒮 | 7 | ℳ | 20 | 𝒜 | I | |
| E | ℐ | 8 | 𝒱 | 21 | 𝒮 | II | |
| F | 𝒱 | 9 | ℒ | 22 | 𝒮 | III | |
| G | 𝒫 | 10 | ℳ | 23 | ℬ | A | |
| H | 𝒦 | 11 | 𝒵 | 24 | ℬ | B | |
| I | 𝒮 | 12 | 𝒮 | 25 | 𝒮 | **Gebirge** | |
| **Städte** | | 13 | 𝒟 | 26 | 𝒯 | 1 | |
| 1 | 𝒫 | 14 | 𝒮 | 27 | ℬ | 2 | |
| 2 | 𝒩 | 15 | ℬ | 28 | 𝒮 | 3 | |

# Deutschland

## Arbeitsaufgabe

■ Tragen Sie die in der Karte angeführten Städte, Gewässer usw. in die Tabelle bzw. Kästchen ein.

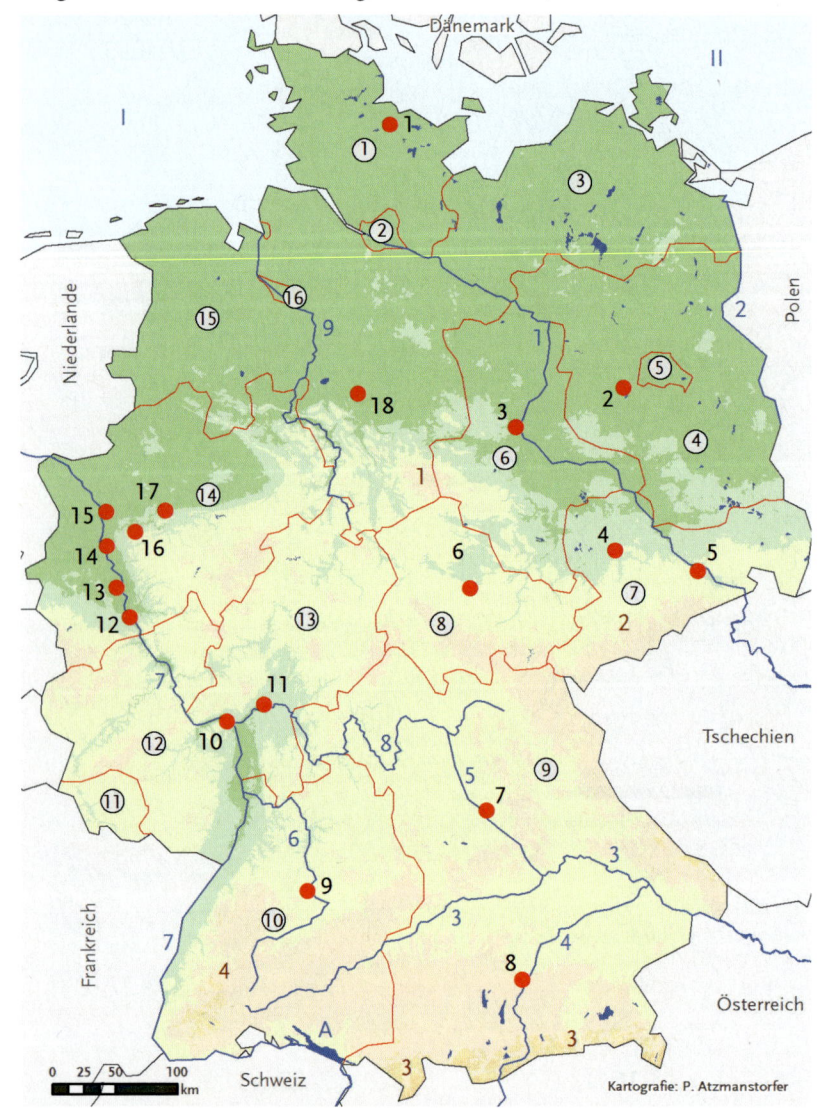

| Bundesländer |
| --- |
| ① |
| ② |
| ③ |
| ④ |
| ⑤ |
| ⑥ |
| ⑦ |
| ⑧ |
| ⑨ |
| ⑩ |
| ⑪ |
| ⑫ |
| ⑬ |
| ⑭ |
| ⑮ |
| ⑯ |

| Gebirge |
| --- |
| 1 |
| 2 |
| 3 |
| 4 |

| Städte | | | | | |
| --- | --- | --- | --- | --- | --- |
| 1 *K* | | 11 *F* | | II | |
| 2 *P* | | 12 *B* | | 1 | |
| 3 *M* | | 13 *K* | | 2 | |
| 4 *L* | | 14 *Dü* | | 3 | |
| 5 *D* | | 15 *Dui* | | 4 | |
| 6 *E* | | 16 *Es* | | 5 | |
| 7 *N* | | 17 *Do* | | 6 | |
| 8 *M* | | 18 *H* | | 7 | |
| 9 *S* | | **Gewässer/Küsten** | | 8 | |
| 10 *M* | | A | | 9 | |
| | | I | | | |

# Ostmitteleuropa

## Arbeitsaufgabe

■ Tragen Sie die in der Karte angeführten Städte, Gewässer usw. in die Tabelle bzw. Kästchen ein.

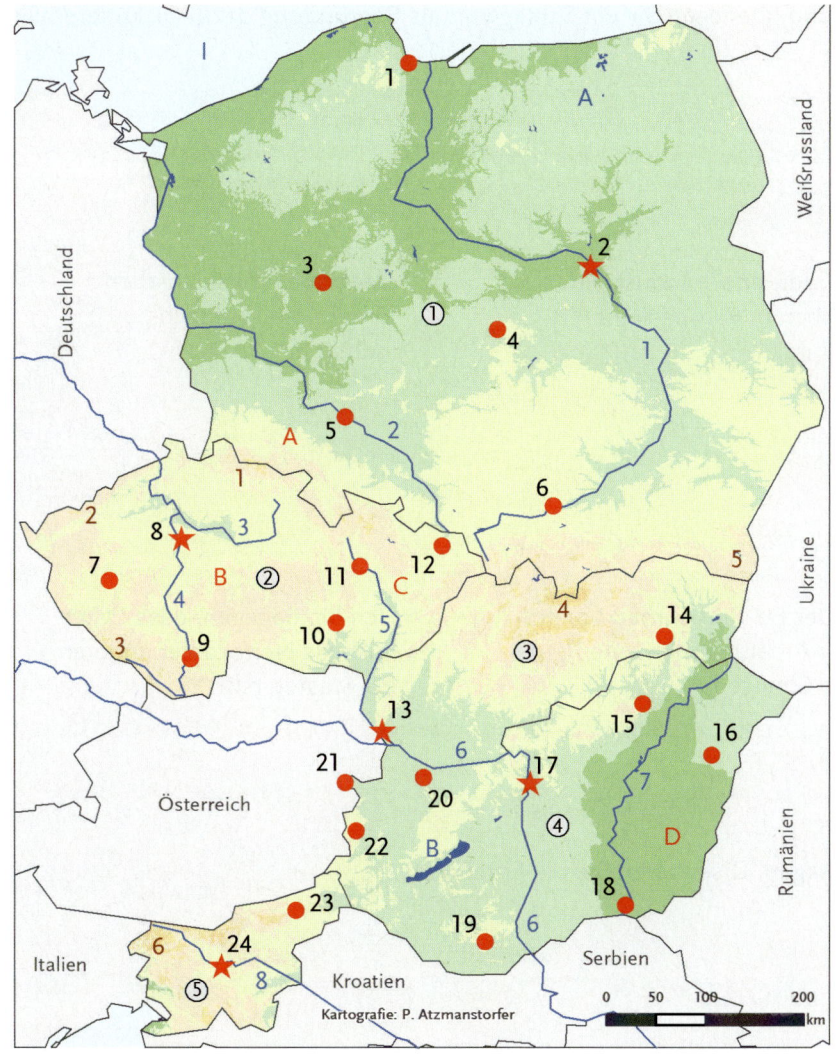

Kartografie: P. Atzmanstorfer

| Gewässer/Küsten | |
|---|---|
| A | *Seenplatte* |
| B | |
| 1 | |
| 2 | |
| 3 | |
| 4 | |
| 5 | |
| 6 | |
| 7 | |
| 8 | |
| I | |
| **Gebirge** | |
| 1 | |
| 2 | |
| 3 | |
| 4 | *Hohe* |
| 5 | *Wald* |
| 6 | |

| Staaten | | 2 | | 15 | |
|---|---|---|---|---|---|
| ① | | 3 | *P* | 16 | |
| ② | | 4 | *L* | 17 | |
| ③ | | 5 | *W* | 18 | |
| ④ | | 6 | *K* | 19 | |
| ⑤ | | 7 | | 20 | |
| **Regionen** | | 8 | | 21 | |
| A | *Sch* | 9 | | 22 | |
| B | *B* | 10 | | 23 | |
| C | *M* | 11 | | 24 | |
| D | *Tiefebene* | 12 | | | |
| **Städte** | | 13 | | | |
| 1 | | 14 | | | |

## Ziele erreicht? – „Europa und die Europäische Union"

In Europa begann die Industrialisierung, diese revolutionierte die Welt. Manche der historisch gewachsenen Wirtschaftsstrukturen und Regionen gerieten in die Krise, neue entstanden, alte erholten sich.

**1.** Bewerten Sie die Aussagen mit Schulnoten und überlegen Sie ein Schlagwort als Begründung dazu. Diskutieren Sie die Ergebnisse.

### Eine Blitzumfrage

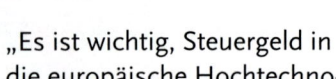

| | | |
|---|---|---|
| „Es ist wichtig, Steuergeld in die europäische Hochtechnologie zu investieren." | „Traditionelle Industrien haben in Europa keine Zukunft." | „Mehr Bildungsausgaben fördern die Hightechindustrie." |
| „Osteuropa ist wirtschaftlich eine Gefahr für Westeuropa." | „Der EU-Binnenmarkt bietet für Arbeitnehmer/innen große Chancen." | „Ich bin dagegen, dass Österreich als Nettozahler anderen EU-Staaten hilft." |

**2.** Treffen Sie zu den folgenden Spotlights Aussagen. Diskutieren Sie die Ergebnisse.

### Spotlights zum Beruf

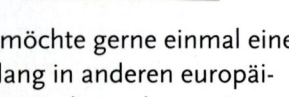

„Ich stelle mich darauf ein, dass ich in einer europaweit vernetzten Wirtschaft arbeiten werde."

„Ich möchte gerne einmal eine Zeit lang in anderen europäischen Ländern arbeiten."

**Aus diesem Kapitel habe ich die nachstehend angeführten Erkenntnisse und/oder Einsichten gewonnen:**

# Lebenswelten – pädagogisches Berufsfeld

**Meine Ziele**

KOMPETENZ-
ERWERB

Nach der Bearbeitung dieses Kapitels kann ich

- das Konzept von Diversity Education wiedergeben;
- die Teilbereiche des Europäischen Bildungspasses beschreiben;
- statistische Zahlen zum Kindergartenbesuch von Migrantinnen/Migranten interpretieren;
- europäische Programme für Schüler/innen recherchieren;
- die Bedeutung des Kindergartens für Kinder aus benachteiligten Familien erörtern;
- den Umgang mit religiöser Vielfalt im Kindergarten problematisieren.

# 1 Diversität in der Elementarpädagogik

*Die Arbeit in elementarpädagogischen Einrichtungen ist interkulturell geworden. Pädagoginnen/Pädagoginnen arbeiten heute meist mit Kindern aus unterschiedlichen Herkunftsländern. Dies ist sicherlich herausfordernd, kann den „Kindergarten-Alltag" auch bereichern. Jedenfalls nehmen Kleinkinder kulturelle, religiöse und andere Unterschiede viel weniger wahr als Erwachsene, eine hervorragende Ausgangsbasis für eine entsprechende pädagogische Arbeit. Das folgende Kapitel beschränkt sich nach dieser Einleitungsseite auf diesen Teilaspekt von Diversität.*

## 1.1. Diversity Education

As champions of diversity and inclusivity, we're making our business stronger, building our talented team, and working toward a more equal society

Diversity Education thematisiert seit Mitte der 1980er-Jahre die Bedeutung von Vielfalt und Erziehungsprozessen. Diese Auseinandersetzung kann auf bereits vorhandenen Ansätzen aus der Erziehungs- und Bildungswissenschaft aufbauen. Dabei werden die Ansätze im Sinne des Umgangs mit Diversität verknüpft und ergänzt. Exemplarisch zu nennen sind hier: interkulturelle Erziehungswissenschaft, Pädagogik der Vielfalt, antirassistische und Friedenspädagogik, gendersensible Pädagogik, Behinderten- und Heilpädagogik.

*Nach: https://erwachsenenbildung.at, 22. März 2018*

Klar ist: eine mehr oder weniger homogene, oft auch unter staatlichem Zwang existierende Gesellschaft – sei es in Wertehaltungen, religiösen Vorstellungen, sexuellen Orientierungen, Familienformen und vielen anderen Belangen – begann mit der Aufklärung ab dem 18. Jahrhundert in Mitteleuropa zu bröckeln. Im ausklingenden 20. Jahrhundert wurden liberale, viel selbstbestimmtere Gesellschafts- und Lebensformen möglich.

Andreas Gabalier, kommerziell erfolgreicher Sänger, bedient mit seiner Mischung aus Rock, volkstümlicher Musik und entsprechenden Texten Sehnsüchte nach Traditionen in einer postmodernen Welt.

Diese neue Freiheit fordert wiederum das Individuum ebenso wie Bildungsinstitutionen, die lernen müssen, damit verantwortungsvoll umzugehen. Freiheit kann auch Unsicherheit mit sich bringen. Sehnsüchte nach traditionellen Sicherheiten drücken sich in teilweisen Erfolgen rechtspopulistischer Parteien ebenso religiöser Fundamentalisten aus.

Migrationsströme bereichern die divers gewordene Gesellschaft, führen aber auch zu beiderseitigen Verunsicherungen wie zu vielfältigen Widerständen. Auch Pädagoginnen/Pädagogen aller Ausbildungsstufen sind damit konfrontiert, haben Verantwortung, diese neue Gesellschaft positiv zu gestalten und die Chancen zu nutzen.

 **Arbeitsaufgaben**

1. Problematisieren Sie die folgende Aussage des Dalai Lamas: „Echter Respekt entwickelt sich, wo wir Kontakt suchen und Wertvorstellungen verstehen bzw. akzeptieren. So entsteht Wertschätzung. Zitiert aus Unsere Kinder 1/18

2. Nehmen Sie zu beiden Bildunterschriften in der Randspalte Stellung.

3. Thematisieren Sie Ihre Ausbildungserfahrungen in Bezug auf die nebenstehenden Aussagen zu Diversity Education.

## 1.2. Benachteiligte Kinder

Kindergartenbesuch wirkt sich bei allen Kindern positiv für deren Entwicklung aus, unzählige internationale Studien beweisen dies.

### Leistungsunterschiede nach Kindergartenbesuchsdauer

Leistungsunterschiede von Volkschüler/innen und -schülern der 4. Schulstufe die den Kindergarten besucht haben, im Vergleich zu Schüler/innen ohne Kindergartenbesuch, nach Dauer des Kindergartenbesuchs und sozialer Herkunft.

Die in der Fachzeitschrift „Unsere Kinder Special. Sonderbeilage Juni 2017" veröffentlichte Studie der Universität Linz zum Kindergartenbesuch und Elementarpädagogik ergibt in Bezug auf Leistungsunterschiede nach der Dauer des Kindergartenbesuches für Volksschüler/innen der 4. Schulstufe in Mathematik folgende Werte, wobei die besseren Werte auf Kinder ohne Kindergartenbesuch bezogen sind:

- ein Jahr Kindergartenbesuch – um 13 % bessere Leistung,
- mehr als ein Jahr Kindergartenbesuch – um 36 % bessere Leistung.

Bei Kindern ohne Migrationshintergrund betragen die Werte
- ein Jahr Kindergartenbesuch – um 15 % bessere Leistung,
- mehr als ein Jahr Kindergartenbesuch – um 39 % bessere Leistung.

Bei Kindern mit Migrationshintergrund betragen die Werte
- ein Jahr Kindergartenbesuch – um 8 % bessere Leistung,
- mehr als ein Jahr Kindergartenbesuch – um 31 % bessere Leistung.

**Literaturtipp:** Meine Welt. Deine Welt. Unsere Welt. Unsere Kinder 1/2018 Kindergartenbesuch und Elementarpädagogik. Policy Brief, 04. Unsere Kinder Special. Sonderbeilage Juni 2017

### Arbeitsaufgaben

1. Beantworten Sie die folgenden Aussagen mithilfe der oben stehenden Daten mit richtig (R) oder falsch (F).

| | R | F |
|---|---|---|
| Zugewanderte Kinder profitieren mehr vom Kindergartenbesuch als solche, die nicht zugewandert sind | | |
| Die Dauer des Kindergartenbesuchs wirkt sich postiv aus | | |

2. Vergleichen Sie die Ergebnisse mit Ihren Erwartungshaltungen.

3. Diskutieren Sie die Bedeutung der Eltern/Erziehungsberechtigten in diesem Zusammenhang.

4. Problematisieren Sie die Ausbildung von Elementarpädagoginnen/-pädagogen in Bezug auf sozial benachteiligte Kinder.

### Good Practice – Head start program & early head start program

Dieses US-amerikanische Programm ist eine Förderschiene für elementarpädagogische Einrichtungen zur Förderung von Kindern aus einkommensschwachen Familien. Dabei werden forschungsbasierte Berichte, Materialien, Fortbildungen und Selbstevaluierungsinstrumente zur Verfügung gestellt. Auch für kulturelle und sprachliche Vielfalt gibt es entsprechende Unterstützungen.

www.trauner.at/ohs.aspx
Immigrant and Refugee Families
Professional Development

■ Wählen Sie drei Punkte dieses Programms, die Sie für die Arbeit in einem österreichischen Kindergarten als besonders wichtig erachten. Diskutieren Sie diese anschließend im Plenum.

■ Interpretieren Sie die Zahlen der nebenstehenden Grafiken. Führen Sie mögliche Gründe
- für den deutlichen Unterschied zwischen im Ausland und in Österreich geborenen Kindern
- für die sehr ähnlichen Werte für in Österreich geborene Kinder
- die erheblichen Unterschiede in der langjährigen Betreuung zwischen den Bundesländern

■ Diskutieren Sie aus Ihrer Praxiserfahrung, ob Kindergärten
- für Kinder mit Migrationshintergrund ein Safer Space sind,
- ob dort überwiegend Integration oder Assimilation stattfindet.

## Multicultural Principles im head start program

1. Jeder Mensch ist kulturell verwurzelt.
2. Die kulturellen Hintergründe der Familien, die im jeweiligen Jahr die Einrichtung besuchen, sind eine wesentliche Ausgangsbasis für die kulturelle Programmgestaltung dieses Jahres.
3. Ein kulturell relevantes und vielfältiges Programm braucht akkurate Information über Kulturen und die Korrektur von Stereotypen.
4. Kulturell relevante Elemente zu adressieren und das Programm entsprechend anzupassen, ist Bestandteil einer hochwertigen Praxis.
5. Jedes Individuum hat das Recht, seine Identität zu behalten und gleichzeitig die Fähigkeiten zu entwickeln, um in unserer vielfältigen Gesellschaft zu funktionieren.
6. Effektive Pädagogik für Kinder, die in ihrer Familie eine andere Sprache sprechen, basiert auf einer kontinuierlichen Entwicklung der Familiensprache, während der Erwerb der „Unterrichtssprache" fachgerecht gefördert wird.
7. Ein kulturell relevantes Programm braucht Personal, das gegenüber den Familien sowohl reflektiert als auch responsiv agiert.
8. Ein multikulturelles Programm befähigt die Kinder, Sensibilität, Respekt und Wertschätzung gegenüber kulturellen Differenzen zu entwickeln.
9. Ein kulturell relevantes und vielfältiges Programm untersucht institutionelle und persönliche Vorurteile und baut sie ab.
10. Die Praktiken in einem kulturell relevanten und vielfältigen Programm sind in allen Systemen und Dienstleistungen inkorporiert und für alle Erwachsenen und Kinder vorteilhaft.

*Nach: Barbara Herzog-Punzenberger, Kindergartenbesuch und Elementarpädagogik.*
*Unsere Kinder Spezial 3/2017*

## Integrieren – Assimilieren und Kindergarten als Safer Space

Ignoranz gegenüber Differenz bei Kindern kann sehr schnell zu Ungerechtigkeiten führen oder in der Wahrnehmung der Kinder solche bestätigen.

Auch Elementarpädagoginnen/-pädagogen sollte bewusst sein, dass die generelle gesellschaftliche Tendenz, „Integration" mit Assimilation (d. h. Anpassung) von Minderheiten zu verwechseln, diese fördert und der Forderung widerspricht, dass Kindergärten als Safer Spaces Kindern angstfreie Räume bieten sollten.

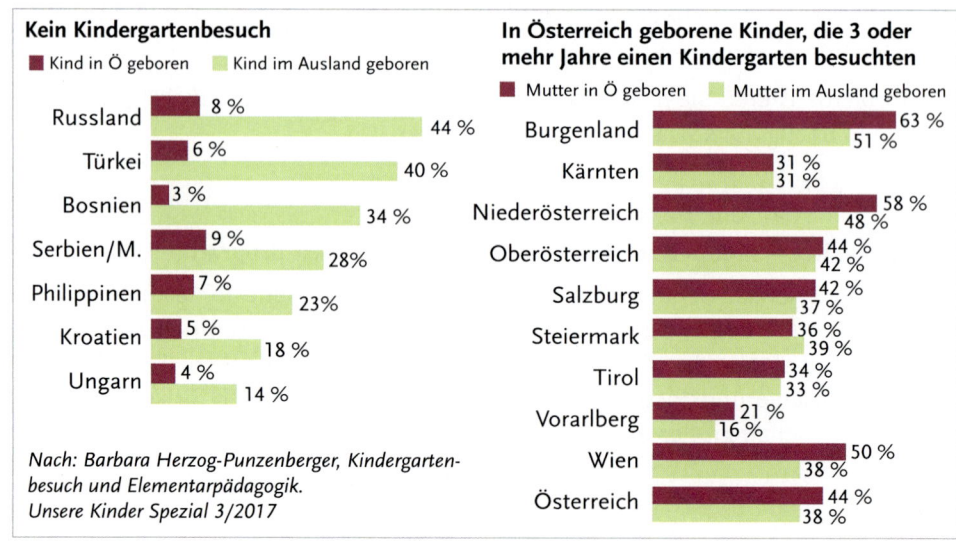

*Nach: Barbara Herzog-Punzenberger, Kindergartenbesuch und Elementarpädagogik.*
*Unsere Kinder Spezial 3/2017*

# 1.3 „Fest-Kulturen"

Feste-Feiern ist ein fixer Bestandteil auch in Kindergärten. Vielfach orientieren sie sich an den traditionellen christlichen Feiertagen, wenngleich nur mehr ein Bruchteil der Familien und ihre Kinder religionsnahe sind. Selbstverständlich gibt es auch Kindergärten, die eine ganz andere Festkultur feiern.

Trotz des allgemeinen Bedeutungsverlustes der Religion in unserer Gesellschaft scheint Religion im Allgemeinen und deren lebensweltliche Ausprägungen im Besonderen in der alltäglichen Arbeit der Kindergartenpädagoginnen/-pädagogen in den letzten Jahren stark an Bedeutung zu gewinnen. Insbesondere die Zuwanderung mit anderen als den gewohnten Gepflogenheiten, die oftmals auf die anderen religiösen Prägungen der Kinder zurückgeführt werden, wird als pädagogische Herausforderung gesehen.

Die folgende Darstellung eines ausgewählten Festtages einer wichtigen religiösen Gemeinschaft verdeutlicht auch die inhaltlichen Herausforderungen für Pädagoginnen/Pädagogen, adäquat mit Fragen, Erfahrungen, Prägungen oder Empfindlichkeiten von Kindern umzugehen. Denn im Umgang mit Kindern wenig oder nichts zu wissen, ist pädagogisch unangemessen. Jedenfalls sollen die folgenden Kurztexte zum Nachdenken anregen. Der abschließende Arbeitsauftrag (Halloween) sollen eine allfällige – übertriebene – Festlegung auf religiöse „Fest-Kulturen" durchaus in Frage stellen.

## Römisch-katholisch: Fronleichnam

Das Fronleichnamsfest steht in enger Verbindung mit dem Gründonnerstag. In den Gestalten von Brot und Wein ist Christus mitten unter uns. In den feierlichen Prozessionen, bei denen die geweihte Hostie in der Monstranz mitgetragen wird, und den Segnungen an vier Altären machen wir ein Stück Himmel auf Erden sichtbar. An manchen Orten nehmen Schützenformationen an den Prozessionen teil.

*Nach: Mathias Nägle, Interkultureller Kalender, Land OÖ - 2018*

## Evangelisch: Reformationstag

Der 31. Oktober hat sich als Gedenktag der Reformation eingebürgert. An diesem Tag soll Martin Luther seine 95 Thesen an die Türe der Schlosskirche zu Wittenberg angeschlagen haben. Diese „Hammerschläge" gelten seit Langem als Beginn der Reformation – also der Rückkehr der Kirche zu ihren eigentlichen Wurzeln und Inhalten. Luther hat wohl den Vorabend des Allerheiligenfestes gewählt, weil er sich besonders viele Gottesdienstbesucher versprach.

*Nach: Jürgen Schäffer, Interkultureller Kalender, Land OÖ - 2018*

## Sunnitischer Islam: Ramazan – Beginn des Fastenmonates Ramadan

Das Ramazan-Fasten dauert täglich von Sonnenaufgang bis Sonnenuntergang. Gläubige verzichten während dieser Zeit auf Essen, Trinken, Rauchen und anderes. Das gesellschaftliche Leben, besonders Besuche und Einladungen, verlagert sich auf den Abend nach Sonnenuntergang und in die Nacht. Dann wird oft besonders gutes Essen für die Familie und Freunde zubereitet. Das Fasten wird traditionell mit einer Dattel, einer Olive oder etwas Wasser gebrochen. Schwangere, Stillende, Reisende, Kranke und Kinder sind von der Fastenpflicht ausgenommen.

*Nach: Mustafa Can, Interkultureller Kalender, Land OÖ - 2018*

💡 Informationen zu anerkannten Religionsgemeinschaften, deren Festen und Vorschläge zur Arbeit in Kindergärten:
www.trauner.at/religionsgemein-schaften.aspx

Fronleichnam

Der Reformator als Lego-Figur

E-Card zum Ramadan

Hochfest der Taufe Jesu

Nevruz-Feiern in der Türkei

Yom Kippur und das Schofar-Horn

Väterchen Frost

### Orthodox: Hochfest der Taufe Jesu

Gott offenbart sich bei der Taufe Jesu im Jordan als der Dreifaltige Gott. In orthodoxen Ländern werden Gewässer durch das Eintauchen eines Kreuzes gesegnet und ein Kreuz durch einen Priester im Wasser versenkt. Oft holen mutige, junge Männer dieses durch einen Tauchgang wieder aus dem Wasser. In Kirchen wird Wasser geweiht, das Gläubige in Flaschen mit nach Hause nehmen. Der Priester kommt zu Haussegnungen in die Wohnungen der Gläubigen.

*Nach: Cedomir Mijic, Interkultureller Kalender, Land OÖ - 2018*

### Alevitischer Islam: Alis Geburtstag und Nevruz

Jedes Jahr wird am 21. März, an dem der Frühling beginnt, der Geburtstag des Heiligen Ali gefeiert. An diesem Tag werden soziale Bünde gestärkt, in dem man sich besucht oder beschenkt. Es werden Mausoleen besucht, Gebete gesprochen und rituelle Musik gespielt. Die Nevruz-Feiern dauern eine Woche und zur Freude der Kinder werden Süßspeisen serviert.

*Nach: Mustafa Can, Interkultureller Kalender, Land OÖ - 2018*

### Jüdisch: Yom Kippur

Traditionell lebende Juden begehen den Tag der Versöhnung als strengen Fasttag. Essen, Trinken, Baden, Geschlechtsverkehr und das Tragen von Lederkleidung sind an diesem Tag untersagt. Fromme Juden tragen weiße Kleidung. Der Synagogengottesdienst am Vorabend beginnt mit einem Gebet, durch das alle unbedacht eingegangenen Gelübde, Eide und Versprechen des kommenden Jahres Gott gegenüber aufgelöst werden. Weiters bekennen sich die Gläubigen der Sünde und das Schofar-Horn wird geblasen.

*Nach: Hans Rapp, Interkultureller Kalender, Land OÖ - 2018*

### (Post-)kommunistisch: Väterchen Frost

Er ist eine ursprünglich russische Märchenfigur, die nach der kommunistischen Oktoberrevolution 1917 und der daraus resultierenden Unterdrückung christlicher Bräuche als Weihnachtsmann die Geschenke für die Kinder brachte. Er trug einen langen, dicken weißen Bart, wohnte tief in der Taiga, trug einen blauen – heute roten – Pelzmantel und fuhr einen von drei Schimmeln oder Rentieren gezogenen Schlitten. Die Figur des Väterchens Frost war so erfolgreich, dass nach dem Zusammenbruch des Kommunismus und der Wiedereinführung der christlichen Weihnachten die meisten Russinnen/Russen an ihm festhalten.

*Nach: https://www.russlandjournal.de*

### Post-religiös: Halloween

**„Familienreligionen" – Ein Konzept inklusiver Religionsbildung**

In Großbritannien wurde in den letzten Jahren ein neuer Ansatz interreligiöser Bildung in Kindertageseinrichtungen und Schulen entwickelt. Dahinter steht die Feststellung, dass das Christentum in vielen Ländern Europas nicht mehr die „Leitwährung" ist und andere Religionen längst zu „Fremdwährungen" geworden sind.

Seit den 1970er-Jahren findet „Religious Education" in England nicht mehr in konfessionsgetrennten Gruppen statt. Alle Kinder lernen miteinander und voneinander über die eigene und andere Religionen in ihrem Lebensumfeld (...) und damit auch von den gelebten und erlebten Familienreligionen ihrer Freunde. Diese inklusive Religionsbildung ist eine interessante Möglichkeit für interreligiöses Lernen. Hier kommt beides zum Tragen: Einerseits werden die Bedürfnisse von Kindern aller Religionen bzw. Weltanschauungen ernst genommen. Andererseits wird deutlich, dass es bei Religion um mehr geht als um kognitives Wissen, sondern auch um „die Sprache der Liebe, um Spiritualität, um ethisches Handeln usw. Insofern eignet sich dieses Konzept für kirchliche Kitas, die ihr Augenmerk auf „Beheimatung und Begegnung" richten, sowie für kommunale Kitas, die Kindern aller Religionen religiöses Lernen von- und miteinander ermöglichen wollen.

*Nach: Arbeitshilfe „Zusammenleben in der Kita: Impulse zum Zusammenleben in religiöser Vielfalt" von der Ev. Kirche Baden 2012. Zitiert nach Unsere Kinder 1/18*

## Arbeitsaufgaben

1. Schreiben Sie eine Erklärung von Halloween ohne lange Recherche.

2. Diskutieren Sie den Aspekt des Religiösen in Kindergärten.

3. Diskutieren Sie die Bedeutung der inhaltlichen Kenntnis der ausgewählten Feste für Ihre Arbeit in Kindergärten.

4. Stellen Sie die Überlegungen des Textes zur inklusiven Religionsbildung denen der „Festkulturen" gegenüber.

## 1.4   Kinder, Kindergärten, Trägerschaften und Interkulturalität

Helena Stockinger stellt in ihrem Fachartikel (Stockinger 2018, S. 4 – 8) fest, dass sich Kinder an die im Kindergarten gelebte Religion anpassen. Der Wunsch nach Zugehörigkeit stellt einen wesentlichen Faktor dar. Elementarpädagogische Einrichtungen sind Lernorte, in denen Kinder erstmals mit unterschiedlichen Werteinstellungen, religiösen Einstellungen und verschiedenen Weltanschauungen konfrontiert werden. Sie bemerkt, dass Kindergärten Organisationen unter bestimmten Trägerschaften sind und verweist auf die gesellschaftliche Tendenz „Integration" mit „Assimilation" (Anpassung) zu verwechseln.

### Beispiel aus der Praxis:

In einem neu renovierten christlichen Kindergarten wurden mit den Kindern bunte Kreuze mit vier gleich langen Balken als „ein Zeichen des Lebens" und „eines lebendigen Miteinanders" gestaltet. Sie wurden im Rahmen einer Feier in den Räumen des Kindergartens aufgehängt. Zur Erinnerung an das Fest konnte jede Familie, wenn sie wollte, ein gestaltetes „Kreuz" oder ein Symbol mit Aussagen des Ordensgründers als Erinnerungsstück mit nach Hause nehmen.

Literaturtipp:
Stockinger, Helena: „Ich möchte so gern dazugehören". Raum für religiöse Differenz im Kindergarten. In: Unsere Kinder 1/2018 – Linz: Verlag der Fachzeitschrift Unsere Kinder, 2018.

Ornamente aus dem Tur Abdin

Im selben Kindergarten wurden Eltern eingeladen, sich mit dem was sie können und gerne tun, im Alltag des Kindergartens einzubringen. So meldete sich ein Vater mit Migrationshintergrund zum Vorlesen von Bilderbüchern. Eine Mutter buk mit den Kindern Baklava, wie sie in ihrer Familie seit Generationen zum Ramadan gebacken werden. Da den Kindern diese Köstlichkeit schmeckte entstand die Idee, das Rezept auszutauschen und noch einmal gemeinsam zu backen. Drei österreichische Mütter und die syrische Mutter organisierten einen Baklava-Back-Nachmittag. Ein türkischer Vater grillte mit seinem älteren Sohn und dessen (österreichischen) Freunden Steckerlbrot beim „Familienfest" des Kindergartens.

Eine Mutter brachte zwei Vasen mit Ornamenten aus ihrer Heimat in dem Tur Abdin (Südtürkei) mit in den Kindergarten, nachdem ihr Kind Mandalas mit nach Hause gebracht hatte. Die Familie entdeckte Ähnlichkeiten in den Mustern. Im Kindergarten gab es ab diesem Zeitpunkt eine „andere" neue Vielfalt an ornamentalen Gestaltungsideen. Darüber hinaus suchten die Kinder auf der Landkarte den Tur Abdin. Alle Sprachen der Kinder sind in Begrüßungsritualen und Liedern wiederzufinden.

**Tipps Fachliteratur:**
- **als Reflexionshilfe** zum Thema „Interkulturelle Kompetenz" (Kap. 5.11): Ristl, Susanne: Mein Weg zur Professionalität. Arbeits- und Reflexionsleitfaden für Ausbildung und Beruf. – Linz: Verlag Unsere Kinder, 2017 (BAfEP Schulbuch)
- **zum Weiterlesen:** Keller, Heidi: Interkulturelle Praxis in der Kita. Freiburg: Herder, 2013.:

„Viele japanische Eltern sind zufrieden, wenn ihr Kind beim täglichen Abschied in der Krippe herzzerreißend weint, denn dies zeigt ihnen, dass sie vermisst werden. Afrikanische Mütter sehen es als seelische Grausamkeit an, wenn Säuglinge deutscher Eltern mit einem darübergestülpten Plastikgestell voller Rasseln und Klingen auf dem Rücken im Wohnzimmer liegen oder ganz alleine in ihrem Zimmer schlafen müssen. Und deutsche Eltern wiederum halten es schlichtweg für Körperverletzung, wenn afrikanische Kinder schon in den ersten Monaten in einen Plastiktopf gesteckt werden, um möglichst früh das Sitzen zu lernen.
Diese drei Schlaglichter zeigen schon, dass sich die Erziehungs- und Sozialisationsziele in den verschiedenen Kulturen stark voneinander unterscheiden können."

 **Arbeitsaufgaben**

1. Analysieren Sie das Beispiel unter folgenden Kriterien:
   - Wird in diesem Kindergarten Raum für religiöse Differenz sichtbar?
   - Woran ist die religiöse Ausrichtung der Trägerschaft erkennbar?
2. Diskutieren Sie folgende Fragestellungen:
   - Wie wird in diesem Kindergarten mit unterschiedlichen Werteinstellungen, religiösen Einstellungen und verschiedenen Weltanschauungen umgegangen?
   - Ist es legitim, dass in diesem Kindergarten „Kreuze als Zeichen des Lebens und eines lebendigen Miteinanders" eingesetzt werden?
3. Finden Sie andere, weitere Symbole der Lebendigkeit und des Miteinanders.

**4.** Bewerten Sie, ob diese Einrichtung von sich behaupten kann, ein „interkultureller und interreligiöser Lernort" zu sein.

**5.** Konstruieren Sie Beispiele, wie der Alltag in elementarpädagogischen Einrichtungen unterschiedlicher Trägerschaft (z. B. Betriebskindergarten, städtischer, christlicher, jüdischer, muslimischer, reformpädagogischer Kindergarten, ...?) gelebt werden kann. Berücksichtigen Sie dabei
- unterschiedliche Lebenswirklichkeiten,
- verschiedene religiöse Grunderfahrungen
- sowie kulturell und gesellschaftlich geprägte Weltdeutungsmuster.

**6.** Tauschen Sie die Beispiele aus und ziehen Sie ein Resümee.

## 1.5  Wissen um unterschiedliche Lebenswelten

**Aussagen aus einem Artikel von Jörn Borke:**

Kultursensitive Frühpädagogik weist auf Aspekte der Autonomie und der Verbundenheit in Gemeinschaften hin und will damit für die Bewusstheit der Vielfalt an Erziehungs- und Entwicklungsvorstellungen in unterschiedlichen kulturellen Gegebenheiten sensibilisieren. Kinder machen je nach Umfeld (also auch entsprechend dem kulturellen Kontext, in dem sie leben) unterschiedliche Erfahrungen.

- In der westlichen Mittelschicht wird das Autonomiestreben des Kindes, also das Streben nach Eigenständigkeit, Unabhängigkeit, Selbstwirksamkeit und Selbstverwirklichung als wesentlich betont. Eine auf Autonomie ausgelegte Pädagogik unterstreicht z. B. die Entwicklung des Individuums mit seinen Bedürfnissen und Potenzialen.
- Hingegen ist in Teilen Asiens und des ländlichen Afrikas die Verbundenheitsorientierung stark verwurzelt. Beispielsweise gebären Frauen in Bangladesch ihr erstes Kind im Alter von etwa 18,1 Jahren, in Deutschland hingegen erst mit knapp 30 Jahren. In den Strukturen der Großfamilien sind

Gemeinschaft und die Bedürfnisse der Gruppe tragend. Im Sinne der Verbundenheitsorientierung ist es weniger wichtig, dass die Kinder sich zu autonomen Persönlichkeiten entwickeln. Hier stehen Respekt und Gehorsam gegenüber älteren Menschen im Vordergrund. Auch sind Unterschiede in den Formen von Zuneigung zu erkennen. Es gibt weniger Blick-, dafür mehr Körperkontakt, denn Kinder sollen sich als Teil der Gemeinschaft erleben und nicht als Individuen hervorgehoben werden. Kinder bekommen in den ersten Jahren viel körperliche Nähe und werden von Beginn an von unterschiedlichen Bezugspersonen betreut und begleitet – dadurch gelingt Transitionsbewältigung meist stressfreier. Weiters verweist Jörn Borke darauf, dass in Betreuungseinrichtungen „eine direktive Gestaltung von Bildungs- und Lernprozessen" üblich ist. Kinder, die in eher verbundenheitsorientierten Strukturen aufwachsen, könnten mit Freiheiten und Wahlmöglichkeiten (z. B. im Freispiel) in „autonomiebasierten" Einrichtungen überfordert sein.

*Nach: Borke, Jörn: Das Konzept der kultursensitiven Frühpädagogik. Eine neue Sicht auf die Zusammenarbeit mit Familien. In: Kindergarten heute 1/2016 – Freiburg: Verlag Herder GmbH, 2016*

■ Reflektieren und diskutieren Sie auf der Basis von konkreten Beobachtungen im Team des (Besuchs-)Kindergartens,

a) ob es Kinder in der Gruppe gibt, die in verbundenheitsorientierten Kontexten aufwachsen, in denen die Bedürfnisse der familiären Gemeinschaft über den Interessen des Individuums stehen könnten und

b) welche Auswirkungen unterschiedliche kulturelle Entwicklungspfade auf die Gestaltung des Tagesablaufes und die Bildungsarbeit haben könnten/ sollten.

# 2 Chance Europa

*Die Europäische Union bietet auch Schülern/Schülerinnen die Möglichkeit, bereits während ihrer Ausbildung über den „Tellerrand" zu schnuppern und finanziell unterstützt einen Teil ihrer Ausbildung oder Teile des Berufspraktikums in einem anderen EU-Land zu absolvieren. Dadurch können sowohl Einblicke in andere „Kulturen" der Ausbildung und des Zugangs zum Beruf als auch wertvolle Erfahrungen für die Arbeit mit Kindern aus anderen Ländern gewonnen werden.*

https://erasmusplus.at/

## 2.1 Mein Europa – Erasmus+

Durch das Programm „Erasmus+ Schulbildung" der Europäischen Union wird die grenzüberschreitende Kooperation zwischen Kindergärten, Schulen und anderen Institutionen mit Bezug zur Schule unterstützt. So werden Lehr- und Lernaufenthalte von Kindergarten- und Schulpersonal sowie von Schülern und Schülerinnen in den EU-Ländern finanziell unterstützt. Es soll ein Mehrwert für die Teilnehmer/innen erzielt werden.

**Erasmus+ ist das europäische Programm für Bildung, Jugend und Sport bis 2020**

Bis zu vier Millionen junge Menschen und Erwachsene in Europa erhalten mit Erasmus+ von 2014 bis 2020 die Möglichkeit, in einem anderen Land zu lernen und zu studieren, eine Ausbildung zu absolvieren, zu arbeiten oder eine Freiwilligentätigkeit auszuüben.

Für die gesamte Laufzeit von Erasmus+ stellt die Europäische Union 14,7 Milliarden Euro für das Programm bereit, das sind 40 Prozent mehr als in der vorangegangenen Finanzperiode. Zusätzlich stehen rund 1,68 Mrd. Euro für die Kooperation mit Partnerländern weltweit zur Verfügung.

*Nach: https://erasmusplus.at, Abfrage 17. März 2018*

### Arbeitsaufgabe

- Recherchieren Sie mit den angegebenen Links folgende Fragestellungen im Zusammenhang mit Auslandsaufenthalten und Erasmus+:
  - Angebote für Kindergärten bzw. Elementarpädagoginnen/-pädagogen:
    https://bildung.erasmusplus.at/de/schulbildung/
  - Möglichkeiten von Schülern/Schülerinnen im europäischen Ausland:
    https://bildung.erasmusplus.at/de/schulbildung/schuelerinnen/

# Erfahrungsberichte – Programm „Erasmus+ Schulbildung"

## Reflexion Schulbesuch und Kindergarten-Hospitation in Italien

Durch meinen Aufenthalt am Gymnasium „Istituto Madre Mazzarello" in Turin habe ich die Geschichte, kulturelle Besonderheiten, Feste und Bräuche des Piemonts kennengelernt. Ich konnte Grundzüge einer anderen Sprache (italienisch) erlernen und ein anderes Kindergartensystem kennenlernen. Dazu habe ich mehrmals pro Woche in einem Kindergarten hospitiert.

*Nach: Julia, Schülerin eines IV. Jahrganges einer oberösterreichischen BAfEP*

Erasmus+ Bildung: Horizonterweiterung durch Auslandsaufenthalte

## Reflexion Praktikum in Holland – Interview

*Warum wolltest Du ein Praktikum im Ausland machen? Was war deine Motivation dafür? Welche Ziele hattest du?*

„Ich wollte ein Praktikum im Ausland machen, um Kinder, ihre Begleiter/innen und elementarpädagogische Einrichtungen in anderen Ländern kennenzulernen. Ich habe Holland ausgewählt, weil das Bildungssystem dort sehr innovativ zu sein scheint. Mein Ziel war es, mir selber eine Meinung über die dortige Kinderbetreuung zu bilden. Mir war wichtig, dass ich mir im Kontakt mit Pädagoginnen/Pädagogen ein Bild über den Stellenwert vorschulischer Bildung in den Niederlanden mache und auch erfahre, ob Kindergartenpädagoginnen dort als „wichtige" Berufsgruppe geschätzt werden. In Bezug auf meine Person wollte ich mich weiterentwickeln und mein Selbstvertrauen und meine Eigenständigkeit stärken."

*Welche Aktivitäten hast Du während deines Praktikums durchgeführt?*

„Ich zeigte den Kindern u. a. Fotos aus meinem Land, erzählte ihnen wo ich wohne. In der Folge malten Kinder ihr eigenes (Fantasie-)-Haus. Schön zu beobachten waren ihr Interesse und Ausdrucksvermögen sowie die sensorischen Erfahrungen. Die Kinder, zwischen zwei und drei Jahren malten mit den Fingern. Ansonsten unterstützte ich die Pädagoginnen im Tagesablauf, spielte mit den Kindern, verrichtete pflegerische Tätigkeiten. Wichtig waren mir der Beziehungsaufbau und auf Ideen und Bedürfnisse der Kinder einzugehen."

*Was hast du durch dein Praktikum dazu gelernt? Welche Kompetenzen hast du erworben bzw. verbessert?*

„Ich lernte das niederländische Betreuungsmodell kennen und schätzen, bekam Einblicke in Räume, Ausstattung, Tagesstruktur, in den Umgang mit und die Pflege von jüngeren Kindern bzw. Babys. Außerdem bin ich selbstständiger geworden und musste mich gut mit meiner Kollegin, z. B. was Essgewohnheiten anbelangt, abstimmen."

*Mit welchen Problemen/Schwierigkeiten warst Du vor, während und/oder nach dem Praktikum konfrontiert?*

„Probleme im Voraus waren, dass die Kommunikation mit der Einrichtung oft nicht so gut funktionierte. So entstanden oft Missverständnisse, beziehungsweise unsere Fragen wurden nicht oder nur teilweise beantwortet. Rückblickend war die wichtigste Lösung bei allen Problemen einen klaren Kommunikationsstil zu pflegen."

*Wie empfandest Du die Zusammenarbeit mit der Einrichtung vor Ort?*

„Die Leiterin war sehr offen und hat uns hervorragend informiert. Wir bekamen Einblick in die Arbeit und alle Informationen, trotz der anfänglichen Kommunikationsprobleme, die wir brauchten. Auch von den Pädagoginnen wurden wir sehr herzlich aufgenommen und begleitet."

*Nach: Melanie, Schülerin eines IV. Jahrganges einer oberösterreichischen BAfEP*

■ Bewerten Sie Erasmus + für die beiden Schülerinnen unter den Gesichtspunkten:
■ persönlicher Gewinn,
■ Gewinn für die Beruf,
■ kritische Punkte

■ Diskutieren und vergleichen Sie die Aussagen beider Berichte mit etwaigen eigenen Erfahrungen.

## 2.2 Europäischer Mobilitätspass

Viele Bereiche unseres Lebens sind von der europäischen Zusammenarbeit beeinflusst. Die EU bietet Arbeitnehmern/-nehmerinnen, aber auch Schülern und Schülerinnen Chancen, die vielfach nicht bekannt sind. Exemplarisch wird der Europäische Bildungspass vorgestellt, der die Mobilität der EU-Bürger/innen fördern soll. Der Europäische Bildungspass umfasst folgende Bausteine, die in mehreren Sprachen zur Verfügung stehen:

Die Berufsausbildungen sind in den EU-Ländern unterschiedlich. So ist das österreichische Ausbildungssystem mit seinen BMHS-Schulen in dieser Form einzigartig. Die Zeugniserläuterung dokumentiert die Kompetenzen und Qualifikationen von Absolventen und Absolventinnen vergleichbar und umfassend.

### Vier Teilbereiche des Europäischen Bildungspasses

Der **Lebenslauf** stellt erworbene Qualifikationen und Kompetenzen systematisch dar.

Der **Mobilitätspass** hält Inhalte, Ziele und Dauer von Auslandsaufenthalten fest.

Der **Sprachenpass** dokumentiert die Sprachkenntnisse.

Die **Zeugniserläuterung** erklärt die erworbenen Berechtigungen und erläutert die länderspezifischen Standards.

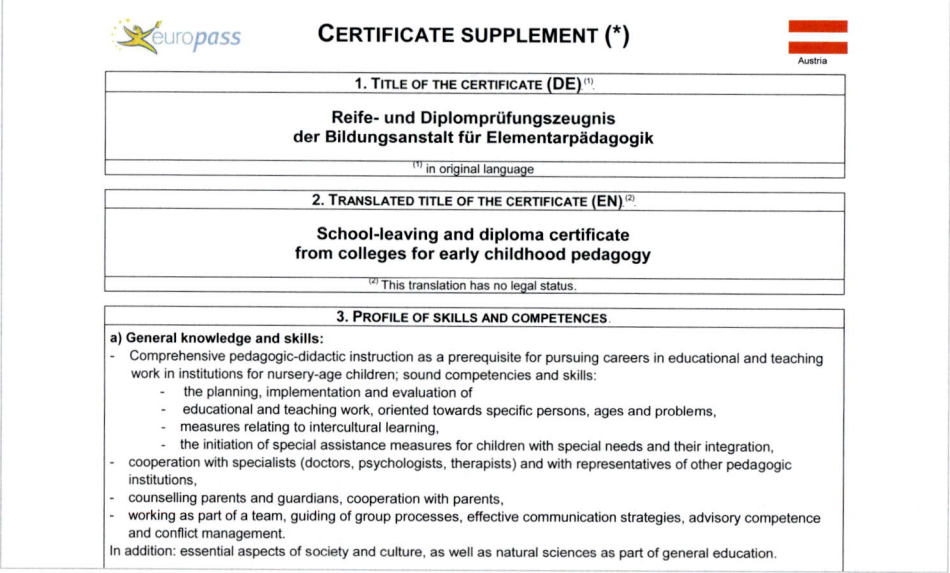

*Ausschnitt aus: Zeugniserläuterung BAfEP - Abfrage 17.3. 2018*

### Arbeitsaufgabe

- Analysieren Sie Teilbereiche des Europäischen Bildungspasses mithilfe des Links http://www.europass.at/
  a) Bewerten Sie die Anwendungen, den Lebenslauf in mehreren Sprachen zu erstellen.
  b) Erörtern Sie die Bedeutung von Sprachkenntnissen, die nicht in Schulzeugnissen dokumentiert sind, bei Bewerbungen oder Praktika.
  c) Prüfen Sie, ob an Ihrer Schule Auslandspraktika mit dem Mobilitätspass dokumentiert werden.
  d) Setzen Sie sich mit der Zeugniserläuterung Ihres Schultyps auseinander.

## Ziele erreicht? – „Lebenswelten – pädagogisches Berufsfeld"

Chancen und Herausforderungen in einer Welt schwindender Grenzen werden zum Alltag (angehender) Elementarpädagoginnen/-pädagogen. Jedenfalls gilt es, verantwortungsbewusst im Sinne der anvertrauten Kinder umzugehen - zweifelsohne eine große Herausforderung für alle Beteiligten.

**1.** Finden Sie die gesuchten Begriffe. Gleiche Zahlen bedeuten gleiche Buchstaben. (Ä = AE usw.).

|  | | | | | | | | | | | | | |
|---|---|---|---|---|---|---|---|---|---|---|---|---|---|
| Sie berücksichtigt die Vielfalt in Erziehungs- und Bildungsprozessen (Wort hier zusammengeschrieben. | 1 | 7 | 26 | 2 | 16 | 3 | 7 | 9 | 12 | | | | |
| Bezeichnung für den Prozess der sozialen Eingliederung zugewanderter bzw. eingewanderter Personen und gegebenenfalls deren Nachkommen in eine Gesellschaft. | 7 | 13 | 9 | 2 | 8 | 16 | 5 | 9 | 7 | 24 | 13 | | |
| Bezeichnung für den Prozess der vollkommenen Angleichung z. B. von Sprache, Gebräuchen oder Religion eingewanderter Personen in die dominierende Kultur des neuen Heimatlandes. | 5 | 3 | 3 | 7 | 23 | 7 | 10 | 5 | 9 | 7 | 24 | 13 | |
| Bezeichnung für den Prozess des Bedeutungsverlustes von Religion in einer Gesellschaft. | 3 | 5 | 2 | 6 | 19 | 10 | 5 | 16 | 7 | 3 | 5 | 9 | 7 24 13 |
| Bezeichnung für das Programm der Europäischen Union zur Förderung der Mobilität im Bildungsbereich. | 2 | 16 | 5 | 3 | 23 | 19 | 3 | | | | | | |
| Bezeichnung für die europaweit einheitliche Dokumentation von Kompetenzen wie Lebenslauf, Sprachen, Mobilität. | 2 | 19 | 16 | 24 | 15 | 5 | 3 | 3 | | | | | |

**2.** Interpretieren die die Zahlen der folgenden Grafik in Bezug auf die Notwendigkeit interkulturellen Arbeitens in Kindergärten. Beachten Sie, dass in den Zahlen nur ausländische Staatsbürger/innen, nicht jedoch Menschen mit Migrationshintergrund enthalten sind.

**Anteil der Ausländer an der Bevölkerung in Wien von 2011 bis 2021**

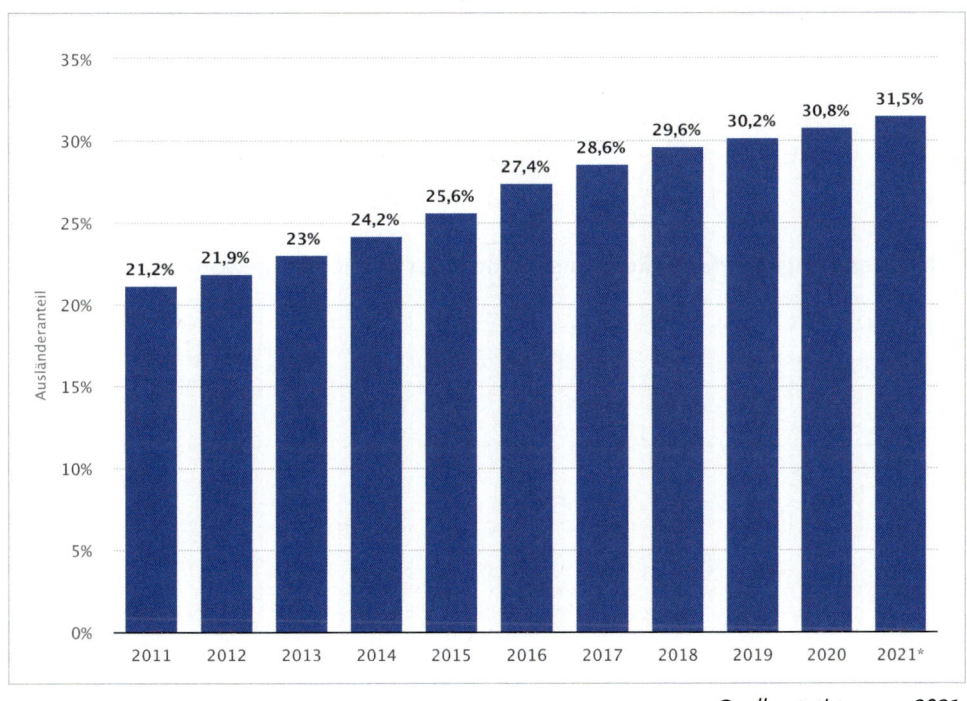

*Quelle: statista.com, 2021*

**3.** Nehmen Sie zu dieser überaus provokanten These Stellung: „Durch die starke Zuwanderung oft religiöser Menschen aus dem islamischen Raum ist eine zentrale Errungenschaft der Säkularisierung – die fortgeschrittene Trennung von Staat und Religion – auch in Kindergärten in Frage gestellt." Berücksichtigen Sie für Ihre Argumentation den folgenden Text:

### Bildungspartnerschaft

Kulturelle und religiöse Diversität ist mittlerweile in den meisten elementarpädagogischen Einrichtungen Normalität. Wie aber damit im pädagogischen Alltag umgegangen wird, ist unterschiedlich, speziell beim Thema „Religion/en und Weltanschauung/en" sind die Herausforderungen offensichtlich.

Erleben Kinder religiöse Vielfalt, dann interessieren sie sich dafür und stellen Fragen. Sie wollen sich mit ihrer eigenen Herkunft, Kultur und Religion einbringen und darüber erzählen. Dabei entwickeln sie Ich-und Bezugsidentität.

Um den Kindern gerecht zu werden, brauchen Pädagoginnen und Pädagogen Wissen über andere Religionen und Kulturen. Eltern tragen mit ihrer Expertise dazu bei, Familienkulturen und -religionen besser zu verstehen. Die Basis für gelingende Bildungs- und Erziehungspartnerschaft ist ein einladendes und von Wertschätzung geprägtes Klima. Dies bedeutet:

- **Offenheit für Religionen:** Unterschiedliche religiöse Symbole schaffen Möglichkeit zum Dialog über das Eigene und das Fremde (z. B. in einer „religiösen Ecke"). Bei Elternnachmittagen kann es um Religion und Kultur gehen - im Austausch lässt sich voneinander lernen.

- **Kommunikation:** Durch Elterninterviews erfahren. wir mehr über die Religion der Familien und derer. Stellenwert. Die in der Einrichtung gelebten Werte und Feste sind transparent.

- **Interreligiöse Kooperation:** Eltern stellen ihre Religion vor und gestalten Feste mit. Gemeinsam werden Kirchen, Tempel, Moscheen besucht.

*Nach: Ulrike Mayer-Gerschpacher, Referatsleiterin für die kirchlichen Kindergärten der Erzdiözese Salzburg. In Unsere Kinder 1/18*

## 4. Eine Blitzumfrage

Bewerten Sie die Aussagen mit Schulnoten und überlegen Sie ein Schlagwort als Begründung dazu. Diskutieren Sie die Ergebnisse.

„Diversität ist eine Belastung für Elementarpädagoginnen/-pädagogen."

„Religion spielt eine viel zu große Rolle in elementarpädagogischen Einrichtungen."

„Auslandsaufenthalte sind nett, aber nicht wichtig für die Arbeit in Kindergärten."

**Aus diesem Kapitel habe ich die nachstehend angeführten Erkenntnisse und/oder Einsichten gewonnen:**

# Globalisierung

KOMPETENZ-
ERWERB

## Meine Ziele

Nach der Bearbeitung dieses Kapitels kann ich

- die Gründe für die Globalisierung beschreiben;
- Welthandelsgüter nennen;
- die Voraussetzungen für die Globalisierung erörtern;
- die Dimensionen der globalen Handelsströme erörtern;
- Auswirkungen der Globalisierung analysieren;
- Folgen der globalisierten Weltwirtschaft für das eigene Leben problematisieren.

**FILM AB!**

Hier finden Sie ein Video zur „Globalisierung":

www.trauner.at/Globalisierung_erklärt.aspx

# 1 Globalisierung – die Vernetzung der Lebenswelten

*Die Globalisierung umfasst Prozesse, die nicht fern unserer Lebenswelt stattfinden, sondern ganz im Gegenteil unseren Alltag prägen. Globalisierung ist kein abstrakter Vorgang, der sich irgendwo in der großen, weiten Welt abspielt – die Globalisierung mit all ihren Auswirkungen und Zusammenhängen begegnet uns ständig und überall in unserem täglichen Leben.*

## Leben in einer globalen Welt – Beispiel Mitteleuropa

### Einkaufen in aller Welt – gleich um die Ecke

Die erste Station ist der Supermarkt gleich um die Ecke, der frisches Obst und Gemüse in Hülle und Fülle im Angebot hat. Zu allen Jahreszeiten ist die Vielfalt groß, alle Preisklassen sind vertreten und es versteht sich von selbst, dass die meisten der angebotenen Sorten nicht auf den Bäumen in Nachbars Garten oder auf den Feldern lokaler Bauern wachsen, sondern aus aller Welt importiert werden: Avocados und Äpfel aus Neuseeland, Orangen aus Israel, spanische Clementinen und mexikanische Grapefruits, Kumquats, Mangos, Papayas oder Ananas aus Afrika, Asien, oder Lateinamerika, es gibt nichts, was es nicht gibt. Auch einheimische Früchte, die früher jahreszeitlich „Saison" hatten, gibt es jetzt das ganz Jahr über: Erdbeeren, Trauben, Birnen oder Äpfel, irgendwo ist immer Saison und moderne, weltumspannende Logistik sorgt dafür, dass die Waren immer frisch in den Regalen des Supermarkts und auf unserem Tisch landen ... Die Lebensmittelindustrie ist nur ein Beispiel für ein Phänomen, das sich quer durch alle Produkt- und Warenbereiche beschreiben lässt. Das Auto, das wir fahren, wird möglicherweise in Bochum, München oder Stuttgart endmontiert – die Komponenten, aus denen es besteht, können jedoch von Zulieferern aus der ganzen Welt stammen: Polen, Südkorea, Rumänien oder auf den Philippinen. Produziert wird immer da, wo es am schnellsten und vor allem am billigsten geht. Trendige Mode-Ketten und Möbelhäuser produzieren ihre Waren in Billiglohnländern. Die topmodischen T-Shirts, die bei uns im Kleiderschrank liegen, werden in China, Pakistan oder Indien hergestellt. Das Holz für die preiswerten Möbel, mit denen wir das Kinderzimmer einrichten, kommt aus Indonesien oder Südamerika, konstruiert werden die Möbelteile in Tschechien oder Rumänien. Nicht immer ist es einfach und eindeutig zu entscheiden, wer zu den Gewinnern und wer zu den Verlierern der Globalisierung gehört.

*http://www.globalisierung-fakten.de, 25. Februar 2021*

Woher kommt unser Frühstück? Aus der ganzen Welt!

**Das Kilometerfrühstück**
**Wie viele Kilometer ist Ihr Frühstück gereist? Ein Beispiel**

- Kaffee aus Costa Rica
- Tee aus Sri Lanka
- Milch aus Kärnten
- Butter aus Oberösterreich
- Joghurt aus Salzburg
- Käse aus Tirol
- Salami aus Spanien
- Marmelade aus Tirol

- Honig aus der Steiermark
- Brot und Gebäck aus Wien
- Zitronen aus Argentinien
- Orangensaft aus Kalifornien
- Äpfel aus Niederösterreich
- Bananen aus Panama
- Mango aus Brasilien
- Avocado aus Mexico

## Die weite Welt an einem Tag

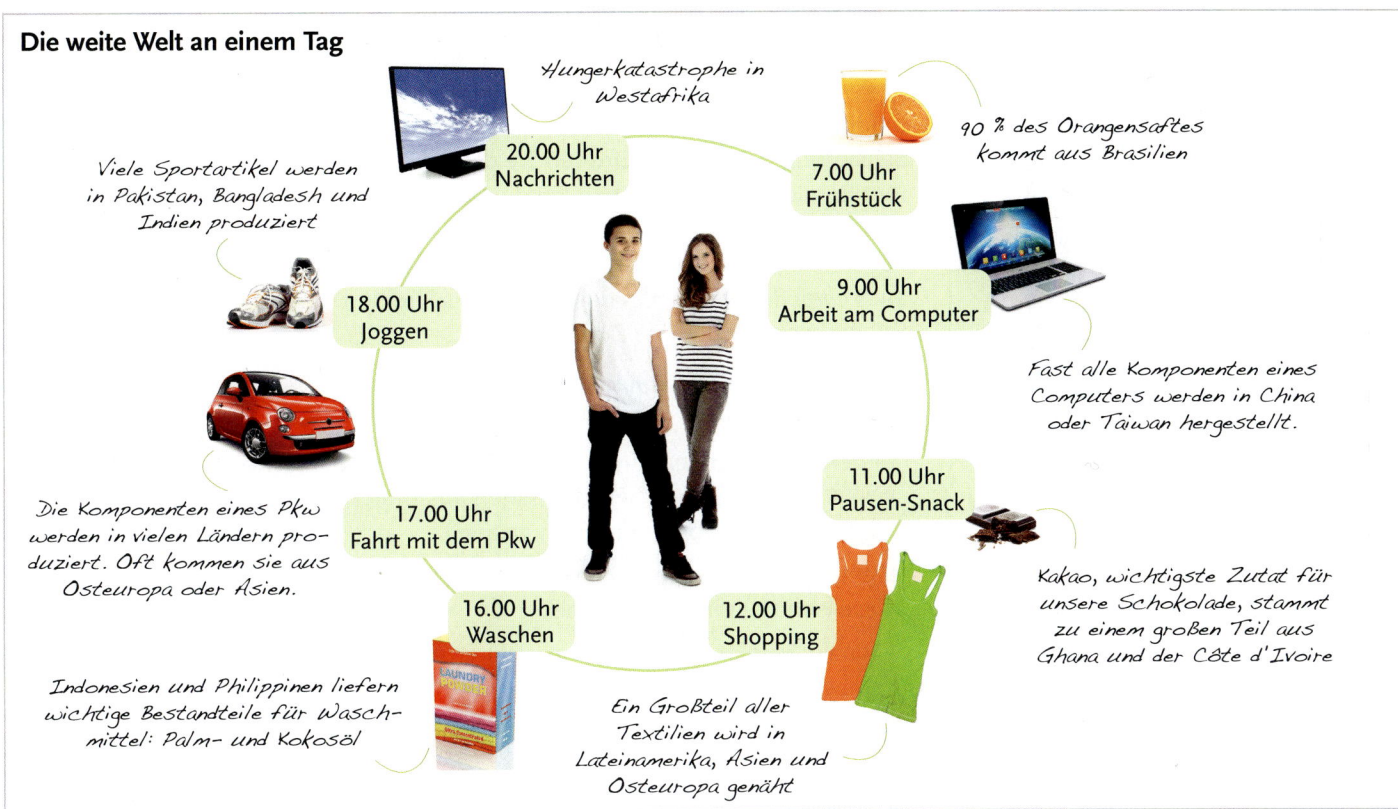

Hungerkatastrophe in Westafrika

Viele Sportartikel werden in Pakistan, Bangladesh und Indien produziert

20.00 Uhr Nachrichten

7.00 Uhr Frühstück

90 % des Orangensaftes kommt aus Brasilien

18.00 Uhr Joggen

9.00 Uhr Arbeit am Computer

Die Komponenten eines Pkw werden in vielen Ländern produziert. Oft kommen sie aus Osteuropa oder Asien.

Fast alle Komponenten eines Computers werden in China oder Taiwan hergestellt.

17.00 Uhr Fahrt mit dem Pkw

11.00 Uhr Pausen-Snack

16.00 Uhr Waschen

12.00 Uhr Shopping

Kakao, wichtigste Zutat für unsere Schokolade, stammt zu einem großen Teil aus Ghana und der Côte d'Ivoire

Indonesien und Philippinen liefern wichtige Bestandteile für Waschmittel: Palm- und Kokosöl

Ein Großteil aller Textilien wird in Lateinamerika, Asien und Osteuropa genäht

---

 ### Arbeitsaufgaben

1. Berechnen Sie mithilfe des Atlas oder anderen Hilfsmittel (z. B. im Internet) die Distanzen, die die Bestandteile des Frühstücks zurücklegen.

2. Recherchieren Sie, welche Produkte Sie in Ihrem eigenen Alltag regelmäßig verwenden und woher diese Produkte stammen. Verwenden Sie dabei die nebenstehende Zeichnung und ergänzen Sie gegebenenfalls diese Produkte.

3. Diskutieren Sie über Alternativen.

## Dimensionen der Globalisierung

Globalisierung als weltweites Phänomen betrifft unterschiedliche Bereiche der menschlichen Gesellschaft und ihre Auswirkungen können sowohl positiv als auch negativ sein.

GLOBALISIERUNG

Umwelt

Kultur

Wirtschaft

Gesellschaft

Politik

Fast Food gibt es fast auf der ganzen Welt – ein Symptom der kulturellen Globalisierung?

Textilfabrik – die Textilindustrie gehört zu den global tätigen Branchen

*Bollywood in Tirol orka*

Bollywood-Filme – nicht nur in Indien gezeigt

*WTO → World Trait organisation*

## Arbeitsaufgabe

- In folgenden Sätzen werden die unterschiedlichen Dimensionen der Globalisierung präsentiert. Ordnen Sie diese Aussagen den oben dargestellten fünf Bereichen zu. Schreiben Sie die Buchstaben K (für Kultur), G (für Gesellschaft), P (für Politik), W (für Wirtschaft) oder U (für Umwelt) in die Kästchen neben der Aussage. Wenn die Zuordnung nicht eindeutig ist, können Sie auch zwei Buchstaben in das Kästchen schreiben. Begründen Sie in diesem Fall die nicht eindeutige Zuordnung.

|  | |
|---|---|
| Ein Unternehmen kann heute überall auf der Welt eine Niederlassung gründen. | W |
| In den europäischen Kinos werden neben amerikanischen Blockbustern auch „Bollywood"-Produktionen aus Indien und regimekritische Filme aus China oder dem Iran gespielt. | K |
| Westliche Gewohnheiten und Gebräuche werden auch in östlichen Gesellschaften immer üblicher. | K |
| Globale Probleme werden immer öfter in internationalen Konferenzen besprochen. | P |
| Emissionen von Fabriken oder Verschmutzungen von Flüssen machen vor Grenzen nicht halt. | U |
| Arbeitskräfte aus Entwicklungsländern wandern immer zahlreicher in reiche Länder. | WG |
| Welthandelskonferenzen versuchen Zölle und andere Handelshemmnisse abzubauen. | W |
| Aktien und andere Wertpapiere können auf allen Börsen der Welt angeboten und gekauft werden. | W |
| Die nationalen Küchen werden immer mehr durch internationale Gerichte bereichert. | K |
| Über Internet und Internetforen kann man mit Freunden auf der ganzen Welt kommunizieren. | G |
| Werte wie Demokratie und Menschenrechte setzen sich langsam auf der ganzen Welt durch. | P |
| Produkte werden heute weltweit vermarktet. | W |

### Wie misst man Globalisierung?

Globalisierung ist ein sehr komplexes Phänomen. Dennoch hat es immer wieder Versuche gegeben, diese zu messen. Unter den international anerkannten Methoden zählt der Globalisierungsindex, den die ETH Zürich seit einigen Jahren entwickelt hat. Dieser umfasst drei Dimensionen.

- Die wirtschaftliche Globalisierung
- Die politische Globalisierung
- Die soziale Globalisierung

Bei der **wirtschaftlichen Globalisierung** werden u. a. die Güterströme zwischen den einzelnen Staaten erfasst (also Import und Export), aber auch die Investitionen, Staaten in anderen Staaten tätigen. Ebenso werden Behinderungen im Außenhandel, z. B. Zölle, mitberücksichtigt. Je mehr Zölle und Handelsbeschränkungen vorhanden sind, desto schlechter ist der Globalisierungsindex.

Die **politische Globalisierung** wird durch die Zahl der Botschaften in einem Land, die Mitgliedschaft in internationalen Organisationen oder die Teilnahme an UNO-Missionen erfasst.

Zur **sozialen Globalisierung** gehören internationale Kontakte (z. B. über Internet und Telefon), die Zahl der Internetanschlüsse in einem Land, die Auflagezahlen von Zeitungen, Zahl der aufgelegten Bücher und andere Variablen.

Aufgrund einer sehr komplexen Berechnung wird jedes Jahr ein Ranking aufgestellt, wobei ein Wert von 100 den höchsten Grad von Globalisierung darstellt und 0 die geringsten Grad. 2017 ergaben sich folgende Werte:

| Die 10 Länder mit dem höchsten Globalisierungsindex 2020 | | Die 10 Länder mit dem niedrigsten Globalisierungsindex 2020 | |
|---|---|---|---|
| 1 Schweiz | 90,79 | 187 Tschad | 41,43 |
| 2 Niederlande | 90,68 | 188 Turkmenistan | 40,72 |
| 3 Belgien | 90,46 | 189 Komoren | 40,42 |
| 4 Schweiz | 90,79 | 190 Palästina | 40,41 |
| 5 Niederlande | 90,68 | 191 Burundi | 40,11 |
| 6 Belgien | 90,46 | 192 Guinea-Bissau | 39,33 |
| 7 Schweden | 89,44 | 193 Afghanistan | 38,52 |
| 8 UK | 89,39 | 194 Zentralafrikanische Republik | 37,90 |
| 9 Deutschland | 88,83 | 195 Eritrea | 30,99 |
| 10 Österreich | 88,56 | 196 Somalia | 30,16 |
| 11 Dänemark | 87,96 | | |
| 12 Finnland | 87,70 | | |
| 13 Frankreich | 87,69 | | |

*http://www.kof.ethz.ch, 25. Februar 2021*

### Kommt es zum Ende der Globalisierung?

Zuerst kam der Tsunami, dann die Nuklearkatastrophe von Fukushima. Das Tohoku-Erdbeben am 11. März 2011 hat sich tief in das japanische Nationalgedächtnis eingebrannt. Nicht nur wegen der zehntausenden Toten, sondern auch wegen der wirtschaftlichen Schäden. Wochenlang stand die japanische Industrie zum Teil still, so die Werke der Autobauer Toyota, Honda, Mazda und Nissan.

… Durch den Tsunami brach die Wertschöpfung in der globalen Automobilindustrie um 140 Milliarden Dollar ein. 40 % dieses Verlusts trafen japanische Produzenten, rechneten Valeria Andreoni von der Manchester Metropolitan University und ihre Kollegen vor. Der Rest verteilte sich quer über den Globus. Der Ausfall bei japanischen Zulieferern sorgte für einen Milliardenschaden bei Autoherstellern in den USA, Europa, China und Kanada.

Ein regionaler Produktionsstillstand kann sich also durch globale Zulieferketten fressen und dadurch noch viel dramatischere Schäden anrichten. Aber was, wenn der Ausfall nicht eine Region trifft, sondern die ganze Welt, wie in der Corona-Pandemie?

… Ökonomen rechnen damit, dass sich vorhandene Tendenzen zur Deglobalisierung, Stichwort Brexit, verstärken werden. Das Peterson Institute in Washington spricht von „Slowbalisation" statt Globalisation. Die Corona-Pandemie führe vor Augen, dass Lieferketten unsicher seien, und werde Unternehmen dazu bewegen, über Reregionalisierung nachzudenken.

*https://www.derstandard.at, Artikel vom 2.05.2020, download 25.02.2021*

Kommt es wirklich zu einer Deglobalisierung?

### Arbeitsaufgaben

1. Interpretieren Sie die beiden Ranglisten der Länder mit dem höchsten und dem niedrigsten Globalisierungsindex. Erklären Sie, warum gerade kleinere europäische Länder einen sehr hohen Globalisierungsindex haben und Entwicklungsländer einen sehr kleinen Wert.

2. Setzen Sie sich mit der Messung der Globalisierung kritisch auseinander: Was sagt z. B. die Zahl der Internetanschlüsse über den Globalisierungsgrad aus? Berücksichtigen Sie auch den Presseartikel in der Randspalte.

3. Verfolgen Sie in der Presse bzw. im Internet die Diskussionen über Deglobalisierungstendenzen.

Beherrschen wir die Welt oder beherrscht die Welt uns?

### Vor- und Nachteile der Globalisierung

Oft wird Globalisierung als bedrohender oder zumindest negativer Prozess gesehen. Selten wird in Alltagsdiskussionen Globalisierung auch positiv bewertet. Dennoch gibt es neben zweifelsfrei negativen Auswirkungen auch positive. Allerdings muss man auch unterscheiden, in welchen Ländern bzw. Ländergruppen diese Auswirkungen auftreten. So werden in Entwicklungs- und Schwellenländern Arbeitsplätze durch Verlagerungsprozesse geschaffen, in hoch entwickelten Industrieländern gehen sie wieder verloren. Es ist also nicht möglich, eine einfache Bilanz der Globalisierung aufzustellen.

Globalisierung schafft Gewinner und Verlierer – da sind sich fast alle einig. Doch während die Gegner der Globalisierung davon ausgehen, dass die globale Ungleichheit sich strukturell verfestigt und nur eine kleine Minderheit von der zunehmenden Integration in den Weltmarkt profitiert, sehen die Befürworter Globalisierung als Chance gerade für ärmere Länder.

### Arbeitsaufgabe

- Füllen Sie folgende Tabelle aus und finden Sie Beispiele und Argumente.

| | Entwicklungs- und Schwellenländer | Industrieländer |
|---|---|---|
| **Positive Auswirkungen**<br>■ Wirtschaft allgemein<br>■ Gesellschaft allgemein<br>■ Arbeitgeber/Unternehmen<br>■ Arbeitnehmer/Arbeitsplätze<br>■ Umwelt<br>■ Tourismus<br>■ Kultur | | |
| **Negative Auswirkungen**<br>■ Wirtschaft allgemein<br>■ Gesellschaft allgemein<br>■ Arbeitgeber/Unternehmen<br>■ Arbeitnehmer/Arbeitsplätze<br>■ Umwelt<br>■ Tourismus<br>■ Kultur | | -Verlust von Ap. wegen Maschinen<br>- Mobilität → Umwelt |

## Alternativen zur Globalisierung – wie realistisch sind sie?

### Arbeitsaufgabe

■ Im Folgenden finden Sie einige Vorschläge globalisierungs-
kritischer Organisationen. Oft wird kritisiert, dass diese
Vorschläge und alternativen Ansätze nicht immer realistisch
sind. Beurteilen Sie selbst und vergeben Sie die Noten 1 bis 5
(sehr realistisch – völlig unrealistisch). Begründen Sie Ihre Bewertungen.

|  | 1 | 2 | 3 | 4 | 5 |
|---|---|---|---|---|---|
| Die Gewerkschaften in Entwicklungsländern müssten gestärkt werden. |  |  |  |  |  |
| Arbeitnehmergesetze müssten in den Entwicklungsländern viel stärker überprüft werden. |  |  |  |  |  |
| Die internationalen Klimakonferenzen müssen viel strenger sein und auch Sanktionen für Klimasünder durchsetzen können. |  |  |  |  |  |
| Man sollte nur regionale Lebensmittel kaufen. |  |  |  |  |  |
| Man sollte mehr öffentliche Verkehrsmittel benutzen. |  |  |  |  |  |
| Man sollte weniger Fleisch essen und mehr pflanzliche Lebensmittel konsumieren. |  |  |  |  |  |
| Statt großer Konzerne sollten vor allem Klein- und Mittelbetriebe gefördert werden. |  |  |  |  |  |
| Man sollte auf exotisches Obst aus Afrika oder Asien verzichten. |  |  |  |  |  |
| Man sollte Unternehmen im Inland halten, indem der Staat sie stärker finanziell unterstützt. |  |  |  |  |  |
| Man sollte nur österreichische Produkte kaufen. |  |  |  |  |  |
| Die Unternehmen in den Industrieländern sollten weniger Steuern zahlen, damit sie mehr Arbeitsplätze schaffen. |  |  |  |  |  |
| Konsumenten sollten mehr für Qualitätsprodukte zahlen, um die einheimische Wirtschaft zu stärken. |  |  |  |  |  |
| Man sollte vor allem Fair-Trade-Produkte konsumieren. |  |  |  |  |  |
| Man sollte keine Modeprodukte, die in Entwicklungsländern erzeugt wurden, kaufen. |  |  |  |  |  |
| Die Entwicklungsländer sollten mehr untereinander handeln, statt Produkte aus den Industrieländern zu importieren. |  |  |  |  |  |
| Die EU und die USA sollten ihre Zölle senken, um Importe aus den Schwellen- und Entwicklungsländern zu ermöglichen. |  |  |  |  |  |
| Die Industrieländer sollten mehr für die Entwicklungshilfe tun, um die lokale Wirtschaft in den Entwicklungsländern zu stärken. |  |  |  |  |  |

### Einige Zitate zum Nachdenken

„Wir müssen die Veränderung sein, die wir in der Welt sehen
wollen."

MAHATMA GANDHI"

„Lassen Sie uns alles daransetzen, dass wir der nächsten Generation, den Kindern von heute, eine Welt hinterlassen, die ihnen
nicht nur den nötigen Lebensraum bietet, sondern auch die
Umwelt, die das Leben erlaubt und lebenswert macht."

RICHARD VON WEIZSÄCHER
(deutscher Bundespräsident (1984-1994)

# 2 Weltmarkt und Welthandelsgüter

*Einer der Gründe, warum es zum Handel mit anderen Volkswirtschaften kommt, ist, dass nicht jeder Staat alle Produkte selbst herstellen kann. Verschiedene auf dem Weltmarkt angebotene Waren und Dienstleistungen sind für uns in Österreich mittlerweile zur Selbstverständlichkeit geworden.*

**Welthandelsgüter** = Güter, die über den nationalen Markt hinaus und im internationalen Handel von Bedeutung sind.

Der **Weltmarkt** ist ein gedachter, nicht zu lokalisierender Markt für **Welthandelsgüter**, auf dem die Güter ausgetauscht werden, die außerhalb der Grenzen einer Volkswirtschaft gehandelt und produziert werden.

An diversen Welthandelsplätzen, vor allem an Warenterminbörsen, werden die Güter gehandelt. Der Preis, der dort zustande kommt, wird auch als Weltmarktpreis bezeichnet.

**Warenterminbörsen** sind Börsenplätze, die sich auf den Handel mit Waren spezialisiert haben, die im Welthandel eine Rolle spielen. Es werden dort Warenterminngeschäfte über mengen- und qualitätsmäßig standardisierte Einheiten von Naturprodukten abgeschlossen.

Bei **Warentermingeschäften** werden bestimmte Güter, wie z. B. Kaffee oder Kakao, gekauft, ehe sie geerntet sind. Die Käufer spekulieren darauf, dass zur Erntezeit die Preise steigen oder fallen, sodass sich durch den Weiterverkauf Gewinne erzielen lassen.

Rohöl ist das wichtigste Welthandelsgut. Es ist Energielieferant, Grundstoff für die chemische Industrie und es wird weiterverarbeitet zu Kraftstoffen, Medikamenten, Farben, Textilien etc. Vorkommen und Verbrauch von Erdöl sind aber auf der Welt unterschiedlich verteilt. Österreich kann z. B. seinen Erdölbedarf nicht annähernd selbst decken. Überwiegend wird Erdöl in den Industrieländern verbraucht, die meist aber nicht über ergiebige Lagerstätten verfügen.

 **FILM AB!**

Ein Video unter www.trauner.at/ global_transport.aspx informiert Sie über die weltweite Containerschifffahrt.

Neben Rohöl gehören u. a. auch Güter wie Baumwolle, Erdnüsse, Weizen, Mais, Soja, Tee, Kakao, Zucker, Kaffee und Bananen zu den Welthandelsgütern. Lieferanten dieser Güter sind von uns weit entfernte Staaten wie zum Beispiel Brasilien, Costa Rica, Ecuador und die Philippinen.

Die Waren sind trotz langer Transportwege erschwinglich, weil die weltweite Containerschifffahrt auf den Hauptweltseeverkehrswegen in Kombination mit billigem Rohöl dies ermöglicht. Auf folgenden Welthandelswegen wird der Güteraustausch durchgeführt.

 **Arbeitsaufgaben**

1. Zählen Sie Güter auf, die am Weltmarkt produziert werden und für Sie von persönlicher Bedeutung sind.

2. Nennen Sie Dienstleistungen, die global am Weltmarkt angeboten werden.

3. Erörtern Sie neben der günstigen Logistik eine weitere Voraussetzung für das reibungslose Funktionieren des Welthandels.

## 2.1 Die Macht der Triade in der Weltwirtschaft

Betrachtet man Asien, Europa und Nordamerika etwas genauer, so erkennt man drei Zentren, die die Weltwirtschaft dominieren und die zusammen als Triade bezeichnet werden.

Ein Großteil des derzeitigen Welthandels besteht im Austausch von gleichwertigen Industriegütern, die in jedem der drei Zentren hergestellt werden. So werden z. B. japanische Autos in die USA und in die EU genauso exportiert wie etwa europäische Autos nach Japan oder in die USA. Die großen multinationalen Konzerne investieren vorwiegend in den Triadenländern, um auf den großen und wichtigen Märkten anwesend zu sein. Gegenwärtig ist ein enormer wirtschaftlicher Aufschwung Chinas festzustellen. Es ist der Aufsteiger des 21. Jahrhunderts und ist gerade dabei zu den wirtschaftlichen Zentren der Weltwirtschaft aufzuschließen. China spielt z.B. im Export bereits eine größere Rolle als Japan.

Die Triade

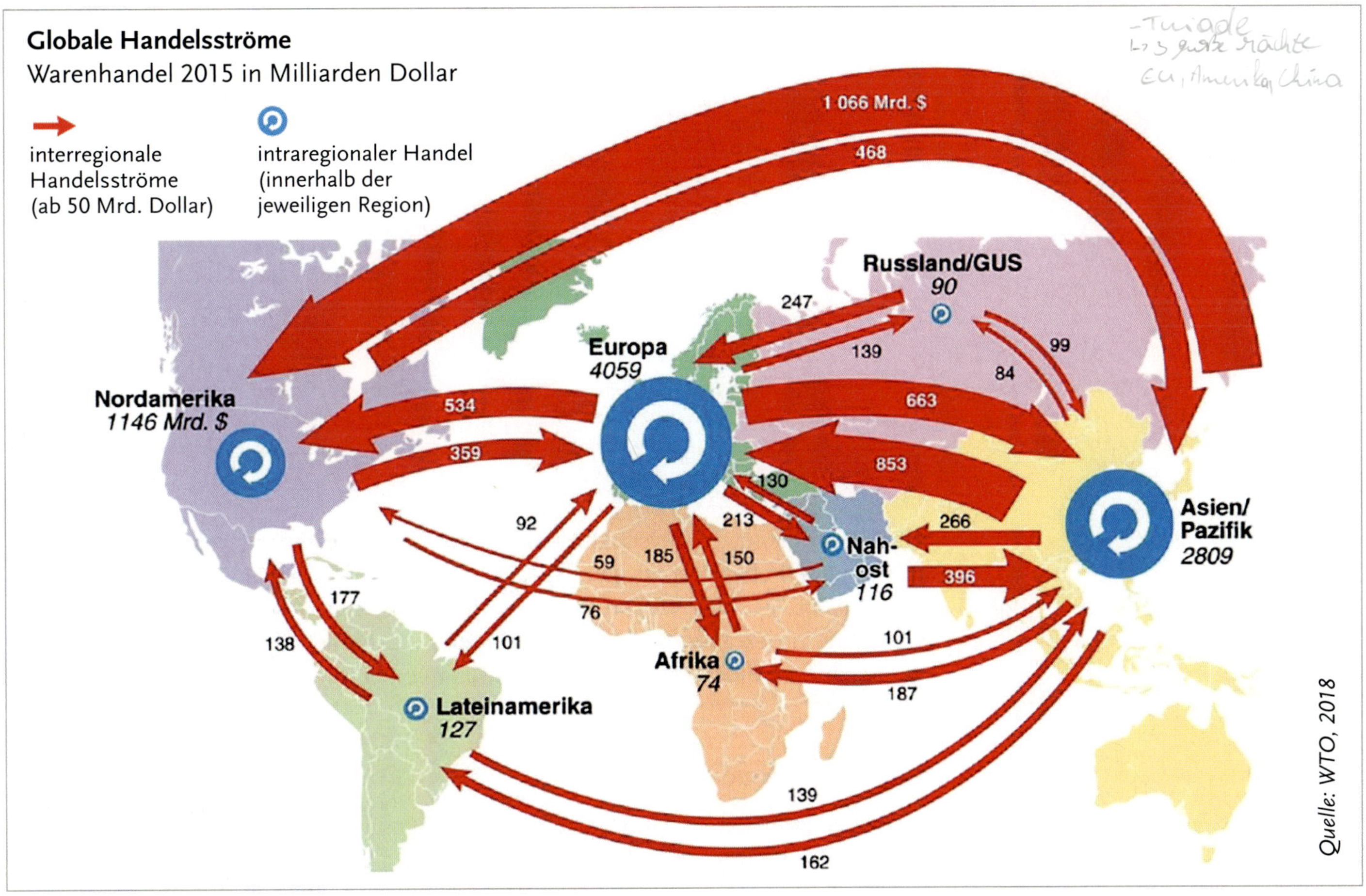

### Globale Handelsströme
Warenhandel 2015 in Milliarden Dollar

→ interregionale Handelsströme (ab 50 Mrd. Dollar)

↻ intraregionaler Handel (innerhalb der jeweiligen Region)

**Nordamerika** 1146 Mrd. $

**Europa** 4059

**Russland/GUS** 90

**Asien/Pazifik** 2809

**Nahost** 116

**Afrika** 74

**Lateinamerika** 127

1 066 Mrd. $
468
247
139
99
84
663
853
534
359
130
266
396
213
92
150
185
59
76
101
101
177
138
187
139
162

*Quelle: WTO, 2018*

### Zukunft ohne Dollar und Euro – BRICS-Länder auf Erweiterungskurs

Werden die wirtschaftlich aufstrebenden BRICS-Staaten Brasilien, Russland, Indien, China und Südafrika zwei weitere Mitglieder aufnehmen und sich damit zu BRICSIT erweitern? Indonesien und die Türkei sind bereits eingeladen worden, sich dem Club anzuschließen. „Kürzlich war ich in Moskau, und dort wurde darüber gesprochen, dass BRICS zu BRICSIT werden könnte", sagte Martyn Davies, Geschäftsführer der in Johannesburg ansässigen Beratungsfirma für Schwellenländer Frontier Advisory. Die Türkei und Indonesien sollten demnach im Kreis der potenziellen neuen Mitglieder ganz nach vorn aufrücken. Würde Indonesien beitreten, hätte das Bündnis Zugang zu Südostasien. Auch die Türkei würde neue geografische Verhältnisse schaffen.

*Nach: http://www.neopresse.com - 22. November 2012*

■ Interpretieren Sie aus der Dimension der Handelsströme die Bedeutung der Regionen Nordamerika, Südamerika, Europa, Afrika, Ostasien.

**Arbeitsaufgaben**

1. Fassen Sie die Aussagen des Medienartikels zusammen.

2. Recherchieren Sie die aktuelle Wirtschaftsentwicklung in Indonesien und der Türkei.

3. Recherchieren Sie, ob sich der Begriff BRICSIT durchgesetzt hat.

## 2.2 Die Weltwirtschaft verändert sich – Europa verliert an Bedeutung

**USA oder China – wer wird die Weltwirtschaft dominieren?**

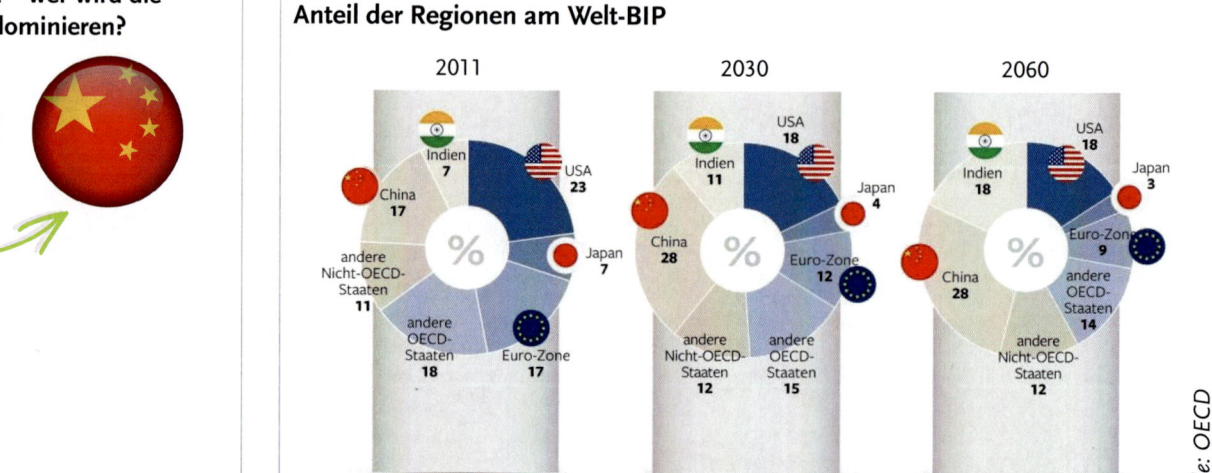

Anteil der Regionen am Welt-BIP

Prognose

Quelle: OECD

Nach der absoluten Wirtschaftsleistung dominieren die Länder des Nordens nach wie vor die Weltwirtschaft. Die USA, die EU und Ostasien (mit Japan und China) machen ca. 2/3 des Weltbruttoinlandsproduktes aus. Allerdings werden sich die Gewichte in den kommenden Jahrzehnten verschieben. Es wird einige Gewinner geben, andere Blöcke werden an Bedeutung verlieren.

### Das Zeitalter der BRICS?

In den letzten Jahren sind vor allem Schwellenländer wirtschaftlich gewachsen. Hinter dem hauptsächlich von Aktienhändlern und Anlegern geschaffenen Begriff BRICS-Staaten stehen jene Länder, deren Aktien seit 2000 relativ stark an Wert zugelegt haben und die für viele Wirtschaftsexperten die kommenden Wirtschaftsmärkte sein werden: Brasilien, Russland, Indien, China, Südafrika. Ob die rasante Entwicklung weitergeht, ist natürlich nicht vorhersehbar. Jedoch sind diese Staaten zu einer ernst zu nehmenden Konkurrenz für die alten Wirtschaftsmächte des Nordens geworden.

**Arbeitsaufgabe**

■ Beschreiben und erklären Sie die Veränderungen in den Anteilen des Welt-BIP mithilfe der obenstehenden Abbildung.

# 3 Internationale Organisationen

*Artikel wie den folgenden können Sie immer wieder in Tageszeitungen lesen. „Der Handelsstreit um die sogenannten Seltenen Erden (wie Scandium, Lanthan oder Promethium) spitzt sich zu. Die USA, die EU und Japan haben im März Klage vor der Welthandelsorganisation (WTO) wegen der chinesischen Beschränkungen eingereicht. Der Hintergrund: China kontrolliert 95 Prozent der Seltenen Erden. Diese Rohstoffe sind wichtig für die Herstellung vieler moderner elektronischer Geräte. Die EU und die USA befürchten, dass China mit Exportquoten, Zöllen und Mindestpreisen die globalen Abnehmer benachteilige und gegen WTO-Regeln verstoße."*

Ein globaler wirtschaftlicher Markt ist ohne allgemein verbindliche Rahmenbedingungen und global tätige Organisationen nicht administrierbar. Die durch internationale Organisationen geschlossenen Abkommen und Regelungen sind von besonderer Bedeutung. Folgende internationalen Organisationen verfügen über beachtlichen Einfluss auf das weltweite Wirtschaftsgeschehen.

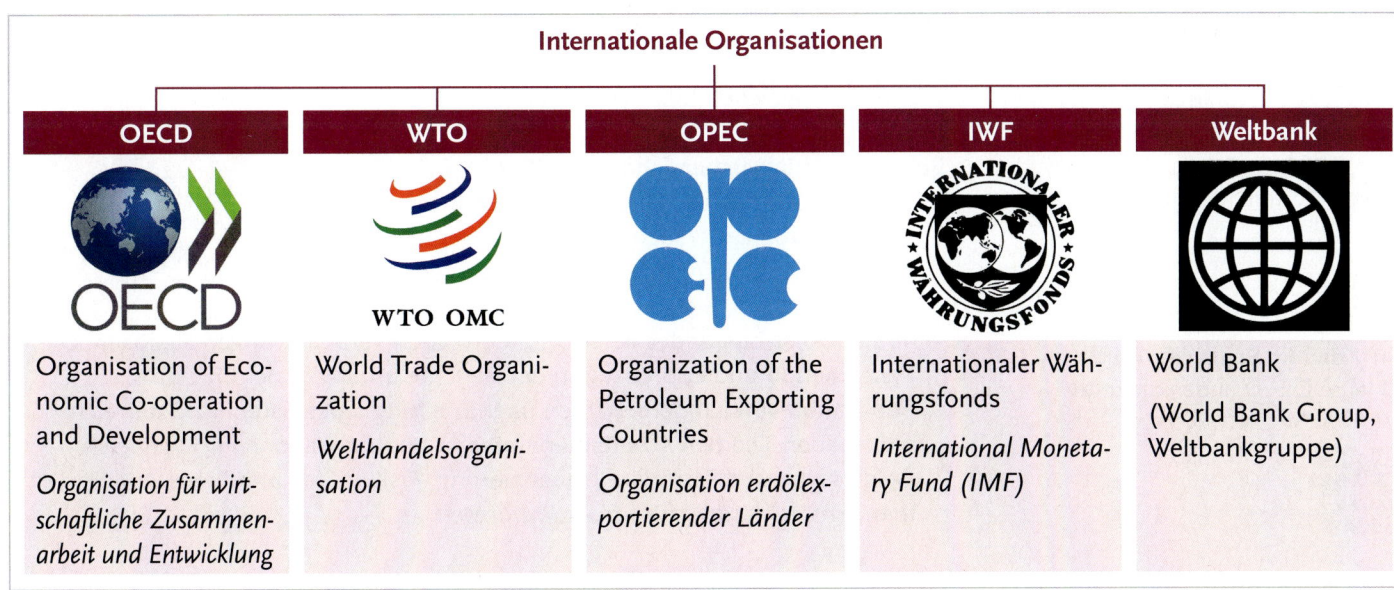

**Internationale Organisationen**

| OECD | WTO | OPEC | IWF | Weltbank |
|------|-----|------|-----|----------|
| Organisation of Economic Co-operation and Development<br><br>*Organisation für wirtschaftliche Zusammenarbeit und Entwicklung* | World Trade Organization<br><br>*Welthandelsorganisation* | Organization of the Petroleum Exporting Countries<br><br>*Organisation erdölexportierender Länder* | Internationaler Währungsfonds<br><br>*International Monetary Fund (IMF)* | World Bank<br><br>(World Bank Group, Weltbankgruppe) |

Neben den in der folgenden Grafik dargestellten internationalen Organisationen spielen aber auch andere Kooperationen und Einrichtungen eine gewichtige Rolle für das globale wirtschaftliche Leben: Beispiele dafür sind die Treffen der großen Wirtschaftsmächte, wie der Gruppe der Acht (G 8)/seit 2014 Gruppe der Sieben (G 7) oder der Gruppe der Zwanzig (G 20), sowie Non-Governmental Organizations (NGOs).

**Die Gruppe der Acht (G 8)/Gruppe der Sieben (G 7)**
Der medial wirksame Teil der G 8 sind die jährlichen Gipfeltreffen. Diese Treffen bieten die Möglichkeit, im persönlichen Gespräch die Standpunkte auszutauschen. Sie sind außerdem Ausgangspunkt der gemeinsamen G-8-Initiativen (Beschlüsse sind rechtlich aber nicht bindend). Zu den Aufgaben zählen die Erörterung globaler Wirtschafts- und Währungsfragen sowie wirtschaftlich relevante Sonderprobleme: Energiepolitik, Verschuldung etc.

NGO = Nichtregierungsorganisation (NRO), z. B. Greenpeace, Global 2000.

Die G-8-Staaten vereinigen ca. 50 % des Welthandels und erbringen über 50 % der weltweiten Wirtschaftsleistung. In diesen Ländern leben aber nur rund 14 % der Weltbevölkerung.
**Seit März 2014 wird Russland aufgrund der Annexion der Krim bis auf weiteres nicht mehr zu den Gipfeltreffen eingeladen.**

Die OECD umfasst derzeit 36 Vollmitglieder, Österreich ist Gründungsmitglied.

www.oecd.org

**Transformationsstaaten** = Länder, die sich in einem Umbruch von Plan- zu Marktwirtschaft befinden oder einen Wechsel von Diktatur zu Demokratie durchmachen.

**Pluralismus** = innerhalb eines Staates bestehende gleichberechtigte Vielfalt, z. B. von Organisationen, Werten, Meinungen.

**FILM AB!**

Ein Video (in Englisch) über 50 Jahre OECD finden Sie unter www.trauner.at/oecd.aspx.

**FILM AB!**

Im Video unter www.trauner.at/wto.aspx erfahren Sie mehr über die Entstehung und das Wirken der WTO.

## 3.1 OECD

Die **OECD** (Organisation for Economic Cooperation and Development) ist die **Organisation für wirtschaftliche Zusammenarbeit und Entwicklung** mit Sitz in Paris. Sie wurde 1961 als Nachfolgeorganisation der OEEC (= Organisation für europäische wirtschaftliche Zusammenarbeit) und des Marshallplanes für den Wiederaufbau Europas gegründet.

Die OECD hat als **Ziele** die Planung, Koordinierung und Vertiefung der Zusammenarbeit sowie die Förderung der Wirtschaft der Mitgliedsländer. Konkret heißt das die Förderung von nachhaltigem Wirtschaftswachstum, höhere Beschäftigung, Steigerung des Lebensstandards, Beitrag zum Wachstum des Welthandels etc.

Durch eigene **Studien und Forschungsaktivitäten** entwickelt die OECD Lösungsmodelle für wirtschaftliche Problemstellungen. So veröffentlicht sie einen jährlichen **Länderbericht** über die Wirtschaftslage der einzelnen Mitgliedsstaaten.

Seit Anfang der 1990er-Jahre unterstützt die OECD den Aufbau von Marktwirtschaften in den Transformationsstaaten in Mittel- und Osteuropa wie auch in anderen Teilen der Welt. Eine verstärkte Zusammenarbeit wurde mit Russland, Brasilien, China, Indonesien und Südafrika vereinbart. Mitgliedsstaaten müssen die Werte der OECD teilen: offene Marktwirtschaft, pluralistische Demokratie und die Achtung der Menschenrechte.

**Beispiele: Tätigkeitsbereiche der OECD**
- Die PISA-Studien der OECD sind internationale Schulleistungsuntersuchungen. Sie haben das Ziel, berufsrelevante Kenntnisse und Fähigkeiten 15-Jähriger zu messen. Sie sollen nicht nur eine Beschreibung des Ist-Zustandes liefern, sondern auch Verbesserungen auslösen. Die Koordination und Endredaktion der Berichte unterliegt der OECD.
- Publikation von Länderberichten über ihre Mitgliedsstaaten, in Österreich z. B. zu den Themen Arbeitsmarktintegration, Innovationen im Vergleich, Geldwäsche und Terrorismusfinanzierung, Fiskalquote und Steueraufkommen, Empfehlungen für Strukturreformen.

## 3.2 WTO (World Trade Organization)

Gegründet wurde die **WTO (Welthandelsorganisation)** 1994 in Marrakesch (Marokko), sie nahm 1995 ihre Tätigkeit auf. Sitz der Organisation ist Genf. Sie beschäftigt sich mit der Regelung von Handels- und Wirtschaftsbeziehungen.

Ziele der WTO sind der weltweite Freihandel durch den Abbau von Zöllen und anderen Handelshemmnissen sowie die Beseitigung sonstiger Benachteiligungen.

Die Weiterentwicklung der WTO-Verträge wird in den **Welthandelskonferenzen (Welthandelsrunden)** betrieben. Diese Verhandlungsrunden dauern üblicherweise mehrere Jahre, gegenwärtig läuft seit 2001 die sogenannte Doha-Runde. Die WTO-Abkommen berühren nationales und europäisches Recht. Denn die Mitgliedsstaaten haben sich grundsätzlich verpflichtet, ihre nationalen Gesetze den Verpflichtungen aus den Welthandelsverträgen anzupassen.

Die WTO fungiert als Dachorganisation der internationalen Verträge **GATT, GATS, TRIPS.** Das GATT wurde 1948 gegründet und 1994, als Abschluss der sogenannten Uruguay-Runde, um die verpflichtenden völkerrechtlichen Verträge GATS und TRIPS erweitert.

Kernpunkte aller geschlossenen Abkommen (GATT, GATS, TRIPS) sind die Einräumung der Meistbegünstigungsklausel und die Inländerbehandlung.

**WTO-Abkommen**

| GATT | GATS | TRIPS |
|---|---|---|
| Das GATT war der Vorläufer der WTO, mit dem Ziel Zoll- und Handelsschranken abzubauen und der Liberalisierung des Welthandels Vorschub zu leisten. | Ziel ist die Liberalisierung von sämtlichen Dienstleistungen (z. B. Post- und Telekommunikation, Banken und Versicherungen, Tourismus und Transport, Bildung, medizinische und soziale Dienste). | Ziel ist die Vereinheitlichung des Patent-, Marken-, Urheber- und Produktnamenrechtes. |

**Meistbegünstigungsklausel =** sämtliche bilateral eingeräumten Handelsvergünstigungen müssen automatisch auch allen anderen Mitgliedsstaaten der WTO gewährt werden.

**Inländerbehandlung** = Gleichbehandlung und Gleichstellung aller Unternehmen der Mitgliedsländer mit inländischen Unternehmen.

■ Ordnen Sie die vollständigen Bezeichnungen den Abkürzungen in der Tabelle richtig zu.
■ Trade-Related Aspects of Intellectual Property Rights
■ General Agreement on Tariffs and Trade
■ General Agreement on Trade in Services

Die WTO umfasst 164 Mitgliedsstaaten, darunter alle OECD- und EU-Staaten.

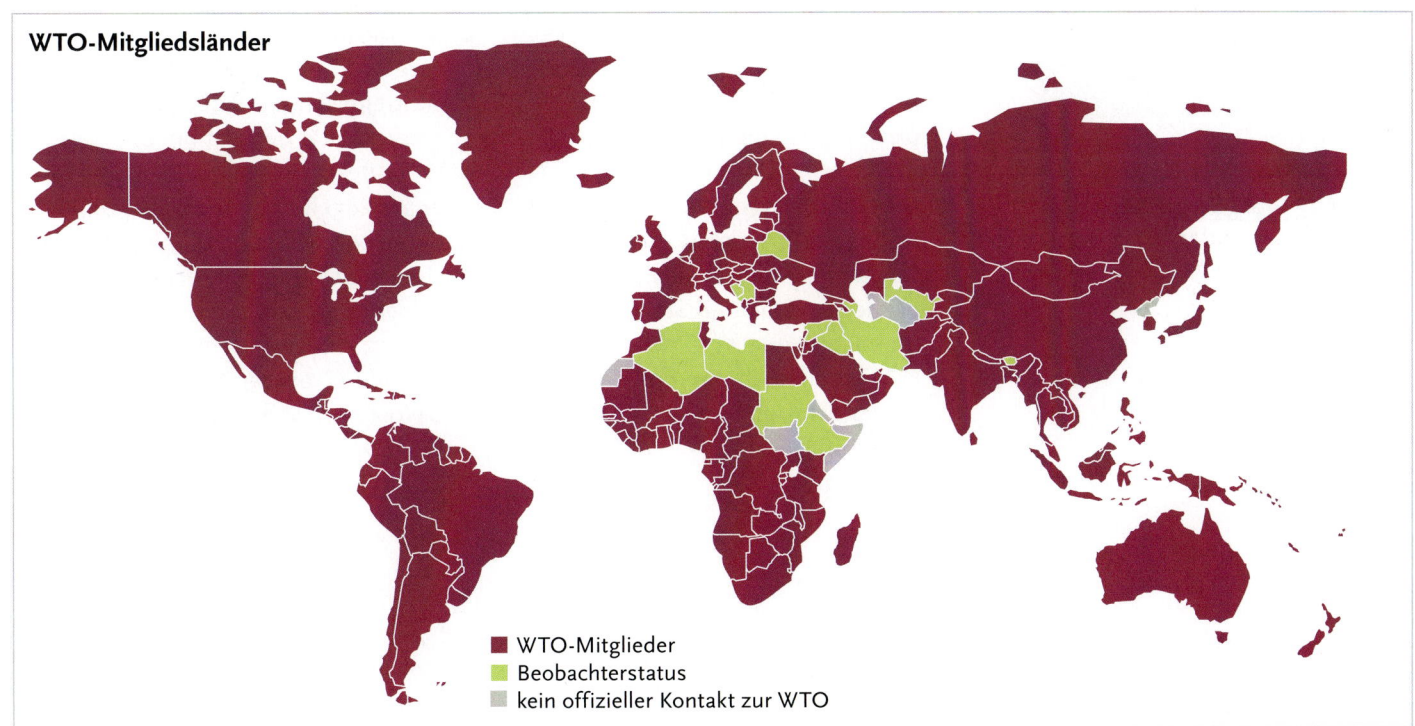

**WTO-Mitgliedsländer**

■ WTO-Mitglieder
■ Beobachterstatus
■ kein offizieller Kontakt zur WTO

## 3.2.1 Aufgaben der WTO

Die WTO verfolgt im Wesentlichen folgende drei Kernaufgaben:
- **Förderung der Liberalisierung der Märkte**
  Durch Verhandlungen über den Abbau von Zöllen und Handelsbarrieren will die WTO die Liberalisierung der weltweiten Märkte noch weiter vorantreiben.
- **Beratung und Koordination der Handelspolitik der Mitgliedsstaaten**
  Aufgabe der WTO ist die Beratung der Mitgliedsstaaten hinsichtlich ihrer Handelspolitik und der Koordinierung ihrer Wirtschaftspolitik. Außerdem überprüft sie die Handelspraktiken ihrer Mitgliedsstaaten.

Die WTO-Mitgliedsstaaten erwirtschaften zusammen mehr als 90 % des Welthandelsvolumens.

**Website für Interessierte**
www.wto.org

■ **Streitschlichtungsstelle**
Die WTO dient als Streitschlichtungsstelle und hat Streitentscheidungsfunktion bei Handelsrechtsstreitigkeiten zwischen den Mitgliedsstaaten. Beispielsweise wenn ein Land einem anderen einen Verstoß gegen die vereinbarten Regeln vorwirft. Zur Beilegung von Streitigkeiten bestehen Schlichtungsregeln.

**Beispiel: Verstoß gegen GATT-Regeln**
Die EU wirft den USA unfaire Exportsubventionen bei landwirtschaftlichen Produkten vor. Problematisch ist es, dass die Streitschlichtungsstelle keine Befugnis zur Durchsetzung der Sanktionen hat. Sie kann allerdings die geschädigten Staaten dazu autorisieren, mit Handelssanktionen zu reagieren.

### 3.2.2 Pro und Kontra die WTO

Die WTO steht im Dienst des Welthandels. Es gibt aber auch kritische Stimmen, die hinterfragen: Wem nutzt der Welthandel eigentlich am meisten?

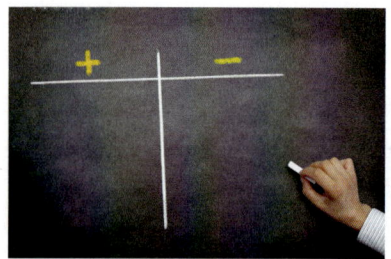

💡 Der WTO fällt dabei häufig die Funktion einer Schiedsstelle zu (dispute settlement body).

| Pro-WTO-Stimmen | Kontra-WTO-Stimmen |
| --- | --- |
| ■ Die WTO unterstützt Entwicklungsländer in Handelsfragen und überprüft Handelspraktiken ihrer Mitgliedsstaaten<br>■ Freier Handel → Wirtschaftswachstum = Förderung der Entwicklungsländer<br>■ Anti-Dumping-Regeln erhöhen die Absatzchancen der Entwicklungs- und Schwellenländer auf dem Weltmarkt<br>■ WTO-Schiedsgerichtsbarkeit sorgt für faire und ausgewogene Machtverhältnisse zwischen wirtschaftlich großen und kleinen Staaten<br>■ Standardisierte Agrarprodukte ermöglichen auch den Entwicklungsländern Absatzchancen auf dem Weltmarkt | ■ Schutz und Aufrechterhaltung der Subventionierung der eigenen Agrarprodukte der Industrieländer benachteiligen v. a. die unterentwickelten und von der Landwirtschaft besonders abhängigen Länder<br>■ Den Welthandelskonferenzen wird vorgeworfen, sie gebärden sich als Weltregierung und bedrohen die Souveränität der Nationen<br>■ WTO-Beschlüsse hebeln auch nationale Regelungen in den sensiblen Bereichen, wie z. B. Bildung, Kultur, Umweltschutz und Gesundheit, aus<br>■ Fehlende direkte demokratische Kontrolle der WTO-Bürokratie<br>■ Fehlende Transparenz (keine direkte Bevölkerungsbeteiligung) bei den WTO-Welthandelsrunden |

## 3.3 OPEC

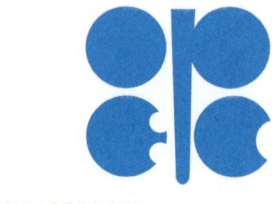

www.opec.org

Die **OPEC** (Organization of the Petroleum Exporting Countries) ist die Organisation erdölexportierender Länder – ein Rohstoffkartell, das 1960 gegründet wurde.

Das Ziel der OPEC ist eine **gemeinsame Ölpolitik** der Mitgliedsstaaten, um einen stabilen Ölmarkt zu erreichen und um sich gegen einen Preisverfall abzusichern.

Durch die Festlegung von Förderquoten für die einzelnen OPEC-Mitglieder soll die Erdölproduktion geregelt werden. Aufgrund der künstlichen Verknappung oder Steigerung der Ölfördermenge wird der Preis für Erdöl gedrückt, stabilisiert oder angehoben. Der Preis für Erdöl soll so variiert werden, damit er innerhalb eines von allen Mitgliedsländern vereinbarten Preisbandes liegt.

**Mitgliedsstaaten der OPEC**
Algerien, Angola, Libyen, Nigeria, Irak, Iran, Katar, Kuwait, Saudi-Arabien, Vereinte Arabische Emirate (VAE), Ecuador, Venezuela.

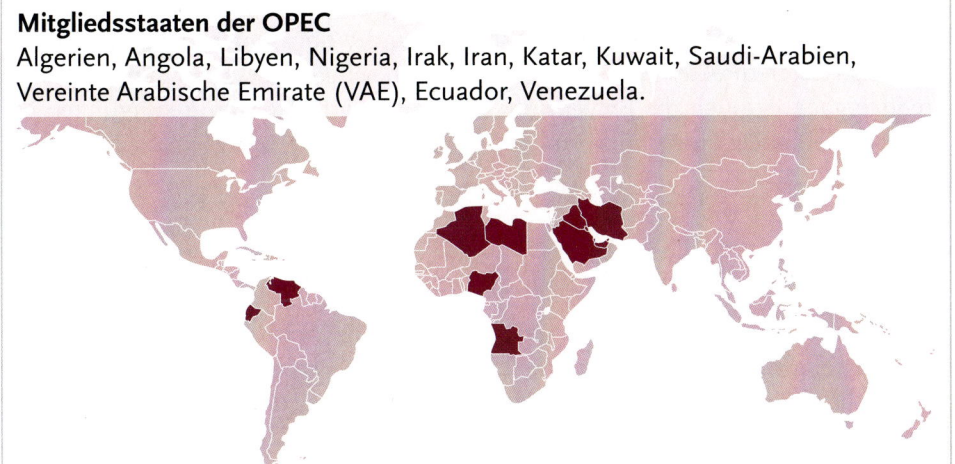

Der Sitz der OPEC in Wien

Die OPEC-Mitgliedsstaaten fördern etwa 40 % der weltweiten Erdölproduktion und verfügen über drei Viertel der derzeit bekannten weltweiten Erdölreserven. Die gewinnmaximierende Menge wird auf alle Kartellmitglieder aufgeteilt (Ölförderquoten).

**Wichtige Förderstaaten, die der OPEC nicht angehören:** Russland, Mexico, USA, Indonesien, Brunei, China, Brasilien, Norwegen, Großbritannien, Kolumbien, Kanada.

💡 Für viele ihrer Mitgliedsländer hat jede Mengen- bzw. Preisänderung direkte Auswirkungen auf den Staatshaushalt, weil Rohöl oft das einzig bedeutende Exportgut ist.

## 3.4 IWF und Weltbank

Nach dem Zweiten Weltkrieg kam es zur Gründung des Internationalen Währungsfonds (IWF) und der Weltbank. Das Ziel war, ein stabiles Umfeld für den internationalen Warenverkehr zu schaffen, z. B. durch gegenseitige Hilfe bei Zahlungsbilanzdefiziten. Der IWF und die Weltbank sind Sonderorganisationen der Vereinten Nationen (UNO).

💡 Österreich ist seit 1948 Mitglied des IWF und der Weltbank. Der IWF hat zurzeit 188 Mitgliedsstaaten.

### 3.4.1 IWF (Internationaler Währungsfonds)

Der Internationale Währungsfonds (engl.: International Monetary Fund, IMF) wurde 1944 gegründet und hat seinen Sitz in Washington D.C., USA.

Der IWF hat das **Ziel,** durch Einsatz seiner finanziellen Mittel den Welthandel auszuweiten und dadurch den Wohlstand seiner Mitglieder zu fördern. Er trägt nicht unwesentlich dazu bei, Schuldenkrisen unter Kontrolle zu bringen, um damit die Stabilität des internationalen Finanzsystems zu wahren.

#### Aufgaben des IWF
Zu den Aufgaben des IWF gehören: Förderung der internationalen Zusammenarbeit in der Währungspolitik, Ausweitung des Welthandels, Stabilisierung von Wechselkursen, Kreditvergabe, Überwachung der Geldpolitik, technische Hilfe.

Wenn ein Mitglied in Zahlungsschwierigkeiten gerät, kann es beim IWF Hilfe beanspruchen, z. B. Irland (2010) oder Griechenland (2010). Bedingungen für die Gewährung von Krediten sind zum Beispiel: Kürzung der Staatsausgaben, niedrige Inflation, Steigerung des Exports sowie Liberalisierung des Bankenwesens.

**Technische Hilfe** durch den IWF:
- Entwurf und Umsetzung der Fiskal- und Geldpolitik
- Aufbau von Institutionen wie Zentralbanken, Steuer- und Zollbehörden
- Ausarbeitung und Überprüfung der Wirtschafts- und Finanzgesetze

www.worldbank.org

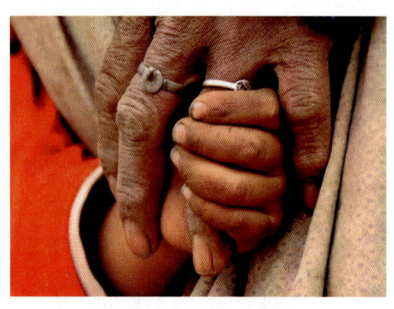

**FILM AB!**

Ein kritisches Video über die Arbeit der Weltbank finden Sie unter www.trauner.at/weltbank.aspx.

Darüber hinaus unterstützt der IWF Entwicklungsländer in Afrika, Asien und Südamerika bei der Erarbeitung von Wachstums- und Wohlstandskonzepten und fördert diese durch direkte Geldhilfen der gebenden Mitgliedsstaaten. Ebenso wie die Kreditvergabe ist auch die Entwicklungszusammenarbeit oft an Bedingungen der Good Governance (Korruptionsabbau, Demokratie etc.) und der Liberalisierung gekoppelt.

### 3.4.2 Weltbank (Weltbankgruppe)

Als **Weltbank** bezeichnet man im weiteren Sinne die Weltbankgruppe. Diese umfasst fünf eng miteinander verbundene Institutionen. Im engeren Sinn bezeichnet die Weltbank die **Internationale Bank für Wiederaufbau und Entwicklung** als Teil dieser Gruppe.

Die Weltbank wurde 1945 mit dem Ziel gegründet, den Wiederaufbau der durch den Zweiten Weltkrieg verwüsteten Staaten zu finanzieren. Sitz der Weltbank ist Washington D.C., USA.

Als internationales Bankinstitut liegt heute ihre Hauptaufgabe in der **finanziellen und technischen Hilfe für Entwicklungsländer.** Dazu gewährt sie Darlehen für ihren Grundsätzen entsprechende Investitionsprojekte, sofern privates Kapital zu angemessenen Bedingungen nicht zu beschaffen ist. Darlehen werden zu einem einheitlichen (niedrigen) Zinssatz auf 10 bis 35 Jahre vergeben und in Teilbeträgen ausgezahlt. Ein weiterer Bereich sind Schuldenerlässe, durch die die Länder finanzielle Mittel einsparen und für Projekte, wie z. B. Wohnungsbau oder Gesundheitsprogramme, aufwenden können.

Die Weltbankgruppe finanziert sich nur zu einem geringen Teil über ihr Grundkapital (Einlagen der Mitgliedsstaaten). Ihre Finanzierung geschieht weitgehend durch die Aufnahme von Kapital auf den internationalen Kapitalmärkten.

#### Beispiel
Für die Weltbank ist es ein wichtiges Ziel, die Entwicklungsländer im Kampf gegen HIV/Aids zu unterstützen. Die finanziellen Zusagen für HIV/Aids-Programme belaufen sich derzeit auf ca. 1,3 Milliarden US-Dollar. Die Hälfte des Geldes kommt afrikanischen Ländern südlich der Sahara zugute. Weitere Beispiele für die Projekte der Weltbank sind: Förderung der Bildungsmöglichkeiten für Mädchen in Bangladesch, Verbesserung der medizinischen Versorgung in Mexiko und ein Projekt zur Entwicklung der Landwirtschaft in Bolivien.

### 3.4.3 Kritik an IWF und Weltbank

Es gibt aber auch kritische Stimmen zu den Schwesterorganisationen IWF und Weltbank. Folgende Punkte werden häufig angeführt:
- Durch auflagengebundene Darlehen an Entwicklungsländer wird maßgeblich in deren Wirtschaftskreisläufe eingegriffen mit dem Ziel, **neue Absatzmärkte** zu **erschließen** und die **natürlichen Ressourcen** des jeweiligen Landes **auszubeuten.** Somit diene die Weltbank nicht primär der Förderung eines Entwicklungslandes, sondern der Manifestierung des wirtschaftspolitischen Einflusses der Industrienationen (also der Anteilseigner).
- Die **Gewinne** aus den IWF- bzw. Weltbank-Projekten sehen meist **nur die politische Elite** des jeweiligen Entwicklungslandes und große Unternehmen der westlichen Industrieländer.

- Der Einsatz beider Institutionen für Riesenprojekte, z. B. für Staudämme oder Pipelines, geschieht häufig **auf Kosten sozialer und ökologischer Belange.** So sind sie in großem Ausmaß an der Umweltzerstörung in Entwicklungsländern beteiligt.
- Die volkswirtschaftliche **Stabilität eines Staates ist wichtiger** als Armutsbekämpfungsstrategien, der Ausbau des Gesundheitswesens und der sozialen Wohlfahrt.
- Beim Einsatz für die **absolute Öffnung und Liberalisierung der Märkte** in den Entwicklungsländern haben diese keine Möglichkeit, eigene schützenswerte Strukturen zu erhalten.

## Arbeitsaufgabe

- In diesem Kapitel haben Sie die wichtigsten internationalen Organisationen kennengelernt. Doch wofür stehen diese jetzt eigentlich? Nehmen Sie an, Sie wären ein Journalist. Wie könnte eine „typische" Schlagzeile für folgende internationale Organisationen lauten? (Sie können auch das Internet als Unterstützung heranziehen).

| Internationale Organisation | Mögliche Schlagzeile |
|---|---|
| OPEC | |
| WTO | |
| IWF | |
| OECD | |
| Weltbank | |
| G8 | |

# 4 Gewinner und Verlierer der Globalisierung

Fragmentierte Entwicklung in Brasilien: Slums neben modernen Büro- und Geschäftszentren

*Die aktuelle Globalisierung ist vom Neoliberalismus geprägt. Staaten, Regionen, Gemeinden und Individuen werden auf unterschiedliche Weise durch die dadurch stattfindende „Ökonomisierung" der Gesellschaft beeinflusst. Die Beurteilung der Auswirkungen der Globalisierung ist sehr unterschiedlich. Zahlreichen Gewinnern stehen wahrscheinlich zahlreiche Verlierer gegenüber.*

### Fragmentierte Entwicklung – fragmentierte Räume

Man kann angesichts der Globalisierung von einer fragmentierten Entwicklung sprechen. So profitieren nie ganze Länder oder Regionen von der Globalisierung, sondern immer nur einzelne Orte oder Teile der Bevölkerung. Durch die zunehmende Globalisierung steigen z. B. die regionalen Verschiedenheiten. Einzelne Städte und Metropolen steigen zu internationalen Kommandozentralen oder High-Tech-Zentren auf, andere Regionen profitieren weniger vom Wirtschaftsboom und können nur im informellen Sektor im niedrig qualifizierten Sektor mithalten (vielfach in Asien), weitere Regionen existieren überhaupt abseits der Globalisierung (so z. B. in Afrika).

Diese unterschiedlichen Auswirkungen von Globalisierung sind in Global Citys wie z. B. in New York in räumlich unmittelbarer Nähe zu sehen. Zwischen den Börsenbrokern und Bankern von Manhattan und sozial unterprivilegierten Gruppen wie Puertoricanern und Afroamerikanern in Harlem oder in der Bronx liegen nur wenige Kilometer. Die Fragmentierung der Gesellschaft drückt sich in einer Fragmentierung des Raumes aus.

## Der Kampf um die Standorte

International agierende Investoren suchen weltweit nach dem jeweils kostengünstigsten Standort. Die einzelnen Staaten und Regionen können im Kampf um eine Betriebsansiedlung oder eine Direktinvestition nur durch Standortdumping punkten. Standortdumping bedeutet, dass die Standorte zu möglichst günstigen Bedingungen angeboten werden, wie Steuererleichterungen, Zollvergünstigungen, billige Arbeitskräfte, Nichtbeachtung sozialer Standards u. Ä. Ein ruinöser „race to the bottom"-Effekt wird ausgelöst. Gerade bei ärmeren Staaten können die ursprünglichen Funktionen des Staates wie die Bereitstellung öffentlicher Dienstleistungen und Infrastruktur nicht mehr ausreichend erfüllt werden.

Zu den Verlierern im globalen Wettbewerb zählen u. a. auch zahlreiche standortgebundene Klein- und Mittelbetriebe, die oft das Rückgrat der lokalen und regionalen Ökonomien bilden. Sie haben zwar durch Restrukturierung, Outsourcing und Bildung von regionalen Clustern auf die neuen Herausforderungen reagiert, werden aber in eine immer größere Abhängigkeit von Aufträgen größerer Unternehmen gedrängt.

Die Standortverlagerungen in der Konsumgüterindustrie zeigen diesen Kampf um Standorte in idealtypischer Weise. Die Gründe für Verlagerungen sind komplexer, als es zunächst erscheint. Wenn heute in West- und Mitteleuropa etwa die letzten Sportschuhfabriken geschlossen oder viele Kleidungsstücke nur mehr in asiatischen Billiglohnländern gefertigt werden, ist es nicht eindeutig, wer dafür verantwortlich gemacht werden kann. Die Konsumenten und Konsumentinnen wollen billigere Ware kaufen, die Investoren wollen unter Ausnutzung von Steuervorteilen kostengünstig produzieren. Es gibt eine Wechselwirkung zwischen den Ansprüchen der Konsumenten und Konsumentinnen und jenen der Produzenten und Produzentinnen. Globalisierungsgegner/-innen meinen daher nicht zu Unrecht, dass nur die Änderung des individuellen Kaufverhaltens zu globalen Veränderungen der Produktionsstruktur führen könnte.

### Wem hat die Globalisierung genützt?

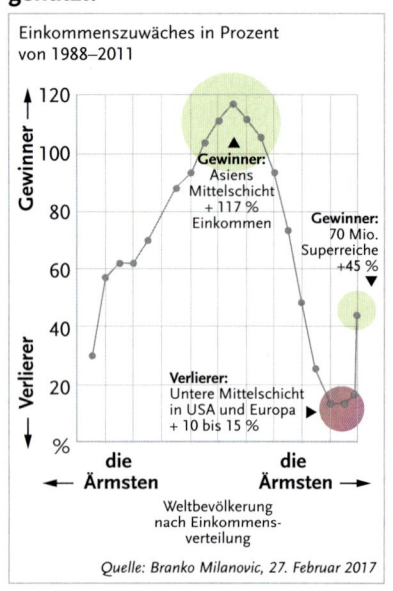

Einkommenszuwächses in Prozent von 1988–2011

Quelle: Branko Milanovic, 27. Februar 2017

**Die Gewinner**
Der große Buckel in der Mitte hängt mit Chinas rasantem Aufstieg zusammen. Am meisten profitiert hat von der Hochphase der Globalisierung zwischen 1988 und 2011 nämlich eine neue Mittelschicht in Asien: Ihre Einkommen haben um fast 120 Prozent zugelegt.

**Die Überflieger**
Ebenfalls auf die Butterseite gefallen sind die reichsten ein Prozent der Welt. Ihre Einkommen sind etwa um die Hälfte gewachsen (die Rüsselspitze). Und das ist noch untertrieben: Für die Superreichen gibt es nämlich schlech-

te Daten. Und ohne den Börsencrash 2008/'09 wäre das Einkommensplus noch deutlich größer.

**Die Verlierer**
Zu den Verlierern zählen zwei Gruppen: die ärmsten zehn Prozent der Weltbevölkerung. Sie stehen nur wenig besser da als vor drei Jahrzehnten (der Elefantenschwanz ganz links). Und nahezu stagniert haben die Einkommen der unteren Mittelschicht in den USA und Europa (der Rüsselansatz halbrechts). Zur Veranschaulichung: Dazu zählen etwa vierköpfige Familien mit ungefähr 1.500 bis 3.000 Dollar Haushaltseinkommen.

*https://kurier.at, 26. Jänner 2017, Download 27. Februar 2017,*

# 5 Globalisierungskritik – alternative Entwürfe

*Seit den 1990er-Jahren entstehen in verschiedenen Teilen der Welt Gegenbewegungen zur aktuellen Globalisierung. Diese Bewegungen und Organisationen haben weltanschaulich sehr unterschiedliche Ursprünge. Allgemein verwendet man oft den Ausdruck „Globalisierungsgegner", obwohl dieser Ausdruck irreführend ist. Einige Konzepte von Globalisierungskritikern bzw. -gegnern werden im Folgenden vorgestellt.*

## Globalisierungskritik – eine vielschichtige Angelegenheit

Unter dem Begriff Globalisierungskritiker werden die unterschiedlichsten Gruppen zusammengefasst. Generell sollte man zwischen Globalisierungskritikern und Globalisierungsgegnern unterscheiden. Erstere lehnen oftmals nur die derzeitige Form der Globalisierung ab. Sie sind aber nicht unbedingt Globalisierungsgegner. Letztere sind oft auch negativ gegenüber der Hochtechnologie und der Modernisierung allgemein eingestellt. Man kann insgesamt zumindest vier Gruppierungen unterscheiden:

- **Ökologisch orientierte Gruppen:** Diese üben grundsätzliche Kritik an der Globalisierung, weil sie glauben, dass die weltweite Umweltzerstörung eine Folge der Globalisierung sei.
- **Nationalistische, rechtsextreme Gruppierungen** wenden sich ebenfalls gegen die Globalisierung, da sie eine Vereinheitlichung der Kulturen im Zuge dieses Prozesses sowie die Vernachlässigung nationaler Interessen erkennen wollen.
- **„Alternative" Gruppen:** Es handelt sich um Organisationen, die nicht gegen das Phänomen der Globalisierung an sich sind, jedoch die neoliberale Ausprägung der aktuellen Globalisierung kritisieren und überwinden wollen. Dazu zählen Gruppen wie Attac, das Weltsozialforum u. a.
- **Die Skeptiker:** Eine weitere Gruppe von Organisationen bezweifelt prinzipiell das Phänomen der Globalisierung, da viele periphere Gebiete der Welt davon kaum oder überhaupt nicht betroffen sind.

In vielen Ländern des Westens gibt es globalisierungskritische Bewegungen

## Alternative Konzepte – Beispiel 1: eine neue Weltwirtschaftsordnung

Die Vertreter dieser Alternativkonzepte fordern eine grundlegende Änderung der Institutionen, die die derzeitige Globalisierung formen, wie Weltbank, IWF und WTO. Da diese Institutionen nach Ansicht ihrer Gegner die Verschuldungskrise und die weltwirtschaftliche Benachteiligung der Entwicklungsländer bewirkt haben, wird eine neue und gerechtere Weltwirtschaftsordnung gefordert. Dazu gehören beispielsweise die Rückbesinnung auf regionale Wirtschaftskreisläufe, eine stärkere Beachtung von sozialen und ökologischen Kosten sowie die Forderung nach sozialer Gerechtigkeit.

Da politische Eingriffe von der internationalen Staatengemeinschaft gefordert werden, um Regulierungen gegen den freien Markt durchzusetzen, spricht man auch von einem neuen Keynesianismus. Folgende wirtschaftspolitische Forderungen werden gestellt:

- Die Wiederherstellung der wirtschaftlichen Souveränität der Staaten: Verfügbarkeit über natürliche Ressourcen, Verstaatlichung bzw. Kontrolle von transnationalen Konzernen.
- Öffnung der Märkte der Industrieländer für die Produkte aus Entwicklungsländern, d. h. unter anderem Abbau von Subventionen z. B. für Agrargüter aus Industrieländern.

- Internationale Rohstoffpolitik: Schaffung gemeinsamer Fonds, Ausgleichslager sowie Erzeugerkartelle für Rohstoffproduzenten.
- Mehr Mitbestimmung in internationalen Organisationen für Entwicklungsländer, besonders bei IWF und Weltbank.
- Einführung internationaler Steuern wie der Tobin-Tax.
- Schuldenerlass für Entwicklungsländer.

## Alternative Konzepte – Beispiel 2: GMP – der globale Marshallplan

Ein weiteres alternatives Konzept bietet die seit 2003 bestehende NGO-Initiative des „Global Marshall Plan", die sich den Marshallplan der USA zum Vorbild genommen hat.

### Die wichtigsten Zielsetzungen des GMP:

- Ökonomie, Ökologie, Soziales und kulturelle Identität sollen als gleichrangige und gleichwertige Ziele anerkannt werden.
- Verbindliche Standards sollen in die Regelwerke für Wirtschaft, Umwelt und soziale Bereiche eingearbeitet werden, wobei die WTO (Welthandelsorganisation), das UNEP (UN-Umweltprogramm) und das ILO (Weltarbeitsorganisation) mitarbeiten müssten.
- Faire Regeln für die globalen Finanzmärkte sollen aufgestellt werden.
- Faire und international vergleichbare Steuersysteme sollen eingeführt werden.
- Die Millenniumsziele der UNO sollen bis 2015 realisiert werden.

### Die ökosoziale Marktwirtschaft – das Kernstück des GMP

Die Variante der ökosozialen Marktwirtschaft wurde in Österreich entwickelt und vom früheren Agrarminister Josef Riegler in die politische Diskussion eingebracht.

Die ökosoziale Marktwirtschaft sucht nach einer Balance zwischen einer wettbewerbsfähigen Wirtschaft, sozialer Verantwortung und der ökologischen Perspektive im Sinne verantwortungsvollen Handels gegenüber der natürlichen Umwelt. Im Fokus steht dabei die Verantwortung gegenüber den zukünftigen Generationen. Wesentlich dabei ist eine auf Innovationen und moderner beruhende, wachsende Wirtschaft, die in der Lage ist soziale Leistungen zu finanzieren. Das Fördersystem sollte auf das Ziel der Nachhaltigkeit umgestellt werden.

Die Grundideen der ökosozialen Marktwirtschaft sind u. a. Folgende:
- Die ökosoziale Marktwirtschaft als ganzheitliches Modell beruht auf zwei Säulen, jener der sozialen Gerechtigkeit und der ökonomischen Verantwortung.
- Sie bekennt sich prinzipiell zur Marktwirtschaft und ihren Mechanismen. Trotzdem wird im Interesse unserer und nachfolgender Generationen das politische Ziel der Nachhaltigkeit berücksichtigt.
- Die Grundwerte Umweltqualität und soziale Lebensqualität werden ins Zentrum aller privaten und wirtschaftlichen Überlegungen gestellt.
- Sie setzt auf umweltverträgliche Produktionsverfahren. Verursacher von Umweltverschmutzungen sollen dafür auch bezahlen.
- Nachhaltiger Umweltschutz und soziale Fairness sollen als Leitfaden für wirtschaftliches Handeln gelten. Umweltschutz soll sich wirtschaftlich lohnen, die Politik muss dazu die Rahmenbedingungen schaffen.
- Ökosoziales Wirtschaften bedeutet länder- und grenzübergreifendes Denken und Handeln im Umwelt- und Sozialbereich.
- Entwicklungs- und Schwellenländer werden als Partner gesehen. Investitionen in deren Sozialstruktur, Umwelt und Wirtschaft sollen Voraussetzungen für ein friedliches Zusammenleben in der Zukunft schaffen.

Im November 2015 haben 193 Staaten der Vereinten Nationen 17 Ziele für nachhaltige Entwicklung, die SDGs (Sustainable Development Goals) beschlossen. Sie sollen bis 2030 erreicht werden.

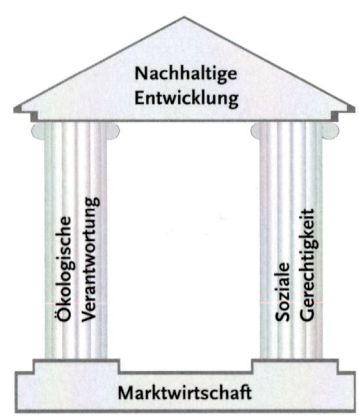

Die zwei Säulen der ökosozialen Marktwirtschaft

■ Vergleichen Sie die zwei Konzepte zur Neugestaltung der globalen Sozial- und Wirtschaftsordnung. Wo liegen die jeweiligen Stärken und Schwächen der Konzepte? Welches hat Ihrer Meinung nach die größten Chancen zur Realisierung?

# Globalisierungskritik aktionistisch – zwei Beispiele

Anhand der beiden Organisationen „Weltsozialforum" und „Attac" sollen zwei konkrete Initiativen für eine „bessere" Welt vorgestellt werden.

## Das Weltsozialforum

Das Weltsozialforum ist eine Veranstaltung von Globalisierungskritikerinnen und -kritikern die als Gegenveranstaltung zu den „offizellen Gipfeln" der Weltwirtschaft (WTO-Gipfel, Davoser Weltwirtschaftsforum, jährliche Weltwirtschaftsgipfel der G-8-Staaten) konzipiert ist. Es fand erstmals 2001 in Porto Alegre (Brasilien) statt. Weitere Treffen haben in Indien und Afrika stattgefunden. Das gemeinsame Motto all dieser Treffen ist „Eine andere Welt ist möglich".

Es geht allerdings eher um einen Erfahrungsaustausch der verschiedenen Gruppen, weniger um konkrete Lösungsvorschläge.

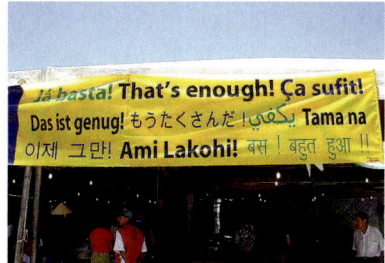

Weltsozialforum in Porto Alegre 2012

### Die Schwachen werden die Starken sein

Viele Forderungen der Globalisierungskritiker des Südens haben sich erfüllt – ausgerechnet dank des Welthandels.

Als das Weltsozialforum zum ersten Mal stattfindet, im Januar 2001 in Porto Alegre, ist Edu-ardo Galeano einer der Stargäste. Der Journalist aus Uruguay hat 1971 den Bestseller "Die offenen Adern Lateinamerikas" geschrieben. Darin bringt Galeano das Unwohlsein der jungen Generation des Kontinents auf den Punkt: Die Entwicklungsländer der Südhalbkugel würden von den Industriestaaten des Nordens ausgebeutet. Sie würden in Abhängigkeit gehalten.

Und: Der Welthandel sei in seiner aktuellen Form ungerecht, eine neue Ordnung müsse her.

Auf dem Weltsozialforum, elf Jahre später, ist von einem Ausbluten des Südens keine Rede mehr. Wer von wem abhängt, lässt sich längst nicht mehr so eindeutig beantworten, wenn Europa und die USA nervös auf Chinas Wachstumsprognosen blicken oder von Brasilien und Russland Geld erbitten. Ausgerechnet die Globalisierung hat dafür gesorgt, dass sich die Forderung ihrer Kritiker nach einer anderen Weltwirtschaftsordnung erfüllt.

*Financial Times Deutschland, 25. Jänner 2012*

## Attac

1997 rief Ignacio Ramonet, Chefredakteur der globalisierungskritischen französischen Zeitschrift „Le Monde diplomatique", die mittlerweile in acht Sprachen erscheint, zur weltweiten Gründung einer Organisation auf, die sich für die Einführung der Tobin-Steuer, einer Umsatzsteuer auf Finanztransaktionen einsetzen sollte. Es entstand Attac. Attac bedeutet „Association pour une taxation des transactions financières pour l'aide aux citoyens", auf Deutsch „Verein für eine Besteuerung von Finanztransaktionen zum Wohle der Bürger". Die Abkürzung Attac ist auch ein Wortspiel: Das französische Wort „attaque" (deutsch: Attacke) bedeutet Angriff.

Ramonets Idee war, durch Schließung der Steueroasen, durch eine höhere Kapitalbesteuerung und durch die Einführung der bereits erwähnten Tobin-Steuer Währungsspekulationen unattraktiver zu machen. In vielen Staaten sind in der Zwischenzeit nationale Ableger dieser internationalen Bewegung enstanden, die Ramonets Idee durch Vorträge, Veranstaltungen und Aktionen unterstützen. Auch in Österreich ist eine Attac-Gruppe entstanden (www.attac.at).

Wichtige Forderungen von Attac:

- Die Arbeit soll wieder im Zentrum der Gesellschaft stehen.
- Ausbau und Sicherung öffentlicher Dienstleistungen.
- Ausbau und Sicherung der öffentlichen Bildung.
- Steuern sollen als Instrument für Gerechtigkeit und Solidarität eingesetzt werden.
- Stärkung des öffentlichen Gesundheitswesens.
- Ausbau des solidarischen (staatlichen) Rentensystems.
- Maßnahmen zur Etablierung eines nachhaltigen Wirtschaftssystems.
- Wasser soll zum zu schützenden Allgemeingut gemacht werden.
- Schutz von kultureller Vielfalt.

### Arbeitsaufgaben

1. Was können Sie über die letzte Veranstaltung des Weltsozialforums mithilfe von Medien und dem Internet in Erfahrung bringen? Welche Vorschläge scheinen Ihnen interessant, welche lehnen Sie ab? Begründen Sie ihre Meinung.

2. Nehmen Sie zu dem Artikel der Financial Times Deutschland kritisch Stellung.

## Was kann man als Einzelner tun? – Zwischen Ohnmacht und Allmacht

Immer mehr Menschen fühlen sich angesichts der globalen Entwicklungen und des übermächtigen Wirtschaftssystems hilflos. Engagement scheint keinen wirklichen Sinn mehr zu machen, da „das System" ohnehin jede persönliche Initiative untergräbt. Revolutionen in früheren Zeiten, die einen Systemwechsel anstrebten, endeten meistens in grausamen Diktaturen und Gewalt und verschlechterten die Lebensumstände der Menschen, statt sie zu verbessern. Jede Systemalternative schien also zum Scheitern verurteilt.

---

### Guerillamarketing

Handeln! Geht nicht, kann ich nicht, ich bin nur einer und hab kein Geld? Falscher Ansatz. Man kann mit wenig Aufwand wunderbare Störungen herstellen. Wie die jungen Europäer, die unter dem Label „Guerillamarketing" zusammenarbeiten. Sie fälschen Strichcodes, um die Wirtschaft zu schädigen, strahlen schwarz Fußballspiele aus, für die Sender Millionen zahlten, sie machen schöne Aktionen bei Wirtschaftsgipfeln. Sie wehren sich gegen die Dummheit Neoliberalismus. Bringt alles nichts, verunsichert aber. Wer kann sagen, wie unerträglich die Welt wäre, wenn man sie den lauten Idioten kampflos überlassen würde?

*Die Zeit, 3. Februar 2005*

---

Im Zeitalter des Internets entstanden jedoch zahlreiche Initiativen und Ansätze, die die Aktion des Einzelnen in den Mittelpunkt stellen, um das „System" zu verändern. Die Veränderung wird nicht mithilfe des Staates durchgesetzt, sondern allein durch die Aktionen von Individuen. Folgende Texte zeigen einzelne dieser Ansätze.

## Social Entrepreneurship (Sozialunternehmertum)

Darunter versteht man unternehmerisches Handeln, das auf die nachhaltige Lösung eines gesellschaftlichen Problems abzielt. Ein Social Entrepreneur ist eine innovative und kreative Unternehmerpersönlichkeit mit folgenden Eigenschaften:

- sie übernimmt ungelöste gesellschaftliche Aufgaben,
- sie arbeitet nicht profitorientiert, sondern misst den Erfolg am gesellschaftlichen Wandel,
- sie stellt Werte wie demokratische Rechte oder Wahrung der Menschenwürde in den Mittelpunkt,
- sie kann andere interessierte Personen zur Mitwirkung motivieren und
- die notwendigen finanziellen und materiellen Ressourcen anziehen.

Der Begriff Social Entrepreneur geht auf die gemeinnützige Organisation Ashoka zurück, die 1980 von William Drayton (www.ashoka.org) gegründet worden ist. Inzwischen haben zahlreiche andere Organisationen diesen Ansatz aufgenommen.

### Antikapitalistisches Verhalten

Der irische Politologe John Holloway fordert z. B. die Welt zu verändern, „ohne die Macht zu übernehmen".

> Es ist wichtig, unsere eigenen Strukturen zu entwickeln, unseren eigenen Weg, die Dinge zu tun ... Die Logik des Kapitals ist eine Logik der Herrschaft, der Hierarchie und Fragmentierung. ... Unsere Logik steht dem entgegen, es ist die Logik des Zusammenkommens, des Wiederaufbaus der Subjektivität, die vom Kapital verneint wird ... Der Kapitalismus existiert nicht, weil wir ihn im 19. oder 18. Jahrhundert oder sonst wann geschaffen haben. Der Kapitalismus existiert heute nur, weil wir ihn heute immer wieder neu erschaffen. Wenn wir ihn morgen nicht mehr erhalten, wird er nicht existieren. ... Tatsächlich hängt das Kapital von einem Tag zum anderen von uns ab. Wenn wir morgen alle im Bett bleiben, wird der Kapitalismus aufhören zu existieren.
>
> *www.republicart.net, 2004*

### Konstruktive Zusammenarbeit mit anderen

Sollten Sie überlegen, nicht nur ein persönliches Signal für eine andere Welt setzen zu wollen, gibt es eine Reihe von Organisationen, die sich über Ihre aktive Mitarbeit und/oder Ihr Interesse freuen. Am besten, Sie geben das Stichwort NGO im Internet ein und informieren sich!

### Einfache Dinge verändern

Es gibt auch zahlreiche Initiativen, durch einfache Verhaltensänderungen auch Einfluss auf das „System" zu nehmen. Beispiele findet man z. B. bei www.wearewhatwedo.de. Es werden kleine konkrete Aktionen vorgeschlagen, die von ökologisch orientierten Maßnahmen bis zu scheinbar banalen Tätigkeiten reichen: z. B. Energiesparlampen benützen, jemandem ein Lächeln schenken, nicht immer fernsehen, einen Baum pflanzen, Fair-Trade-Produkte kaufen ...

■ Beurteilen Sie die vorgestellten Ansätze nach Sinnhaftigkeit und Realitätsnähe.

Stahlarbeiter: harte Arbeit, guter Lohn, sicherer Arbeitsplatz – idealisierte Arbeitswelt der 1970er-Jahre der Globalisierungsgegner/innen

■ Erörtern Sie die nebenstehenden Punkte im Lichte persönlicher Erfahrungen bzw. von etwaigen Diskussionen im Familien- oder Freundeskreis.

# 6 Die Globalisierung in der Krise?

*Während lange die Kritik an der Globalisierung bzw. deren Ablehnung meist von rechten Nationalisten/Nationalistinnen und Populisten/Populistinnen bzw. linken Kapitalismuskritikern/-kritikerinnen kam und politisch nie mehrheitsfähig war, stellte das Jahr 2016 eine Zäsur dar: mit knapper Mehrheit stimmten die Briten für den Austritt ihres Landes aus der EU, v. a. aber erhielt der Populist Donald Trump mit seinen Slogans wie „America first" die Mehrheit der Wahlmännerstimmen und somit die Präsidentschaft der bislang sehr globalisierungsfreundlichen, wichtigsten Volkswirtschaft der Erde, der USA.*

## Modernisierungs-Verlierer/innen sehen die Schuld in der Globalisierung

Befürworter/innen der Globalisierung argumentieren mit dem statistisch nachweisbaren steigenden durchschnittlichen Wohlstand auch in den Industrieländern. Dem gegenüber stehen in der Wahrnehmung vieler die rasanten Veränderungen in Wirtschaft und Gesellschaft, die meist mit den Prozessen der Globalisierung ab den 1980er-Jahren in Verbindung gebracht werden, wie z. B.:

■ Auslagerung von Arbeitsplätzen gerade in weniger qualifizierten Bereichen der Industrie in die lohngünstigeren Schwellenländer und nach Osteuropa,

■ Konkurrenz um die verbliebenen Jobs mit oft hochmotivierten Zuwanderern/Zuwanderinnen,

■ Forderung nach Flexibilität (12-Stunden-Arbeitstag, All-Inclusive-Verträge, neue Selbstständige, Generation Praktikum und dgl.),

■ Arbeitsstress durch Optimierung von Arbeitsabläufen und Steigerung der Produktivität,

■ Beschneidung von sozialen Sicherungsnetzen und Erhöhung des Pensionsantrittsalters.

„Globalisierung" löst also einerseits diffuse Ängste aus, die von manchen Politikern/Politikerinnen und Medien verstärkt werden. Anderseits sahen Verantwortungsträger/innen viel zu lange weg, dass Modernisierungsverlierer/innen nicht von den Entwicklungen der letzten Jahrzehnte profitiert haben und daher selbst viele Leistungsträger/innen durch sogenannte „Lohnzurückhaltung" den Prozessen der Globalisierung kritisch gegenüberstehen.

■ Interpretieren Sie die Grafik unter folgenden Gesichtspunkten:
■ Beginn der Globalisierung und Trendwende bei der Arbeitslosigkeit,
■ Rückgang der Lohnquote an der Bruttolohnquote und Arbeitslosigkeit, Zusammenhänge Globalisierung und Lohnquote.

Die **Bruttowertschöpfung** ist – vereinfacht gesagt – der Gesamtwert der erzeugten Waren und Dienstleistungen.

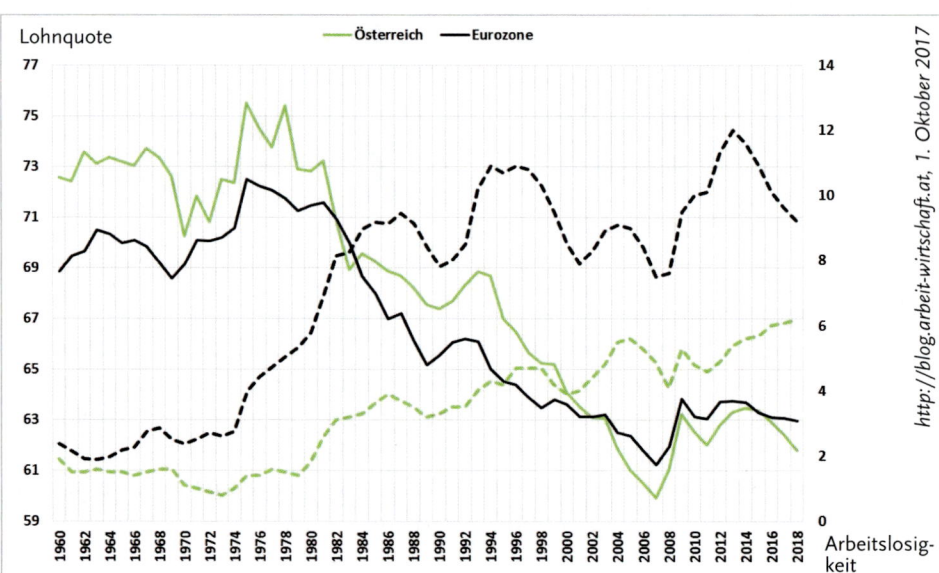

Bereinigte Lohnquote in % der **Bruttowertschöpfung** (linke Achse, durchgezogene Linie) und Arbeitslosigkeit (rechte Achse, unterbrochene Linie) in Österreich und der Eurozone

http://blog.arbeit-wirtschaft.at, 1. Oktober 2017

## Beispiel CETA und TTIP

Ein weitreichendes, mittlerweile zwischen der EU und Kanada geschlossenes Freihandelsabkommen soll die Handelsbeziehungen und die Investitionen fördern, löste aber gerade wegen des einklagbaren Schutzes von Investitionen und wegen allfälliger Schadenersatzansprüche von Unternehmen gegenüber Staaten Ängste insofern aus, dass dadurch Arbeitnehmer/innen-Rechte, Sozialstandards und Umweltauflagen beschnitten werden können. Ein ähnlich gelagertes Abkommen mit den USA (TTIP) ist gegenwärtig (2017) wegen der ablehnenden Haltung von Präsident Trump gegenüber allen internationalen Verträgen nicht aktuell.

In der belgischen Region Wallonien war der Widerstand gegen das CETA-Abkommen bis in die Regionalregierung am stärksten.

## USA: von der Lokomotive zum Bremser der Globalisierung?

Die nach wie vor größte Volkswirtschaft der Erde profitiert bis heute vom großen Binnenmarkt des eigenen Landes ebenso wie vom Abbau der Grenzen weltweit. US-amerikanische Güter, Dienstleistungen und Investitionen sind hochbegehrt. Trotzdem fand, da das Lohnniveau im internationalen Vergleich viel zu hoch war, in manchen Industriebranchen (z. B. Automobil, Stahl) eine De-Industrialisierung statt, die einst blühende Industrieregionen schwer traf. Produkte aus China oder Mexiko ersetzen die bislang in den USA erzeugten Güter.

Der Frust der einst stolzen und heute sozial abgestiegenen Industriearbeiter/innen war der Nährboden für den Wahlkampf des republikanischen Präsidentschaftskandidaten Donald Trump, der mit Slogans wie „Make America great again" oder „America first" gerade diese Modernisierungsverlierer/innen gewann. Den Ankündigungen, die Industrie in die USA zurückzubringen, steht die Realität gegenüber. Jedenfalls ist aber das Ansehen der USA wirtschaftlich beschädigt.

Zurück in die Vergangenheit?

### US-Autoindustrie verliert Tausende Jobs

Die US-Autobauer haben zum ersten Mal seit 2010 wieder spürbar Arbeitsplätze abgebaut. Im April 2017 waren in den Autofabriken des Landes insgesamt 206.300 Menschen beschäftigt – fast 5000 weniger als ein Jahr zuvor.

Die Entwicklung zeigt auch, wie wenig die Interventionen von US-Präsident Donald Trump unter dem Strich bewegt haben. Trump, der sich kurz nach Amtsantritt zum „größten Stellenerschaffer, den Gott erschaffen hat" stilisierte, hatte sich unter anderem mit General Motors und Ford angelegt, weil diese neue Fabriken im Ausland planten. Vordergründig lenkten die Konzerne ein und versprachen, Arbeitsplätze in den USA zu belassen – was sich bei näherem Hinsehen allerdings als rein rhetorisches Nachgeben erwies. In Wirklichkeit rückten die US-Autobauer nicht von ihrer grundsätzlichen Strategie ab.

*Nach: http://www.spiegel.de, 5. Juli 2017*

## Neue Allianzen der Globalisierung: China und Deutschland

### „Wir setzen auf offene Märkte"

Während US-Präsident Trump mit „America-First" auf Protektionismus setzt, bekennen sich Deutschland und China zu freiem Handel und offenen Märkten.

*https://www.tagesschau.de, 1. Juni 2017*

Die stark exportorientierten Staaten China und Deutschland übernahmen die Rolle der USA beim Bekenntnis für Freihandel und Globalisierung. So different sie politisch sind (Diktatur bzw. Demokratie), ist es beiden Regierungen klar, dass offene Grenzen – neben Innovation und Bildung – zur Erhöhung bzw. Erhaltung des Wohlstandes ohne Alternative sind.

## Arbeitsaufgaben

1. Nennen Sie den Hauptkritikpunkt an Handelsabkommen wie CETA.

2. Erörtern Sie die Ankündigungen von Donald Trump.

3. Geben Sie die Interessenlage von China und Deutschland wieder.

## Ziele erreicht? – „Globalisierung"

Die Globalisierung in all ihren Dimensionen ist ein Prozess, der die Welt in sozialer und wirtschaftlicher Hinsicht so revolutioniert hat, wie seit der ersten industriellen Revolution nicht mehr. Grenzen spielen zunehmend keine Rolle mehr, Unternehmen haben weltweit Chancen, können aber blitzschnell zugrunde gehen, schließlich sind Arbeitnehmer/innen ebenfalls mit allen Chancen und Risiken in diesen Prozess eingebunden.

1. Nennen Sie jene Faktoren, die das Zusammenwachsen von Märkten über Staatsgrenzen hinweg ermöglichen.

2. Geben Sie die Bedeutung der Industrie- bzw. Schwellenländer in der Globalisierung wieder.

3. Nennen Sie wichtige Argumente der Globalisierungskritiker/-kritikerinnen.

4. Die Globalisierung hat große Auswirkungen auf Unternehmen, Arbeitnehmer/innen, Sozialstaat und Entwicklungsländer. Sammeln Sie in Kleingruppen Vor- und Nachteile, die die Globalisierung mit sich bringt, und vergleichen Sie anschließend Ihre Ergebnisse mit Ihren Mitschülerinnen und Mitschülern.

| Auswirkungen der Globalisierung auf ... | Vorteile | Nachteile |
|---|---|---|
| Unternehmen | | |
| Arbeitnehmer/innen in Entwicklungsländern | | |
| Sozialstaat | | |
| Arbeitnehmer/innen in Industriestaaten | | |
| Entwicklungsländer | | |

**5.** Schreiben Sie die Nummern der auf der Karte dargestellten regionalen Zentren in die entsprechenden Kästchen:

**❶** Mumbai

**❷** Singapur

**❸** Mexiko City

**❹** Dubai

**❺** São Paulo

**❻** Moskau

**❼** Sydney

**❽** Johannesburg

**❾** Hongkong

**❿** Schanghai

**⓫** Buenos Aires

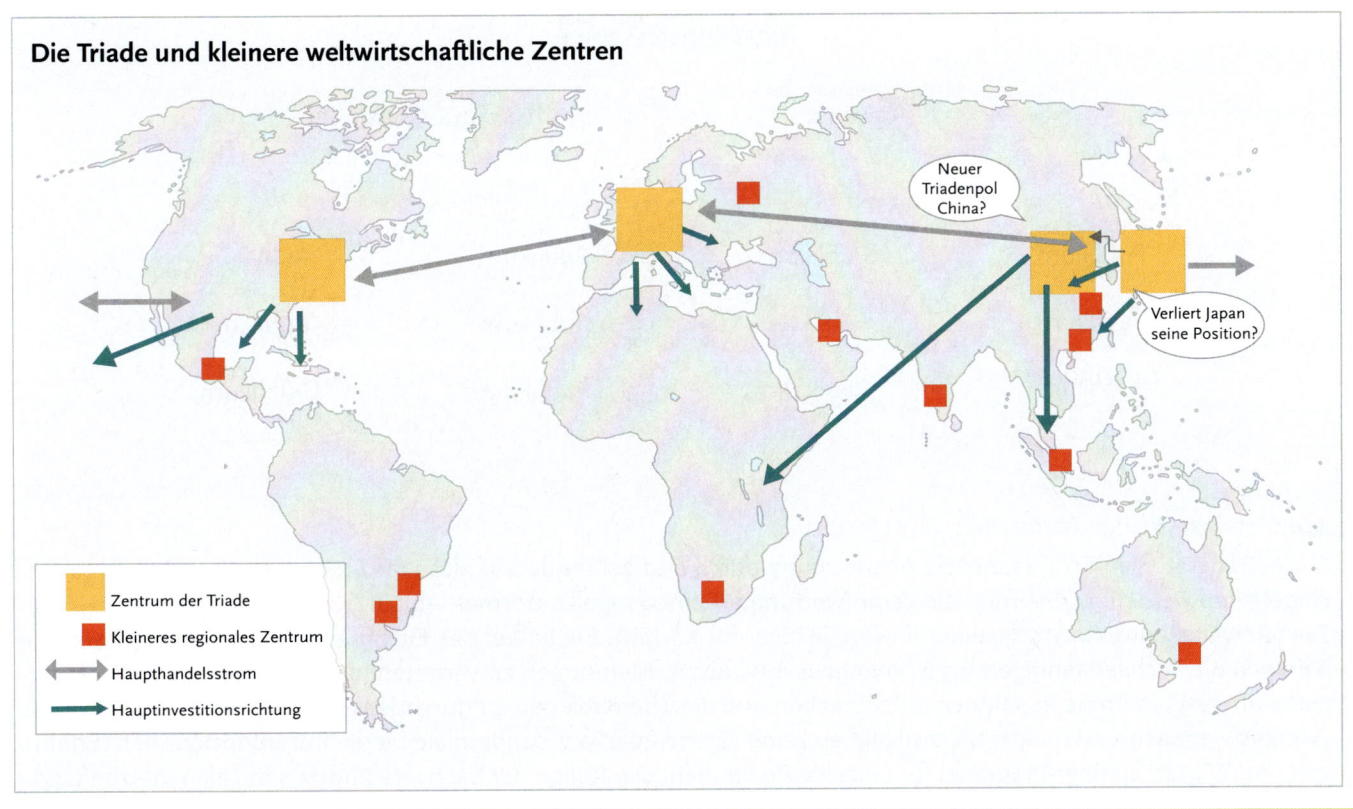

### Die Triade und kleinere weltwirtschaftliche Zentren

Neuer Triadenpol China?

Verliert Japan seine Position?

- Zentrum der Triade
- Kleineres regionales Zentrum
- Haupthandelsstrom
- Hauptinvestitionsrichtung

**Arbeitsaufgabe**

## Globalisierung – eine Pro-und-Kontra-Diskussion

### Zur Methode

Die Pro-und-Kontra-Diskussion ist ein Streitgespräch, in dem ein konfliktreiches Thema von allen Seiten beleuchtet wird. Es geht bei dieser Debatte nicht darum, den „Gegner" durch bessere Argumente zu schlagen, vielmehr soll ein Thema facettenreich erschlossen werden. Unterschiedliche Meinungen und konträre Perspektiven werden mit dem Ziel zusammengetragen, sich mit verschiedenen Sichtweisen auseinanderzusetzen.

*http://www.sowi-online.de, 28. Jänner 2012*

### Mögliche Anordnung der Diskussionsteilnehmer/innen in der Klasse

| Sachverständige/r | Sachverständige/r | Sachverständige/r | Sachverständige/r |
|---|---|---|---|
| | | Moderator/in | |
| | Pro-Anwalt/-Anwältin | | Kontra-Anwalt/-Anwältin |
| Publikum | Publikum | Publikum | Publikum |
| Publikum | Publikum | Publikum | Publikum |
| Publikum | Publikum | Publikum | Publikum |

### Rollen

- Ein/e Moderator/in: Er/Sie führt die Abstimmung durch und achtet darauf, dass die Spielregeln und Zeitvorgaben eingehalten werden. Er/Sie trägt die Verantwortung für einen regelkonformen Ablauf.
- Zwei Anwälte/Anwältinnen (je einer für Pro, je einer für Kontra): Sie halten das Eingangs- und Schlussplädoyer und befragen die Sachverständigen. Es ist durchaus erwünscht, Meinungen zu vertreten, die nicht der eigenen entsprechen, um festgefahrene Positionen aufzubrechen und die Thematik neu zu durchdenken.
- Zwei bis vier Sachverständige: Sie artikulieren keine eigene Position, sondern sie bieten nur Informationen, Erfahrungen und Wissen zu Begründungen für einzelne Positionen. Die Rollen der Sachverständigen müssen in Arbeitsgruppen intensiv vorbereitet werden.
- Das Publikum: Das Publikum hat die konkrete Beobachtungsaufgabe, die vorgetragenen Argumente zu sammeln und deren strategisch-taktische Relevanz für den Debattenverlauf zu beurteilen.

*Nach http://www.sn.schule.de*

# Marktmodelle – Finanzmärkte

KOMPETENZ-ERWERB

## Meine Ziele

Nach der Bearbeitung dieses Kapitels kann ich

- den Aufbau der wichtigsten Wirtschaftsblöcke beschreiben;
- die Bedeutung von Konzernen, Banken, Börsen und Finanzmärkten wiedergeben;
- die Standorte der größten Konzerne, Banken und Börsen lokalisieren;
- die Bedeutung der Finanzmärkte für die Weltwirtschaft erörtern;
- die wirtschaftliche Macht von Konzernen problematisieren;
- die Gefährlichkeit von „Blasen" in der Wirtschaft bewerten.

# 1 Weltwirtschaftsblöcke

*Um die drei Pole der Triade herum bildeten sich in den letzten Jahrzehnten Wirtschaftsblöcke. Die EU ist hier historisches Vorbild, ihre Entstehung geht schon in die 1950er-Jahre zurück. Innerhalb dieser Wirtschaftsblöcke sollen Handel und Wirtschaft gefördert werden, in der Hoffnung, den allgemeinen Wohlstand zu erhöhen. Auch im Süden entstehen immer mehr Wirtschaftsblöcke, die Entwicklungs- und Schwellenländer zusammenschließen.*

**Freihandelszone:** Zwischen den Mitgliedsländern werden die Zölle abgebaut. Es herrscht Freihandel. Dies fördert den Handel und damit die Wirtschaft. Nach außen legt jedes Land seine eigenen Zölle fest.

**Zollunion:** Eine Zollunion funktioniert wie eine Freihandelszone, jedoch verlangen die Mitgliedsländer gleich hohe Zölle gegenüber Nichtmitgliedsländern (Drittstaaten).

## Überblick: die wichtigsten Weltwirtschaftsblöcke

In fast allen Regionen der Welt bilden sich heute Freihandelszonen bzw. wirtschaftliche Vereinigungen, deren Ziel die Errichtung einer Freihandelszone ist. Vorbild für fast alle dieser regionalen Wirtschaftsblöcke ist die EU. Während die EU schon eine richtige Wirtschaftsunion geworden ist, handelt es sich bei allen anderen Abkommen nur um partielle Freihandelszonen (der Freihandel bezieht sich auf einige Produktgruppen). Nur die MERCOSUR hat die Stufe einer Zollunion erreicht.

Vor allem Freihandelszonen zwischen Entwicklungsländern bzw. Schwellenländern werden oft kritisiert, da die Handelsbeziehungen zwischen den einzelnen Mitgliedsländern meistens nur sehr schwach sind. Bei vielen ehemaligen Kolonien bestehen die stärksten wirtschaftlichen Beziehungen nicht mit den unmittelbaren Nachbarländern, sondern oft mit den ehemaligen Kolonialmächten oder anderen Industriestaaten (USA, EU, Japan). Die positive Auswirkung von Freihandelszonen zwischen „Dritte Welt"-Ländern ist daher bis jetzt eher bescheiden.

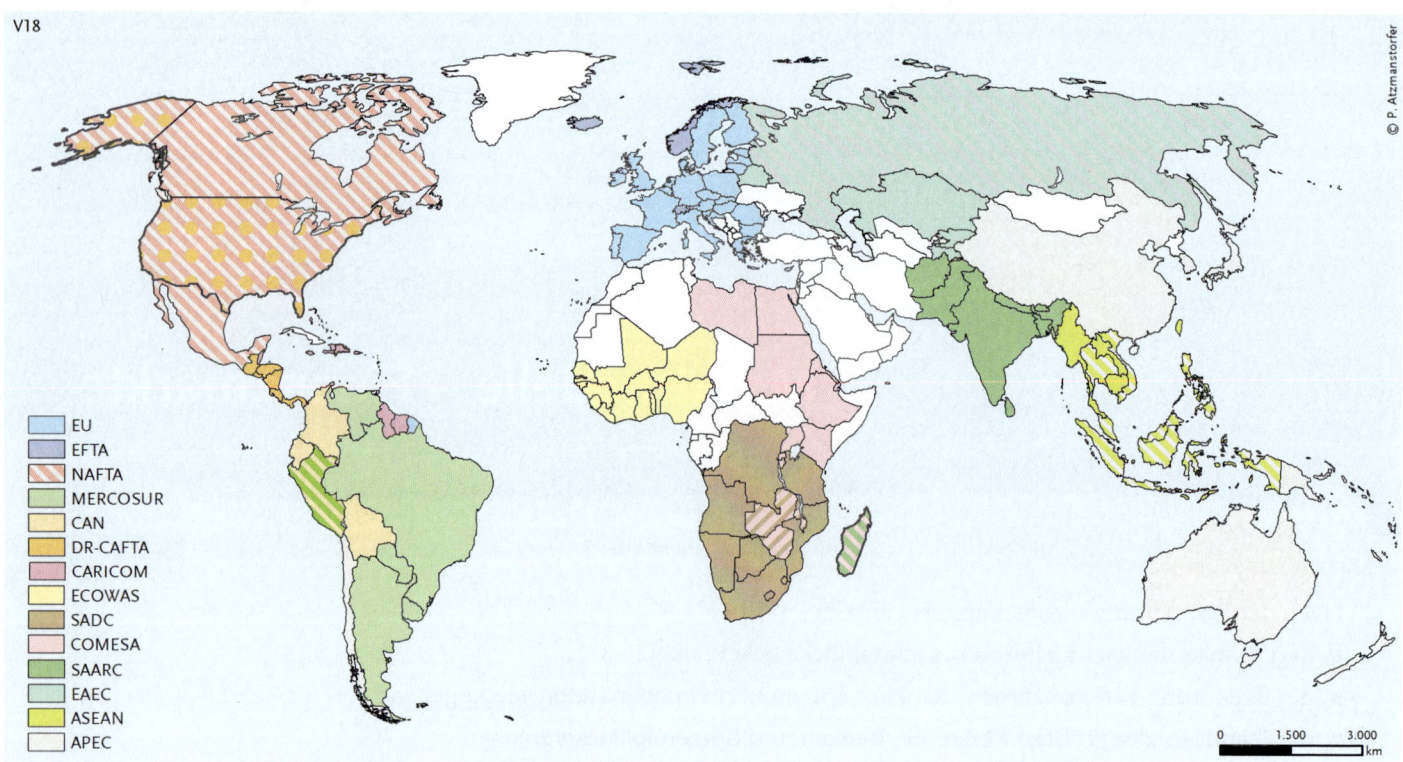

V18

© P. Atzmanstorfer

- EU
- EFTA
- NAFTA
- MERCOSUR
- CAN
- DR-CAFTA
- CARICOM
- ECOWAS
- SADC
- COMESA
- SAARC
- EAEC
- ASEAN
- APEC

0   1.500   3.000 km

Wirtschaftliche Zusammenschlüsse 2018 – Auswahl

# Europa

## EU/EFTA/EWR

Europa ist jener Kontinent, auf dem wirtschaftliche Zusammenschlüsse schon sehr bald nach dem Zweiten Weltkrieg entstanden sind. Derzeit ist Europa jene Weltregion, in der die höchste Form wirtschaftlicher Zusammenarbeit (Integration) vorhanden ist, nämlich eine Wirtschafts- und Währungsunion. Während die EU bei den Bürgern der einzelnen EU-Staaten höchst umstritten ist, eifern fast alle anderen Weltregionen dem Vorbild EU nach. Neben der EU gibt es noch die EFTA (Europäische Freihandelszone) mit den Mitgliedsstaaten Norwegen, Schweiz, Liechtenstein und zurzeit noch Island. EU und EFTA sind durch Freihandelsabkommen zum EWR (Europäischen Wirtschaftsraum) zusammengeschlossen. Ausnahme ist die Schweiz, die nicht EWR-Mitglied ist.

# Nordamerika

## NAFTA

Seit 1994 gibt es die Nordamerikanische Freihandelszone (North American Free Trade Association), die aus den USA, Kanada und Mexiko besteht.

Durch die Abschaffung der Zölle verlegten zahlreiche US-amerikanische Konzerne ihre Werke ins wesentlich billigere Mexiko. Zwar wurden dort v. a. entlang der US-amerikanischen Grenze zahlreiche Arbeitsplätze geschaffen, gleichzeitig konnten aber viele mexikanische Klein- und Mittelunternehmen mit dem höheren technologischen Standard vieler US-Güter nicht mithalten und meldeten Konkurs an. Dies betraf u. a. zahlreiche landwirtschaftliche Betriebe. Insgesamt haben sich jedoch die mexikanischen Exporte in die USA vervielfacht. In den USA gingen aber viele Arbeitsplätze durch die Betriebsverlagerungen verloren. Auch die Handelsbeziehungen zwischen den USA und Kanada wurden durch die Errichtung der NAFTA intensiver.

# Asiatisch – pazifischer Raum

## ASEAN/APEC

In Ostasien gibt es bis jetzt keinen richtigen Wirtschaftsblock. Es gibt zwar einige Zusammenschlüsse, doch die Realisierung von Freihandelszonen ist derzeit noch nicht abgeschlossen.

Der Verband Südostasiatischer Nationen, ASEAN (Association of Southeast Asian Nations), hat seinen Sitz in Jakarta (Indonesien). Das ursprüngliche Ziel war die Verbesserung der wirtschaftlichen, politischen und sozialen Zusammenarbeit. 2003 wurde die AFTA, die asiatische Freihandelszone, gegründet. Im Oktober 2009 beschlossen die Staats- und Regierungschefs der ASEAN-Mitglieder, einen gemeinsamen Wirtschaftsraum nach europäischem Vorbild zu gründen.

Die Asiatisch-Pazifische Wirtschaftliche Zusammenarbeit, kurz APEC (Asia-Pacific Economic Cooperation), ist eine internationale Organisation, die es sich zum Ziel gesetzt hat, im pazifischen Raum eine Freihandelszone einzurichten. Neben den ASEAN-Staaten gehören u. a. auch Australien, Neuseeland, Kanada, USA, Japan, Südkorea, China, Russland, Mexiko, Peru und Chile dazu. Dieser Raum umfasst beinahe die halbe Welt.

Die USA, Kanada und Mexiko haben sich nach monatelangem Tauziehen auf eine neue Handelsvereinbarung geeinigt. Vertreter der drei Staaten sollten das sogenannte USMCA-Abkommen noch am Dienstag in Mexiko-Stadt unterzeichnen. Es löst das 1994 in Kraft getretene Nafta-Freihandelsabkommen ab, das US-Präsident Donald Trump als „schlechtesten Deal aller Zeiten" bezeichnet hatte… Das Handelsabkommen baut in großen Teil auf Nafta auf, sieht aber unter anderem neue Regelungen für die Autoindustrie vor, gewährt US-Farmern besseren Zugang zu den Märkten in den Nachbarländern und umfasst Vorschriften für den Schutz geistigen Eigentums und den Handel im Bereich Digitales. Letzteres spielte vor 25 Jahren noch kaum eine Rolle. Nun gilt zum Beispiel, dass elektronisch vertriebene Bücher, Musik, Spiele und Software zollfrei gehandelt werden dürfen.

*https://www.handelsblatt.com, 10. Dezember 2019*

**Mitgliedsstaaten der ASEAN**
Brunei
Kambodscha
Indonesien
Laos
Malaysia
Myanmar
Philippinen
Singapur
Thailand
Vietnam

### Südamerika

#### Mercosur

Der einzige derzeit relativ erfolgreiche Wirtschaftsblock im Süden ist der Mercosur (Mercado Común del Sur – Gemeinsamer Markt des Südens), der die Länder Brasilien, Argentinien, Uruguay, Paraguay und Venezuela umschließt. Er besteht bereits seit 1991. Ähnlich wie bei der EU gibt es bereits einen gemeinsamen Markt. Einheitliche Pässe nach dem Vorbild der EU tragen zu einer gemeinsamen Identität bei. Die Mercosur-Länder sehen sich als politisches Gegengewicht zur USA.

### Arbeitsaufgaben

1. Erörtern Sie die Problematik von Wirtschaftsblöcken zwischen Entwicklungsländern.

2. Erheben Sie in welchem der drei Triadenpole die wirtschaftliche Integration am schwächsten ausgeprägt ist und begründen Sie dies.

3. Beurteilen Sie kritisch die Auswirkung von Freihandelszonen für Staaten unterschiedlichen Entwicklungsniveaus.

## 2 Kontrollzentren der Weltwirtschaft

*Wirtschaftliche Macht ist auf wenige Orte der Weltwirtschaft konzentriert. Auch innerhalb der entwickelten Gesellschaften sind es meistens nur wenige Metropolen, deren Banken und Finanzierungseinrichtungen die Schicksale der meisten Menschen sowohl in der Ersten Welt als auch in den Entwicklungsländern bestimmen. Preise und damit Einkommen werden an diesen wenigen Punkten festgesetzt und die Entwicklung ganzer Regionen wird gefördert oder gehemmt.*

### Alle Macht den großen Städten

Ausschließlich in wenigen großen Städten konzentrieren sich hochrangige Dienstleistungen. Dazu gehören die Dienste des sogenannten quartären Sektors wie Bankzentralen, Börsen, Hauptsitze von Versicherungsgesellschaften und multinationalen Unternehmungen. Die Produktion jedoch ist von zentralen Standorten unabhängig. Sie wird in weniger zentrale und damit billigere Gebiete ausgelagert.

Besonders die industrienahen Dienstleistungen (oder Produzentendienstleistungen) wie Finanzdienste, Consulting-Unternehmen, EDV-Dienste und ähnliche Tätigkeiten sind für die großen Städte sehr wichtig. Sie schaffen die meisten neuen Arbeitsplätze und sind die Motoren der Stadtentwicklung.

**Börsenkapitalisierung:** Wert der angelegten Aktien in Mrd. Dollar.

## Arbeitsaufgaben

1. Ordnen Sie zu welche Dienstleistungen zum Sektor der hochrangigen Dienstleistungen (Produzentendienstleistungen) gehört. Streichen Sie die richtigen Tätigkeiten an:

| | | | |
|---|---|---|---|
| ☐ | Bank | ☐ | Projektmanagement |
| ☐ | Kaufhaus | ☐ | Restaurant |
| ☐ | Friseur | ☐ | Arzt |
| ☐ | Versicherung | ☐ | Betriebsberatung |
| ☐ | Broker (Aktienhändler) | ☐ | Netzwerkdienst |
| ☐ | Bäcker | ☐ | Designer |
| ☐ | Steuerberater | ☐ | Kosmetiksalon |

2. Der Global Financial Centres Index wird zweimal pro Jahr von der britischen Beratungsfirma Z/Yen und der Qatar Financial Centre Authority neu berechnet und veröffentlicht. Es ergeben sich naturgemäß immer Verschiebungen. Während einige Finanzzentren ihre Position halten können, verlieren oder gewinnen andere gleich mehrere Ränge. Verfolgen Sie diese Verschiebungen und finden Sie Erklärungen dafür. Recherchen Sie bei http://www.zyen.com/

## Der Global Financial Centres Index (GFCI)

| | GFCI 2020 | GFCI 2015 |
|---|---|---|
| **Wirtschaftszentrum** | **Rang** | **Rang** |
| New York | 1 | 2 |
| London | 2 | 1 |
| Shanghai | 3 | 21 |
| Tokio | 4 | 5 |
| Hongkong | 5 | 3 |
| Singapur | 6 | 4 |
| Beijing | 7 | 24 |
| San Francisco | 8 | 8 |
| Shenzhen | 9 | 23 |
| Zürich | 10 | 7 |
| Los Angeles | 11 | 29 |
| Luxemburg | 12 | 19 |
| Edinburgh | 13 | 71 |
| Genf | 14 | 13 |
| Boston | 15 | 9 |
| Frankfurt | 16 | 18 |
| Dubai | 17 | 16 |
| Paris | 18 | 37 |
| Washington | 19 | 10 |
| Chicago | 20 | 11 |

*http://www.longfinance.net, 2021*

### Der GFCI

Das private Institut Z/Yen hat einen Index zur Bewertung von Finanzplätzen konstruiert, bei dem eine Vielzahl von Faktoren zusammenfließen. Wichtige Themen sind die Dichte der Verbindungen mit anderen Finanzzentren, die Tiefe der Spezialisierung in einzelnen Bereichen und die Vielfalt der einzelnen Subbranchen des Finanzsektors. Beachtet werden aber auch enger begrenzte Themen wie z. B. Korruptions-Indizes und Erhebungen zur Wettbewerbsfähigkeit.

*https://de.statista.com,
16. Februar 2021*

■ Vergleichen Sie die beiden Rankings 2015 und 2020. Welche Verschiebungen sind zu beobachten?

## Arbeitsaufgabe

- Zeichnen Sie die Standorte der größten Banken, wichtigsten Börsen und Verwaltungssitze der größten Konzerne in die Karte ein:

▲ Standorte der Banken

● Standorte der Börsen

■ Standorte der Verwaltungszentralen der Konzerne

### Die 10 größten Banken 2019 nach dem Börsenwert

| | |
|---|---|
| Industrial and Commercial Bank of China | Peking |
| China Construction Bank | Peking |
| Agricultural Bank of China | Peking |
| Bank of China | Peking |
| Mitsubishi UFJ Financial Group | Tokio |
| HSBC | London |
| JPMorgan Chase | New York |
| Bank of America | Charlotte (USA) |
| BNP Paribas | Paris |
| Crédit Agricole | Paris |

*https://de.wikipedia.org, 1. Dezember 2020*

### Die 10 größten Börsen 2019 (in Millarden Dollar)

| | |
|---|---|
| 1. Nasdaq, New York | 15.910 Mrd. $ |
| 2. NYSE, New York | 14.401 Mrd. $ |
| 3. CBOE Global Market, Chicago | 13.506 Mrd. $ |
| 4. Shenzen Stock Exchange, Shenzen | 11.458 Mrd. $ |
| 5. BATS Global Markets, Kansas City | 11.448 Mrd. $ |
| 6. Shanghai Stock Exchange, Shanghai | 7934 Mrd. $ |
| 7. Japan Exchange Group, Tokio | 5085 Mrd. $ |
| 8. CBOE Europe, London | 2112 Mrd. $ |
| 9. LSE Group, London | 1995 Mrd. $ |
| 10. Korea Exchange, Seoul | 1927 Mrd. $ |

*https://de.statista.com, 1.Dezember 2020*

### Die 10 größten Konzerne nach dem Umsatz 2020

| | |
|---|---|
| Walmart | Bentonville |
| Sinopec | Peking |
| State Grid | Peking |
| China National Petroleum | Peking |
| Royal Dutch Shell | Den Haag//London |
| Saudi Aramco | Dhahran |
| Volkswagen | Wolfsburg |
| BP | London |
| Amazon.com | Seattle |
| Toyota Motor | Toyota |

*https://de.wikipedia.org, 26. Jänner 2021*

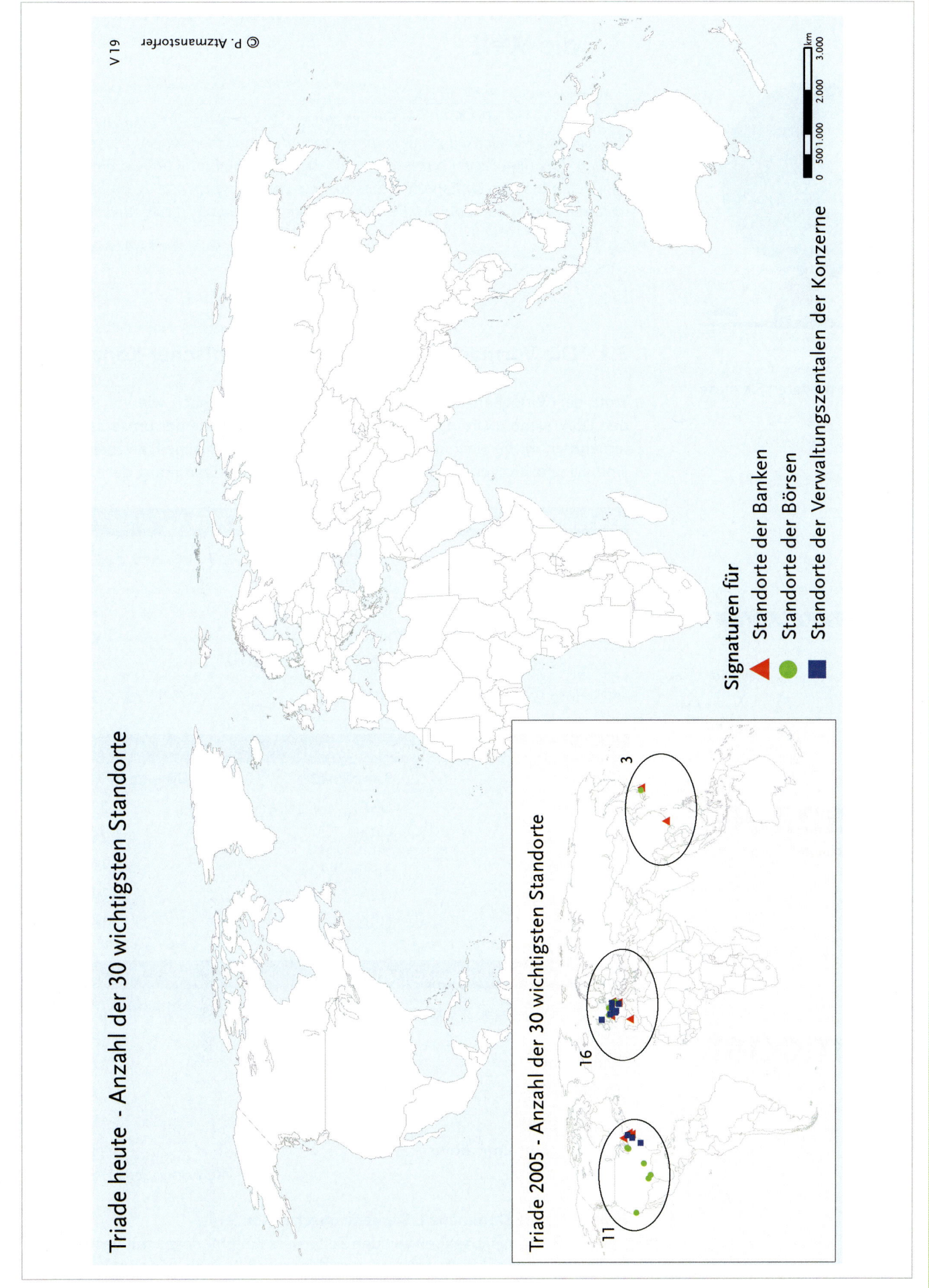

**Triade heute - Anzahl der 30 wichtigsten Standorte**

V 19

© P. Atzmanstorfer

**Triade 2005 - Anzahl der 30 wichtigsten Standorte**

3

16

11

**Signaturen für**

◀ Standorte der Banken

● Standorte der Börsen

■ Standorte der Verwaltungszentalen der Konzerne

km
0  500 1.000  2.000  3.000

# 3 US-amerikanische Konzerne erobern die Welt

*Amerikanische Produkte sind in der ganzen Welt begehrt. Ihr Besitz wird von vielen als Möglichkeit zur Teilnahme am amerikanischen Way of Life angesehen. Amerikanische Konzerne sind in vielen Branchen tätig und dominieren (fast) alle Wirtschaftssparten. Sie prägen auch unser Leben, z. B. im Bereich der Ernährung (Coca-Cola, McDonald's, Kellogg's), Kleidung (Levis, Nike, Reebok) oder Freizeit (Walt Disney).*

■ Interpretieren Sie diese Karikatur.

## 3.1 Die Vormachtstellung US-amerikanischer Konzerne

Trotz der Wirtschaftskrise führen in vielen Branchen nach wie vor Konzerne aus den USA, wenn auch in der berühmten Fortune500-Liste der umsatzstärksten Unternehmen mittlerweile mehr chinesische als amerikanische Unternehmen gelistet sind. Die nachfolgenden Tabellen dokumentieren die Dominanz der US-Konzerne:

| Die fünf größten Luftfahrt- und Rüstungskonzerne 2020 | | |
| --- | --- | --- |
| **Konzern** | **Konzernsitz** | **Umsatz in Mrd. Dollar** |
| Airbus | Frankreich | 76,2 |
| Boeing | USA | 70,6 |
| Lockheed Martin | USA | 61,1 |
| General Dynamics | USA | 38,8 |
| Northrop Grumman | USA | 34,3 |

| Die fünf größten Digital-Konzerne 2020 | | |
| --- | --- | --- |
| **Konzern** | **Konzernsitz** | **Umsatz in Mrd. Dollar** |
| Amazon | USA | 296,3 |
| Apple | USA | 267,7 |
| Samsung | Südkorea | 197,6 |
| AT&T | USA | 179,2 |
| Alphabet | USA | 166,3 |

| Die fünf größten Medienkonzerne 2020 | | |
| --- | --- | --- |
| **Konzern** | **Konzernsitz** | **Umsatz in Mrd. Dollar** |
| Comcast | USA | 108,7 |
| Walt Disney | USA | 74,8 |
| Facebook | USA | 73,4 |
| Tencent China | China | 54,6 |
| Charter Communications | USA | 48,8 |

*https://www.forbes.com, Jänner 2021*

**Gründe für die Dominanz US-amerikanischer Konzerne**

■ Hohe Rüstungsausgaben seit den Zeiten des Kalten Krieges mit der Sowjetunion. Sie profitierten vom Wettrüsten, von Krisen und Kriegen, wie dem Koreakrieg, der Kubakrise, dem Vietnamkrieg, militärischen Einsätzen in Afghanistan, im Irak ...

- Die Computerindustrie entwickelte sich als Folgeprodukt aus Rüstungsaufträgen.
- Der hohe Stellenwert der Freizeitgesellschaft stützte die Entwicklung der Medien- und Unterhaltungsindustrie.
- Kooperationen von Universitäten, Forschung und Wirtschaft
- Günstige Besteuerung der Unternehmen
- Politische Unterstützung für Unternehmen

## General Electric – ein riesiger Mischkonzern

General Electric (GE), einer der größten und ältesten Konzerne der Welt, geht zurück auf die Firma Light Company, die 1878 von Thomas Edison, dem Erfinder der Glühbirne, gegründet wurde. Heute ist man in unterschiedlichsten Branchen tätig: Flugzeugmotoren, Lokomotiven, Fernsehen (NBC), Industriesysteme, Beleuchtung, Finanzdienstleistungen, Energieerzeugung, Kunststoffe, Medizintechnik, Haushaltsgeräte. Weltweit werden mehr als 300 000, in Österreich 2 000 Mitarbeiter/innen beschäftigt.

**Finanzdienstleistungen:** Bereich der Wirtschaft, der Beratungsdienstleistungen im Bereich Banken, Börsen, Finanzierung, Finanzberatung, Steuern und Versicherungen anbietet.

### Arbeitsaufgaben

1. Nennen Sie die Dauer des Kalten Krieges.

2. Begründen Sie, warum sich die Computerindustrie aus der Rüstungsindustrie heraus entwickelt hat.

3. In welchen Wirtschaftssektoren ist General Electric tätig? Ermitteln Sie die Branchen und Standorte in Österreich unter Verwendung der Homepage www.ge.com/at.

## 3.2 Erfolgreiche amerikanische Produkte – zwei Beispiele

### Fallbeispiel: Nike

Nike ist eine Marke, die bei zahlreichen europäischen Jugendlichen wie viele andere amerikanische Marken sehr beliebt ist. Nike ist keine normale Firma, sondern eine „Heldenfabrik", schrieb einmal der amerikanische Publizist Donald Katz. Aus einem Sportschuhfabrikanten ist eine Marketingorganisation geworden, deren Umsatz kontinuierlich ansteigt. Der große Erfolg beim Konsumenten erklärt sich aus der Kombination von berühmten Werbeträgern wie bekannten Sportlern und dem Design der Produkte. In der Firmenzentrale Niketown in Beaverton (Oregon) werden in intensiver Art und Weise ständig neue Werbe- und Marketingstrategien erarbeitet, um den Erfolg der Marke Nike zu verlängern.

Niketown besteht aus sieben modernsten Bürogebäuden, locker auf einem universitätsähnlichen Campus gebaut. Jedes Gebäude trägt den Namen eines berühmten Sportlers. Das Gefühl, den gleichen Schuh zu tragen wie Olympiasieger, lässt die Käufe in die Höhe schnellen. 70 % der verkauften Schuhe sehen allerdings nie einen Tennisplatz oder eine Turnhalle. Man kauft die Schuhe v. a. für den Alltag. Nike hat mit seinen Werbefilmen die Marketingkonzepte revolutioniert. Immerhin hat Regisseur Spike Lee die Spots gedreht, und der Ausspruch „Just do it" ist zu einer Devise der modernen Alltagskultur geworden.

Niketown – die Zentrale des Konzerns

In seinem Code of Conduct verbietet Nike die Beschäftigung von unter 16-Jährigen und von Personen, die nach landeseigenen Gesetzen noch der Schulpflicht unterliegen oder noch nicht arbeiten dürfen. Gefährliche Arbeiten sind für unter 18-Jährige verboten. Sollten Fälle von Kinderarbeit aufgedeckt werden, sieht der Unternehmens-Standard unter anderem eine finanzielle Unterstützung der Betroffenen vor, um diesen eine Schulbildung zu ermöglichen. Berichte unabhängiger NGOs haben jedoch Fälle von Kinderarbeit aufgedeckt. Die betroffenen Fabriken produzieren jedoch nicht für Nike direkt, sondern für einen lokalen Subunternehmer. Nike wies daher die Verantwortlichkeit von sich – was im Widerspruch zu ihrer Selbstverpflichtung in ihrem Code of Conduct steht.

*https://www.aktiv-gegen-kinderarbeit.de/firma/nike, 2. März 2014*

**FILM AB!**

Hier finden Sie ein Video zum „Big Mac Index":
www.trauner.at/BigMacIndex.aspx

Der **Big-Mac-Index** misst die unterschiedliche Kaufkraft von Ländern anhand des Preises eines Big Mac in einem McDonald's-Restaurant. Der Big Mac Index wird seit 1986 von der Zeitschrift The Economist auf Grundlage der Theorie der Kaufkraftparitäten (KKP) erstellt.

**Der BigMac-Index**

| | |
|---|---|
| Schweiz | $ 6,71 |
| Eurozone | $ 4,58 |
| Kuwait | $ 3,63 |
| Japan | $ 3,54 |
| Russland | $ 2,20 |
| Südafrika | $ 2,15 |

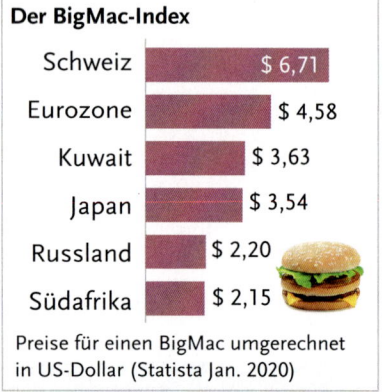

Preise für einen BigMac umgerechnet in US-Dollar (Statista Jan. 2020)

*Quelle: https://www.change-m.de*

McDonald's zählt bis heute zu den erfolgreichsten Franchise-Unternehmen der Welt. Der Franchisegeber beobachtet den Markt ständig und passt das Unternehmen den jeweiligen Veränderungen an. (Siehe neues Image von McDonald's)

 **Fallbeispiel: McDonald's**

Der 1955 von Ray Croc in Des Plaines (Illinois) begründete Konzern bietet die amerikanische Fast-Food-Kultur heute weltweit ca. 50 Mio. Gästen täglich in über 30 000 Restaurants in über 119 Ländern an. Der damit verbundene Export der amerikanischen Alltagskultur wird ironisch mit „Mc-World" ausgedrückt.

Besonders Jugendliche schätzen das relativ preiswerte Essen, das in ungezwungener Atmosphäre verzehrt werden kann. Dennoch wurden die Geschäftspraktiken des Konzerns immer wieder von Umwelt- und Konsumentenschutzorganisationen sowie den Gewerkschaften infrage gestellt, wie z. B.:

- Die Verarbeitung von brasilianischem Rindfleisch, das von Tieren stammte, die auf neu gerodeten Regenwaldflächen gezüchtet worden sind.
- Die Verarbeitung von Fleisch aus der Massentierhaltung, Verwendung von Styroporverpackungsmaterialien ...
- Die niedrigen Löhne, das Verhindern gewerkschaftlicher Arbeit. „Mc-Jobs" sind eine Umschreibung für schlecht bezahlte, unqualifizierte Jobs.
- Die Produkte von McDonald's enthielten zu hohe Mengen an Fett, Zucker und Salz und wurden somit als ungesund eingestuft.

Trotzdem ist McDonald's eines der überzeugendsten Beispiele erfolgreicher amerikanischer Produktideen. Seit 1986 gibt es auch den **Big-Mac-Index.** 2018 gab es in Österreich 196 Restaurants, 176 McCafés und insgesamt 9 500 Mitarbeiter.

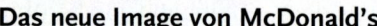

**Das neue Image von McDonald's**

Auf der Homepage wird ein neues Konzernbild vermittelt: Zumindest in Österreich wird bei heimischen Bauern eingekauft, Styropor wird durch Kartons aus Recyclingpapier ersetzt, Altspeisefette werden zu Biodiesel verarbeitet, es gibt Beauftragte für Umwelt- und Abfallwirtschaft usw.

 **Arbeitsaufgaben**

1. Erörtern Sie, inwiefern McDonalds seinem neuen Image gerecht wird.
2. Erörtern Sie die Vor- und Nachteile des Big-Mac-Index.

## 3.3 Die amerikanische Automobilindustrie – The Big Three

Die drei großen US-Autobauer General Motors (GM), Ford und Fiat Chrysler werden oft als „Big Three" bezeichnet. Zusammen mit ihren Zulieferbetrieben zählen beschäftigen sie Millionen Menschen. Besonders der Bundesstaat Michigan mit der Autostadt Detroit sowie Ohio sind besonders von der Automobilindustrie abhängig.

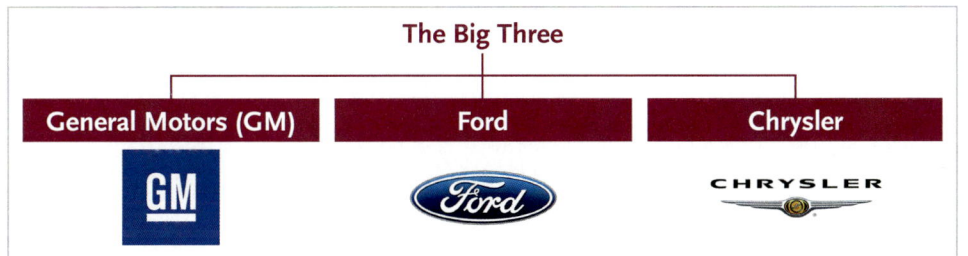

**The Big Three**

| General Motors (GM) | Ford | Chrysler |

GM-Headquarter in Detroit

Fünf Jahrzehnte lang waren die „Big Three" die Stützen der US-Volkswirtschaft und identitätsstiftend. Die Wirtschaftskrise ab 2008 führte jedoch zu Rekordverlusten und in der Folge zu einem vermehrten Stellenabbau und zahlreichen Werksschließungen. Nachdem General Motors 2009 verstaatlicht wurde, notiert der Konzern mittlerweile wieder an der Börse. Die Coronakrise und neue Herausforderer setzen den großen Firmen aber zu.

Zwar verkauft GM nach wie vor die meisten Autos in den USA, jedoch sind die Modelle wie SUVS und große Sportwagen kaum zukunftsträchtig, da meist die altbewährten Modelle weiterverkauft werden. Diese sind zwar aktuell gewinnbringend, bei innovativen Produkten, die meist kleiner und umweltfreundlicher sind, oder Elektroautos hinken die einstigen Größen aber hinterher. Dies zeigt sich auch an der Marktkapitalisierung, wo Tesla die „Big Three" weit abgehängt hat, auch wenn die Firma im Vergleich viel weniger Autos verkauft, aber für Investoren viel attraktiver ist.

Der amerikanische „Straßenkreuzer" – groß, protzig, hoher Benzinverbrauch – Symbol des amerikanischen Wohlstands ab den 1960er-Jahren

Es gibt jedoch auch Anzeichen von Erholung. Die Lohnkosten konnten in Zusammenarbeit mit den Gewerkschaften gesenkt werden, Investitionen in elektrische Antriebe wurden forciert und neue Kooperationen geschlossen (z. B. Ford mit VW). Vorerst bleibt die Autoindustrie aber der Stolz Amerikas.

Tesla is now worth a General Motors plus a Honda plus a Ford, plus a Fiat Chrysler and a Daimler. Then you've got pretty much what Tesla is now worth - $183 billion.

Toyota, which used to be the most valuable car brand in the world, is now worth $174 billion according to Yahoo Finance.Tesla stock has been on a tear since March, when it dropped down to $361 per share. Now it's been north of the $1,000 line at $1,025 (before dropping slightly on profit-taking) for a total market capitalization that's now about $10 billion north of Toyota. Toyota stock has been mostly flat for the past year. Of course, stock market valuation doesn't tell the whole story.

There were about 65.5 million cars sold globally in 2019, including 21 million in China, 17 million in the U.S., 16 million in Europe. Toyota had just over a 10% share of that market, followed by Volkswagen at 7.6%, Ford at 5.6%, and Hyundai at just over 5%. Tesla doesn't even show up at that scale. Tesla sold 367,500 vehicles globally in 2019, compared to more than 6.5 million for Toyota. In the U.S. alone, Nissan, Honda, Ford, Chevrolet, and Toyota are in the millions. ▶

**How The Automakers Fared**

| | Sales 2019 | Change to 2018 | Market share 2019 |
|---|---|---|---|
| General Motors | 2 870 165 | -2,20% | 16,86 % |
| Toyota Motor Corp. | 2 383 318 | -1,79% | 14,00 % |
| Ford Moter Company | 2 396 532 | -3,76% | 14,08 % |
| FCA (Fiat Chrysler) | 2 203 673 | -1,55% | 12,94 % |
| Honda Motor Company | 1 608 370 | 0,24% | 9,45 % |
| Hyundai Kia Auto Group | 1 324 621 | 3,59% | 7,78 % |
| Nissan Motor Co | 1 466 730 | -9,01% | 8,62 % |
| Subaru Corporation | 700 117 | 2,94% | 4,11 % |
| Volkswagen | 649 001 | 2,28% | 3,81 % |
| Daimler | 352 734 | 0,68% | 2,07 % |
| BMW Group | 360 990 | 1,77% | 2,12 % |
| Mazda | 278 550 | -7,25% | 1,64 % |
| Tesla | 195 125 | -1,21% | 1,15 % |
| Jaguar Land Rover | 125741 | 2,73% | 0,74 % |
| Volvo | 108227 | 9,56% | 0,64 % |

*Quelle:*
*https://www.goodcarbadcar.net/2019*

**Tesla ohne Gewinnerwartung für 2019**

Damit der amerikanische e Auto Hersteller Tesla wieder in die Gewinnzone kommt, müssen die Verkaufsstellen geschlossen und auf Onlinehandel umgestellt werden. Tesla Chef Musk hofft mit dem neuen Tesla 3 den Turnaround zu schaffen.

Market capitalization, clearly, isn't necessarily about market share. Nor is it primarily about the past. Instead, investors are betting that Tesla's technology is a critical differentiator.

[...] there seems to be enough future potential in Tesla cars, power, and self-driving technology — even before you look at its celebrity owner Elon Musk — for investors to stay enthusiastic about Tesla stock. Even though what goes up quickly in the stock market seems, quite frequently, to also come down quickly.

*Quelle: https://www.forbes.com, 2020*

## Arbeitsaufgaben

1. Beschreiben Sie die Rolle der „Big Three" für den US-amerikanischen Arbeitsmarkt.

2. Nennen Sie die Gründe für die Krise der US-amerikanischen Automobilindustrie und speziell von GM.

3. Fassen Sie jeweils den Marktanteil der US-amerikanischen, asiatischen und europäischen Automobilhersteller auf dem US-Markt zusammen.

4. Verfolgen Sie in den Medien die Entwicklung der Elektroautoindustrie, besonders in den USA und bewerten Sie die Zukunft dieser technologischen Entwicklung.

5. Begründen Sie, welche Vorteile Investoren bei Tesla im Gegensatz zu den anderen Automobilherstellern sehen.

Boomland China: Für viele Hersteller wie etwa Volkswagen ist der Automarkt im Reich der Mitte längst der wichtigste Absatzmarkt weltweit.

# 4 Die Bedeutung internationaler Finanzströme

*Das Funktionieren der internationalen Finanzmärkte ist eine der Voraussetzungen für die Globalisierung. Durch deren Liberalisierung können Finanzmittel in davor ungeahntem Ausmaß beinahe ungehindert fließen. Investitionen können unabhängig von nationalen Grenzen dort getätigt werden, ebenso wie Gewinne angelegt werden, wo sie am meisten Gewinn versprechen.*

## Finanzströme haben einen Zweck

Finanzströme dienen einerseits dazu, Handelsgeschäfte abzuwickeln und Schulden zu begleichen und andererseits, günstige Anlage- und Finanzierungsmöglichkeiten weltweit zu nutzen. Vor allem diese zweite Funktion hat enorme Bedeutung gewonnen und macht heute mehr als 90 Prozent der weltweiten Finanzströme aus. Für beide gilt, dass sie grenzüberschreitend sind und den Tausch von Kaufkraft zwischen Volkswirtschaften bewirken.

| Zweck von Finanzströmen | |
|---|---|
| **Langfristige Finanzströme** | **Kurzfristige Finanzströme** |
| Sie dienen z. B. für ausländische Direktinvestitionen, also den Aufbau oder Ausbau von Tochterunternehmen im Ausland oder für langfristige Kredite. | Sie können jederzeit wieder abgezogen werden und werden meist für Spekulationen verwendet. Man nennt sie „Hot Money". |

## Dimensionen der Finanzströme

Insbesondere die Konzerne und Finanzdienstleister aus den wichtigen Industrieländern (USA, EU), zunehmend aber auch aus China und anderen aufsteigenden Schwellenländern, haben ein großes Interesse, neue Märkte für Banken, Versicherungen und Investments in der Real- und Finanzwirtschaft zu erschließen. Finanzströme fließen nach wie vor überwiegend zwischen den und innerhalb der wirtschaftlich starken Regionen. Während also die Industrie- und die Schwellenländer für die Kapitaltransfers von Interesse sind, haben auch hier die Entwicklungsländer kaum eine Bedeutung. Nach wie vor sind die USA, die EU und Japan die wichtigsten Exporteure von Kapital, aber auch hier wird sich das Bild zugunsten der Schwellenländer wie z. B.: der VR China ändern.

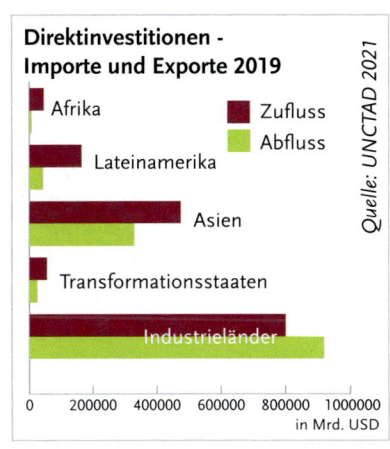

## Direktinvestitionen – Konzerne investieren im Ausland

Seit etwa vierzig Jahren lagern multinationale Konzerne verstärkt Produktionsstätten als Formen der internationalen Arbeitsteilung ins Ausland aus bzw. gründen dort Tochterunternehmen. Diese Investitionen bezeichnet man als (ausländische) Direktinvestitionen. Folgende Möglichkeiten von Direktinvestitionen gibt es u. a.:

- Ausstattung von ausländischen Unternehmen mit Anlagen und Kapital,
- Mehrheitsbeteiligung an Unternehmen,
- Erwerb von Unternehmen oder Betriebsstätten,
- Gründung von Tochterunternehmen.

■ Erklären Sie die wirtschaftliche Bedeutung der einzelnen Weltregionen anhand der oben stehenden Grafik.

## Direktinvestitionen als Spiegelbild der globalisierten Wirtschaft

Für weltweit operierende Unternehmen haben die globalen Märkte eine enorme Bedeutung. Sie haben nicht nur hohes Interesse, weltweit ihre Produkte verkaufen zu können, sie wollen auch die unterschiedlichen Vorteile der verschiedenen Standorte nützen. So werden z. B. lohnintensive Produktionsschritte in Billiglohnländer ausgelagert. Mit Präsenz vor Ort sollen aber auch neue Märkte erschlossen werden. Gewinnmaximierung ist auch die Motivation der großen internationalen Finanzinvestoren, ihr Kapital entsprechend weltweit zur Verfügung zu stellen oder auch steuerschonend in ganz bestimmten Staaten anzulegen.

### voestalpine baut für 550 Mio. Werk in Texas

Der oberösterreichische Stahlkonzern voestalpine baut für 550 Mio. Euro ein Werk in Texas (USA), das Anfang 2016 den Betrieb aufnehmen und rund 150 Mitarbeiter/innen beschäftigen soll. Diese Standortentscheidung für eine Direktreduktionsanlage in Nordamerika stelle das bisher größte Auslandsinvestment der Voest-Geschichte dar. Für dieses Projekt habe man insgesamt 17 Standorte in acht Ländern untersucht und sich nun für Texas entschieden. Die Anlage soll aus Eisenerzpellets hochqualitativen „Eisenschwamm" – ein mit höchstwertigem Schrott oder Roheisen vergleichbares Vormaterial zur Rohstahlerzeugung – erzeugen. Mitentscheidend für die Entscheidung zugunsten eines neuen Auslandswerks in den USA war für die voestalpine auch die in Nordamerika billige Energie. Auch Kriterien wie Logistik und gut ausgebildete Arbeitskräfte hätten eine Rolle gespielt. Zudem schaffe die Voest mit dieser Investitionen für den Konzern auf längere Sicht auch eine zusätzliche Wachstumsoption in Nordamerika.

*Nach: http://www.tt.com, Abfrage 24. September 2017*

Voestalpine in Texas: Neben billiger Energie war die Verkehrsanbindung des Werkes für die Standortentscheidung von größter Bedeutung. Das Werk der voestalpine ging am 1.4.2017 in Vollbetrieb.

Kleinstaaten mit großen Investitionssummen sind meist „Steueroasen". In diesen wird aus spekulativen Gründen Kapital verschoben oder „Briefkastenfirmen" minimieren die Steuerlast von Unternehmen.

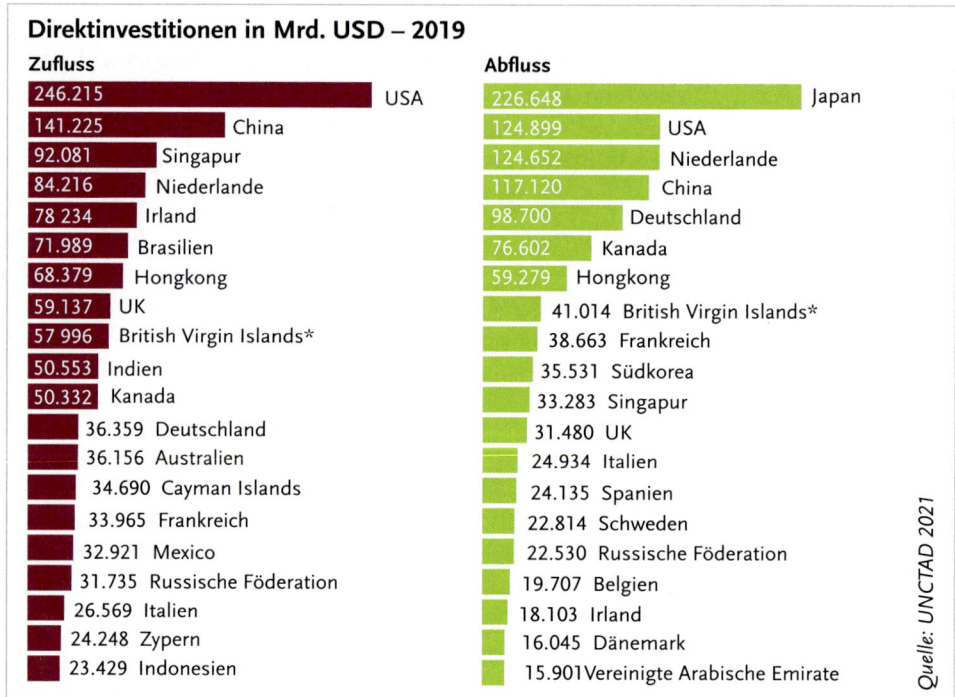

**Direktinvestitionen in Mrd. USD – 2019**

| Zufluss | | Abfluss | |
|---|---|---|---|
| 246.215 | USA | 226.648 | Japan |
| 141.225 | China | 124.899 | USA |
| 92.081 | Singapur | 124.652 | Niederlande |
| 84.216 | Niederlande | 117.120 | China |
| 78 234 | Irland | 98.700 | Deutschland |
| 71.989 | Brasilien | 76.602 | Kanada |
| 68.379 | Hongkong | 59.279 | Hongkong |
| 59.137 | UK | 41.014 | British Virgin Islands* |
| 57 996 | British Virgin Islands* | 38.663 | Frankreich |
| 50.553 | Indien | 35.531 | Südkorea |
| 50.332 | Kanada | 33.283 | Singapur |
| 36.359 | Deutschland | 31.480 | UK |
| 36.156 | Australien | 24.934 | Italien |
| 34.690 | Cayman Islands | 24.135 | Spanien |
| 33.965 | Frankreich | 22.814 | Schweden |
| 32.921 | Mexico | 22.530 | Russische Föderation |
| 31.735 | Russische Föderation | 19.707 | Belgien |
| 26.569 | Italien | 18.103 | Irland |
| 24.248 | Zypern | 16.045 | Dänemark |
| 23.429 | Indonesien | 15.901 | Vereinigte Arabische Emirate |

*Quelle: UNCTAD 2021*

## Arbeitsaufgaben

1. Geben Sie den Unterschied zwischen lang- und kurzfristigen Finanzströmen wieder.

2. Erörtern Sie die Vor- bzw. Nachteile von „Hot Money".

3. Erklären Sie die Motivation von Konzernen, im Ausland zu investieren.

4. Zählen Sie die wichtigste Motivation für Direktinvestitionen auf.

5. Geben Sie die Gründe der Voest wieder, in Texas zu investieren.

6. Zählen Sie in der Grafik die Anzahl der Staaten bei den Importen bzw. Exporten zusammen, die Industriestaaten bzw. Schwellenländer sind.

Ein Großteil der Direktinvestitionen fließt nach wie vor zwischen den wichtigsten Industriestaaten, den Ländern des Nordens. In den letzten Jahren haben aber auch die BRICS-Staaten eine wichtige Bedeutung gewonnen. Einerseits sind sie überaus interessante Standorte für Investitionen geworden, andererseits verfügen sie zunehmend über große Finanzmittel, selber als Investoren aufzutreten. Kleinstaaten mit geringen Steuersätzen für Unternehmen (z. B. Luxemburg oder Irland) oder Steueroasen wie die British Virgin Islands spielen eine weit über ihre Größe hinausgehende Rolle im Konzert der internationalen Finanzströme. Die Entwicklungsländer sind auch hier praktisch ohne Bedeutung.

## Chinas Direktinvestitionen

China baut Staudämme in Myanmar, realisiert Infrastrukturprojekte in Nigeria und kauft innovative Unternehmen in Europa auf. Nur die USA und Japan investieren weltweit noch mehr. Schätzungen zufolge könnten die Investitionen bis 2020 sogar auf insgesamt 1,5 Billionen Euro anwachsen. Der Trend scheint dauerhaft: Strukturelle Veränderungen in der chinesischen Wirtschaft und die verstärkte Unterstützung der Regierung treiben ihn an. Nur ein Bruchteil geht in die Europäische Union. Die Summe macht gerade einmal drei Prozent des gesamten chinesischen Investitionsvolumens aus. Und doch: Die Transaktionen lösen häufig Argwohn aus. Die Erleichterung über finanzkräftige Investoren mischt sich mit der Angst vor dem Ausverkauf von Technologie und Know-how. Diese „Go-Out-Strategie" bringt Chinas Unternehmen handfeste Vorteile: Nicht nur, dass sie eine Präsenz im Ausland aufbauen. Der Technologie- und Wissenstransfer aus dem Ausland stärkt auch ihre Konkurrenzfähigkeit auf dem heimischen chinesischen Markt.

*Nach: https://www.merics.org/, Abfrage 24. September 2017*

| Mögliche Vorteile und Nachteile von Direktinvestitionen | + | – |
|---|---|---|
| Belebung der Konjunktur | | |
| Schaffung von Arbeitsplätzen | | |
| Kapitalzufluss | | |
| Erhöhtes Steueraufkommen | | |
| Marktdominanz ausländischer Unternehmen | | |
| Verlust von Arbeitsplätzen durch Umstrukturierungen und Marktkonzentration | | |
| Ersatz von Importen durch am inländischen Markt produzierter Güter und Verbesserung der Zahlungsbilanz | | |
| Ausländischer Einfluss in wichtigen Wirtschaftsbereichen | | |
| Benachteiligungen heimischer Unternehmen durch steuerliche Förderung oder Subventionierung ausländischer Investoren | | |
| Import von Know-how und Technologie | | |
| Rückbau von Interessen der Arbeitnehmer/innen | | |
| Modernisierung der heimischen Wirtschaft durch Wettbewerbsdruck | | |

### Arbeitsaufgaben

1. Problematisieren Sie das „Geschäftsmodell" von Steueroasen.

2. Erörtern Sie mögliche Gründe für den Argwohn gegenüber chinesischen Investitionen.

3. Geben Sie die Motivation für chinesische Direktinvestitionen wieder.

4. Vergeben Sie in der Tabelle ein Plus (+) bzw. ein Minus (–) für Vor- bzw. Nachteile von Direktinvestitionen.

# 5 Die Finanzmärkte und ihre Bedeutung

*Die wirtschaftliche Globalisierung ist nur möglich, weil die Finanzmärkte das dafür nötige Kapital aufbringen. Diese Märkte haben die weltwirtschaftlichen Spielregeln entscheidend verändert. Wer sich nicht daran hält, scheitert meist ökonomisch. Wer sie akzeptiert, zählt zu den Gewinnern. Die Finanzmärkte sind aber auch krisenanfällig, wie wiederkehrende Finanzkrisen beweisen.*

Financial District Manhattan, New York

## 5.1 Die Macht der Finanzmärkte

Die internationalen Finanzmärkte haben heute meist eine größere Macht als demokratisch gewählte Regierungen und Parlamente, die wiederum die Rahmenbedingungen geschaffen haben, die diese Ordnung - oder besser gesagt eigentlich Unordnung – ermöglichen. Zwar stellen die Finanzmärkte das entsprechende Kapital für die Wirtschaft zur Verfügung, sie erwarten aber dafür entsprechende Rahmenbedingungen um dieses zu gewähren. Neben niedrigen Steuerbelastungen, muss das Shareholder-Value-Prinzip gewährleistet werden: Die Steigerung des Unternehmenswertes ist das oberste Ziel, andere Interessen wie Soziales oder die Umwelt haben in den Hintergrund zu treten.

Der **Shareholder Value** (Aktionärswert) entspricht, vereinfacht gesagt, dem Unternehmenswert und dem davon abhängigen Kurswert der jeweiligen Aktien von an der Börse notierenden größeren Unternehmen.

💡 Das Volumen der globalen Finanzmärkte macht ein Vielfaches des Volumens der globalen Realwirtschaft (damit ist das globale BIP gemeint) aus.

### Shareholder Value – alles für den Aktionär

In den 1980ern und 1990ern wurde die Ertragsoptimierung zugunsten der Unternehmenseigner (Aktionäre) immer bedeutender. Aktionäre verlangten somit auf Hauptversammlungen oder in Medien deutlich häufiger, zukünftig auf das „Shareholder Value" zu achten. Der oft klare Auftrag an das Unternehmen: Kosten reduzieren, Gewinne maximieren – koste es, was es wolle. So diese Maßnahmen zur Profitabilitätssteigerung zu kurzfristig angelegt wurden, resultierte daraus aber oft ein kräftiges Eigentor für manche Unternehmen: Die Bilanzen sahen zwar recht bald gut aus – die Mitarbeiterzufriedenheit und daraus resultierend die Einsatzbereitschaft bzw. Identifikation mit dem Unternehmen sank aber stark, Kunden waren ob neuer Bedingungen sauer, die Umwelt wurde verschmutzt, viele Beschäftigte wurden gekündigt oder es wurde gar unter menschenunwürdigen Bedingungen bis hin zur Kinderarbeit produziert. Aufgrund der negativen Folgen für Beschäftigte, Kunden, Umwelt oder die Gesellschaft wurde der Begriff „Shareholder Value" immer mehr in Richtung Turbokapitalismus oder Ausbeutung gedrängt.

*Nach: http://www.geldmarie.at, Abfrage 23. September 2017*

Weltweit agierende Unternehmen sind meist nicht im Besitz von klassischen Unternehmern/Unternehmerinnen, sondern von Investoren/Investorinnen, die über viel Kapital verfügen. Dieses investieren sie dort, wo möglichst viel Gewinn erzielt werden kann. Falls nicht genug Rendite erwirtschaftet wird, ziehen sie ihr investiertes Kapital auch wieder ab. Es kann also erheblich Druck auf Regierungen ausgeübt werden, um günstige Bedingungen für das Finanzkapital zu schaffen. Denn die Drohung vom Abzug des Kapitals – und infolgedessen im Extremfall der Zusammenbruch selbst gewinnbringender Unternehmen samt Arbeitsplatzvernichtung – steht immer im Raum. Vielfach ist das Finanzkapital auch gar nicht mehr an der Realwirtschaft interessiert, d. h. an der Produktion von Gütern oder Dienstleistungen, sondern nur an Gewinnen durch Finanztransaktionen.

## Arbeitsaufgaben

**1.** Fassen Sie die Kritikpunkte am Shareholder-Value-Prinzip zusammen.

**2.** Bei aller Kritik an den Finanzmärkten: Erörtern Sie die Bedeutung dieser für das Funktionieren der Weltwirtschaft.

## Finanzkapital, Realwirtschaft und Arbeitnehmer/innen haben unterschiedliche Interessen

Dieser Konzentration wirtschaftlicher Entscheidungen auf den Shareholder-Value stehen allerdings auch andere wirtschaftliche Interessen gegenüber. Im Gegensatz zu den Besitzern/Besitzerinnen des Realkapitals, die stabile wirtschaftliche Rahmenbedingungen und berechenbare Finanzmärkte benötigen, sind die Eigentümer/innen von Finanzkapital daran interessiert, in instabilen Finanzmärkten durch zielgerichtete Spekulation hohe Gewinne zu erzielen.

Ungeregelte Finanzmärkte und wenige bis gar keine regulativen Eingriffe durch den Staat bieten dazu die besten Voraussetzungen. Arbeitnehmer/innen sind v. a. daran interessiert, gut bezahlte Arbeitsplätze zu finden bzw. diese nicht zu verlieren. Sie haben auch ein hohes Interesse an einem gut ausgebauten Sozialsystem. Die Ausgestaltung wird maßgeblich von den Staaten geregelt, die mit Gesetzen und internationalen Abkommen steuernd in die Wirtschaft eingreifen. Die Akteure/Akteurinnen haben unterschiedliche Vorstellungen:

| | |
|---|---|
| **Arbeitnehmer/innen** | Gewinne durch Spekulation, Schwankungen der Wechselkurse, Aktienkurse und Rohstoffpreise. Wunsch nach einem möglichst schwachen Staat. |
| **Realkapital-Besitzer/innen** | Vollbeschäftigung, Lohnsteigerungen zumindest im Ausmaß der Arbeitsproduktivität. Wunsch nach einem starken Staat. |
| **Finanzkapital-Besitzer/innen** | Gewinne durch Investitionen, Produktion und Handel, stabile Finanzmärkte und Wechselkurse, Wunsch nach einem nicht zu starken Staat. |

💡 Devisen sind ausländische Zahlungsmittel.

## Arbeitsaufgaben

**1.** Stellen Sie die unterschiedlichen Interessen der beiden Arten von Kapitalbesitzern/-besitzerinnen gegenüber.

**2.** Ordnen Sie mit Pfeilen die Interessen den einzelnen Akteuren zu.

## Die Pensionsfonds – werden wir alle zu Spekulanten?

Pensionsfonds (kapitalmarktbasierte Eigenvorsorge) haben eine hohe Bedeutung erlangt. Sie sollen einen finanziell gesicherten Lebensabend gewährleisten und sind wichtige Geldgeber für die Kapitalmärkte und die Staaten. Das einbezahlte Kapital garantiert allerdings keine bestimmte Pensionshöhe. Das finanzielle Risiko liegt bei der Anlegerin / beim Anleger. Das Kapital wird in erfolgreiche Unternehmen angelegt, deren erstes Ziel die Gewinnmaximierung ist, nicht aber die Erhaltung oder Schaffung von Arbeitsplätzen bzw. hoher Sozial- oder Umweltstandards.

✏ ■ Geben Sie die Funktionsweise von Pensionsfonds wieder.

■ Ergänzen Sie das nebenstehende Schema:

- Druck auf Löhne, Sozialleistungen, Umwelt
- Pensionskassen, Lebensversicherungen
- Shareholder-Value
- Ertragreiche Unternehmen

Ergänzen Sie im nebenstehenden im grauen Feld für wen der dargestellte Kreislauf nicht funktionieren könnte. Erörtern Sie die Gründe dafür.

■ Erörtern Sie das Risiko von endfinanzierten Finanzierungsformen.

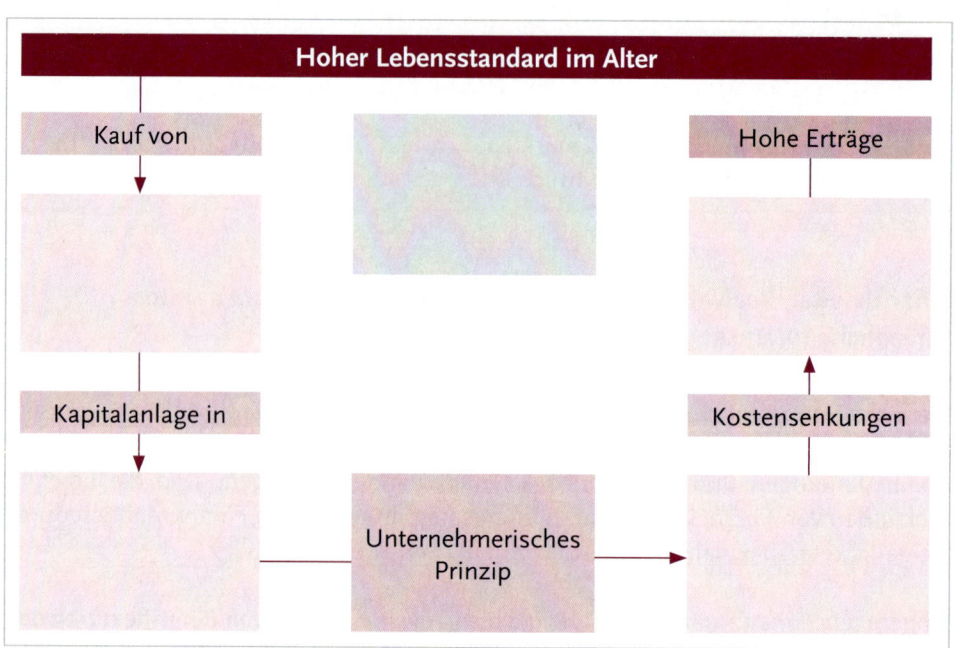

**Hoher Lebensstandard im Alter**

Kauf von

Hohe Erträge

Kapitalanlage in

Kostensenkungen

Unternehmerisches Prinzip

## 5.2 Finanzmärkte sind krisenanfällig

Jahrelang funktionierte das Prinzip der Gewinnmaximierung an den Finanzmärkten. Ungeheure Vermögen wurden geschaffen. Aber auch die „normale" Staatsbürgerin/der „normale" Staatsbürger konnte am Kuchen „mitnaschen". Man legte Geld z. B. in Pensionsfonds – auch staatlich gefördert – an, um mit versprochenen, aber nicht garantierten guten Renditen in (ferner) Zukunft einen materiell abgesicherten Lebensabend genießen zu können.

Man finanzierte die Eigentumswohnung oder das Eigenheim nicht mit jährlich abzuzahlenden Krediten, sondern man schloss endfällige Finanzierungsformen ab. Dabei wurde für diese Zwecke bestimmtes Eigenkapital nicht für die eigentliche Investition verwendet, sondern spekulativ am Finanzmarkt eingesetzt, um hohe Renditen zu erzielen. Als Ausgleich wurde „billiges", erst in Jahrzehnten gesamt mit Zinsen zu tilgendes Kapital in der Erwartung auf geringe Zinsen aufgenommen. Dabei wurde das Risiko oft verschwiegen oder in Kauf genommen, dass in der Zwischenzeit auf den Finanzmärkten geparktes Kapital auch verloren gehen kann und zum Zeitpunkt der Endfälligkeit das Kapital gar nicht mehr vorhanden ist.

**Und immer wieder: Finanzkrisen**

Mehrere Finanzkrisen zeigten, dass die Finanzmärkte krisenanfällig sind:

- **Asienkrise 1997/1998:** Maßlose Investitionen, exzessive Kreditaufnahmen und Handelsbilanzkrisen stürzten ostasiatische Staaten beinahe in den Ruin.
- **Dotcom-Blase 2000:** Maßlose und unangebrachte Spekulationen in Unternehmen der IT-Branche vernichteten das Vermögen v. a. von Kleinanlegern/Kleinanlegerinnen.
- **Immobilienblase 2007:** Ungesicherte Kredite für privaten Wohnraum v. a. in den USA stürzten in der Folge die Weltwirtschaft in die größte Krise seit Jahrzehnten. Mehr als zehn Jahre brauchte es, um die Folgen zumindest teilweise zu überwinden.

Hunderttausende Amerikaner/innen mussten als Folge des Platzens der Immobilienblase ihre Häuser verkaufen.

## Immobilienblase geplatzt

Grund für die Krise ist das Geschäft mit riskanten Hypothekenkrediten an Hunderttausende Amerikaner mit geringer Kreditwürdigkeit. Die Kredite wurden während des fünfjährigen Immobilienbooms häufig ohne Anzahlung und mit zu Anfang extrem niedrigen, aber variablen Zinsen angeboten. Damit wurden einkommensschwache Kreditnehmer zum Hauskauf verleitet. Solange die Einfamilienhäuser und Eigentumswohnungen jährlich prozentual zweistellige Preiserhöhungen verzeichneten, waren alle Beteiligten zufrieden. Seit mehr als einem Jahr fallen jedoch die Immobilienpreise. Gleichzeitig erhöhten Banken die Zinsen der vor einigen Jahren zu Sonderkonditionen abgeschlossenen Hypothekenkredite massiv. Viele konnten die Tilgungen nicht mehr leisten und gerieten in Verzug oder stoppten die Zahlungen ganz. Mehr als zwei Dutzend der auf Risikokredite spezialisierten US-Hypothekenfirmen sind inzwischen insolvent oder auf der Suche nach Käufern. Die Aktien vieler einschlägiger Firmen haben in kurzer Zeit 80 bis 90 Prozent an Wert verloren. Ihre eigenen Kreditgeber haben den Geldhahn ganz oder teilweise zugedreht.

*Nach: http://www.focus.de - 2008*

Diese Kreditpyramide, auf der der US-Immobilienmarkt stand, fiel also wie ein Kartenhaus in sich zusammen. Der Crash stürzte die Weltwirtschaft in die tiefste Krise seit der großen Depression der 1930er-Jahre. Um den völligen Kollaps des Finanzsystems zu verhindern, wurden Banken mit Hunderten Milliarden an Steuergeld gerettet. Der ab 2017 zu beobachtbare weltweite Wirtschaftsaufschwung führt u. a. dazu, dass wieder Kapital zur Verfügung steht, das – mit allen Risiken – stark in Immobilien investiert wird und wie das Beispiel Kanada zeigt, wieder zu Hypothekenblasen führen kann.

 ■ Nennen Sie den Hauptleidtragenden der Rettung der Banken.

## In diesem Land platzt die nächste Immobilienblase

Während sich der US-Markt nach dem Schock des Jahres 2007 deutlich abkühlte, stiegen die Hauspreise im Nachbarland Kanada einfach weiter. Nun droht auch hier eine hohe Rechnung. In der boomenden Großstadt Toronto platzt die Immobilienblase gerade. Im Juli fielen die Verkäufe von Wohnobjekten verglichen mit dem Vorjahreszeitraum um enorme 40 Prozent. Je länger der unnatürliche Preisanstieg vor allem in den Boomstädten wie Toronto andauere, desto wahrscheinlicher und schmerzhafter wird der Zyklus enden. Auch hier zeigt Kanada, wie sich die Gefahr eines Preisrückschlags ausbreiten kann, wobei die Immobilienverkäufe in einigen Regionen bereits im freien Fall sind. Richtig brenzlig wird es aber in der Regel erst, wenn es am Immobilienmarkt zu einer plötzlichen Preiskorrektur kommt. Die Frage ist, wie groß in einem solchen Fall die Kreditrisiken für den kanadischen Finanzsektor wären. Einen Vorgeschmack lieferte bereits Home Capital, Kanadas größter Hypothekenfinanzierer, bei dem in großem Stil Geld abgezogen wurde.

*Nach: https://www.welt.de, 4. August 2017*

## Arbeitsaufgaben

1. Nennen Sie die Hauptbetroffenen der Finanzkrisen.
2. Formulieren Sie Gründe für die immer wiederkehrenden Finanzkrisen.

## Ziele erreicht? – „Marktmodelle – Finanzmärkte"

Banken, Börsen, Finanzmärkte: Große Finanzinstitutionen sorgen für das finanzielle Funktionieren der Weltwirtschaft, doch sie sind krisenanfällig. Weltweit agierende multinationale Konzerne haben eine größere ökonomische Macht wie die meisten Staaten der Erde. Zwar bieten sie Hunderttausenden Menschen Arbeit, doch sie bestimmen in zunehmendem Maße die wirtschaftlichen Spielregeln – nicht immer zum Nutzen der sozial Schwächeren oder der Umwelt.

**1.** Erklären Sie den Hauptgrund des Funktionierens des „Geschäftsmodells" Irland mithilfe der folgenden Grafik.

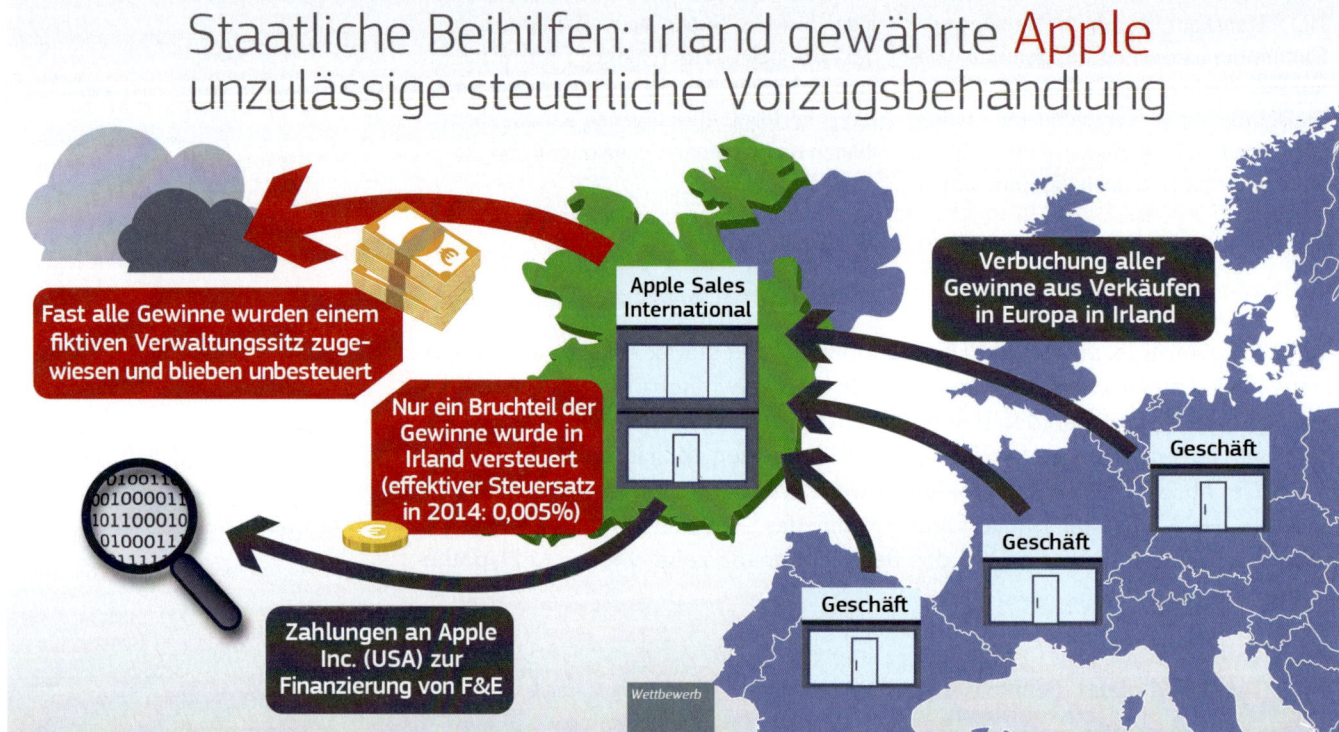

Anmerkung: Mittlerweile hat die EU auf dieses Geschäftsmodell reagiert und Apple zu Steuernachzahlungen in der Höhe von 13 Mrd. EURO verurteilt.

**2.** Bewerten Sie die Aussagen mit Schulnoten und überlegen Sie ein Schlagwort als Begründung dazu. Diskutieren Sie die Ergebnisse.

**Eine Blitzumfrage**

| „Konzerne sind wichtiger als Regierungen." | „Das Finanzkapital soll zurückgedrängt werden." | „Direktinvestitionen sind für Entwicklungsländer wichtig." |

**Aus diesem Kapitel habe ich die nachstehend angeführten Erkenntnisse und/oder Einsichten gewonnen:**

# Industriestaaten in der globalisierten Welt

## Meine Ziele

Nach der Bearbeitung dieses Kapitels kann ich

- gesellschaftliche und wirtschaftliche Entwicklungen in ausgewählten Industriestaaten beschreiben;
- New York als Global City beschreiben;
- Veränderungen in Gesellschaft und Wirtschaft in ausgewählten Industriestaaten erörtern;
- soziale Folgen des politischen und ökonomischen Systemwandels am Beispiel der Russischen Föderation erörtern;
- Chancen von ausgewählten Industrieregionen bewerten;
- gesellschaftliche und wirtschaftliche Entwicklungen in ausgewählten Industriestaaten im Lichte der Globalisierung problematisieren.

# 1 Wirtschaftsraum USA – regionale Unterschiede

*Die USA sind zwar die dominante Wirtschaftsmacht, doch innerhalb des riesigen Staatsgebietes gibt es erhebliche Unterschiede in der Wirtschaftskraft. Während früher vor allem der Nordosten die wirtschaftlich dominante Region der USA war, haben im Laufe des 20. Jahrhunderts die Regionen im Süden und im Westen stark aufgeholt. Der sogenannte Sun Belt wird zur Wachstumsregion.*

💡 Der Rust Belt (dt. Rostgürtel, früher Manufacturing Belt genannt) ist die älteste und größte Industrieregion der USA. Er erstreckt sich entlang der Großen Seen von Chicago über Detroit, Cleveland, Cincinnati und Pittsburgh bis an die Ostküste.

💡 Der Sun Belt (deutsch „Sonnengürtel") bezeichnet das Gebiet südlich des 37. Breitengrades der USA, dazu gehören z. B. Silicon Valley in Kalifornien, die klassischen Südstaaten, Florida und die Erdölindustrie in Texas. Diese Region ist die Zukunftsregion der US-Wirtschaft und hat einen großen Bevölkerungszuwachs.

## 1.1 Vom Frost Belt zum Sun Belt

**Frost- und Sun Belt**

| Standortfaktoren des Frost Belt im 19. Jahrhundert | Standortfaktoren des Sun Belt im 20. Jahrhundert: |
|---|---|
| ■ Steinkohle- und Eisenerzvorkommen<br>■ Viele und billige Arbeitskräfte (durch die Einwanderung)<br>■ Dichtes Eisenbahnnetz<br>■ Günstige Wasserwege (Große Seen, Kanäle, St. Lorenz-Strom) | ■ Niedrigere Lohnkosten<br>■ Geringere gewerkschaftliche Organisation<br>■ Niedrigere Grundstückskosten<br>■ Angenehmeres (sonnigeres, wärmeres Klima)<br>■ Erdöl- und Erdgasvorkommen |

## ✏ Arbeitsaufgaben

**1.** Ordnen Sie die Nummern in der Karte den Textkärtchen zu.

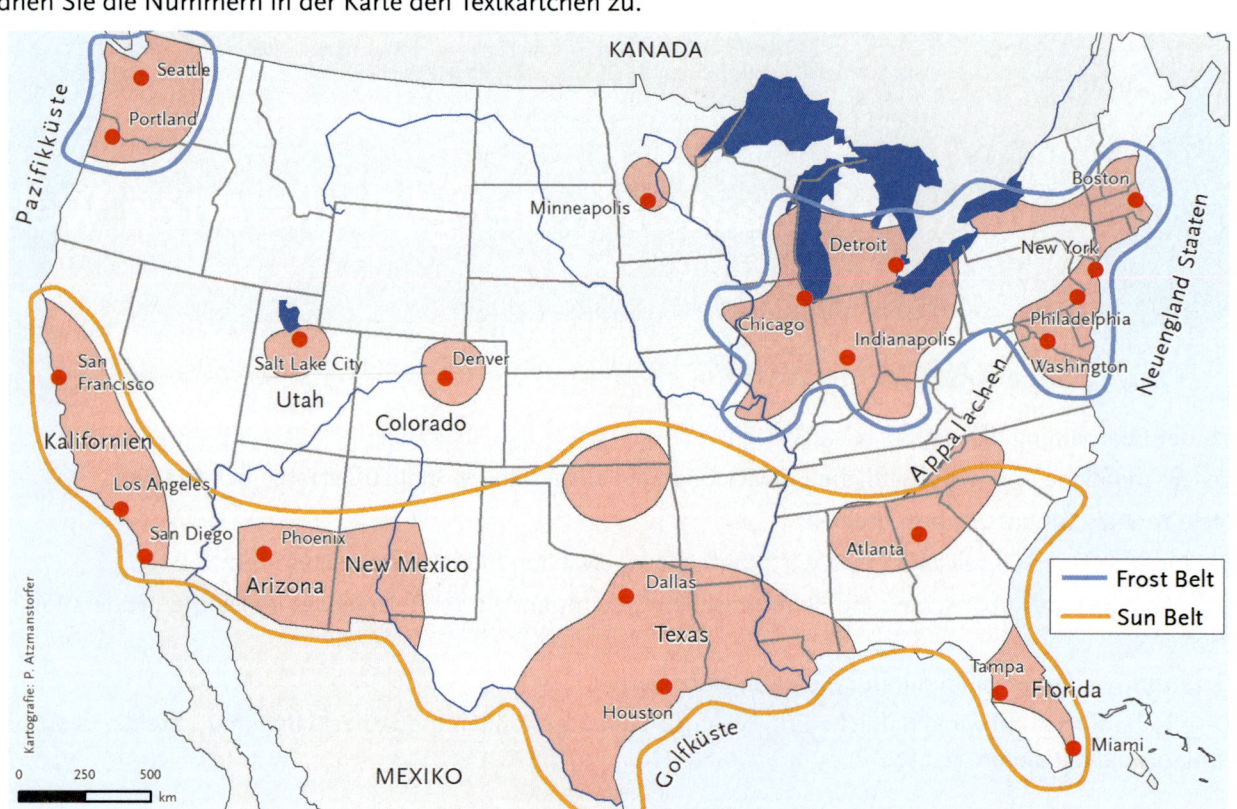

**Manufacturing Belt:** größtes zusammenhängendes Industriegebiet der Erde (Bergbau und Stahlindustrie, Automobilindustrie)

**1930er-Jahre:** Beginn der Abwanderung der Industrie in den **Sun Belt**

heutige Bedeutung: **Headquarter Economy:** Konzernzentralen, Versicherungen, Banken, hochwertiger Dienstleistungssektor

**Krisengebiete im Manufacturing Belt:** Detroit und Umgebung. Niedergang der Stahl- und Automobilindustrie

**1950er-Jahre:** Erdölfunde am **Golf von Mexiko:** Industrialisierung der Golfküste (petrochemische Industrie)

**1950er-Jahre und später:** Entwicklung der Computerindustrie im **Silicon Valley**

**Seattle:** Flugzeugindustrie, Softwareindustrie

**2.** Erklären Sie die Abwanderung eines Teils der Industrie aus dem Manufacturing Belt in den Sun Belt aufgrund der unterschiedlichen Standortfaktoren.

## 1.2  Detroit – eine „Shrinking City"

Der amerikanische „Rust Belt" ist nicht nur durch den Niedergang der Schwerindustrie betroffen. Die derzeitige Wirtschaftskrise wirkt sich hier noch schlimmer aus als in anderen Regionen der USA. Detroit ist in den letzten Jahren ein besonders negatives Beispiel für den teilweisen Niedergang des Nordostens geworden.

Detroit ist das Zentrum der amerikanischen Automobilproduktion. Die „Großen Drei" – Chrysler, Ford, General Motors – machten aus Detroit die „Car City". Viele Jahrzehnte hatte Detroit ein besonders hohes Wirtschaftswachstum. Die 1920er-Jahre waren durch einen außergewöhnlichen Hochhausboom gekennzeichnet. Die Zahl der Einwohner/innen stieg zwischen 1900 und 1950 von knapp 300 000 auf fast 2 Millionen. Bis heute ist die Einwohnerzahl wieder auf ca. die Hälfte vom Höchststand geschrumpft.

Nach 1950 begann in Detroit die Suburbanisierung, die „Wanderung" an den Stadtrand. Einer der Auslöser dieses Prozesses waren Rassenkonflikte. Zwischen 1940 und 1960 wuchs der Anteil der Black Americans auf ein Drittel der Einwohnerschaft. Die weißen Mittelschichten verließen die Innenstadt und zogen in die Vorstädte, die „Suburbs". Heute sind fast 80 % der Menschen in den Vororten weiß und ebenfalls fast 80 % der Bewohner der Innenstadt schwarz. Die Einkommen im Zentrum sind im Durchschnitt halb so hoch wie in den „Suburbs".

Die Wirtschaftskrise hat den Verfall der Innenstadt verstärkt. Heute liegt ein Drittel der gesamten Stadtfläche brach. Zahllose Gebäude wurden abgerissen. Einige

Städtischer Verfall (urban blight) in Detroit: aufgelassenes Kino

tausend Bauten stehen leer. Dieses Phänomen wird in der Stadtplanung als „Shrinking City" (schrumpfende Stadt) bezeichnet. Es beschränkt sich nicht auf Detroit, sondern ist ein Kennzeichen des gesamten Manufacturing Belts sowie aller alten Industriegebiete auch in Europa. Während sich die US-amerikanische Automobilindustrie langsam wieder erholt, ist dies bei Detroit leider nicht der Fall. Im Gegenteil: 2013 ging die Stadt in Konkurs.

**Metropolitan Area:** In den USA die Bezeichnung für eine größere Stadtregion (mit mindestens 100 000 Einwohnern), die aus einer oder mehreren zentralen Städten (Metropolen) und den sie umgebenden Vororten (Suburbs) besteht.

■ Fassen Sie die Gründe für den Niedergang der Innenstadt von Detroit zusammen. Begründen Sie, warum sich die Wirtschaftskrise im Manufacturing Belt besonders stark auswirkt.

### Kommt nach dem Verfall die Renaissance?

„Detroit ist zurück!" – „In Detroit geht die Post ab!" – „Hier entsteht gerade ein neues Kulturmekka!" Nach Jahrzehnten des Niedergangs gehe es für die ehemalige Auto-Metropole wieder bergauf, lautet der einhellige Tenor, den man medial seit Jahr und Tag zu hören bekommt. ….. Der ebenso beliebte wie schräge australische Reisebuchverlag Lonely Planet kürt Detroit für 2018 zur zweitbesuchenswertesten Stadt der Welt – geschlagen nur von Sevilla, aber vor Canberra, Hamburg, Kaohsiung (Taiwan), Antwerpen, Matera (Basilikata/Süditalien), San Juan (Puerto Rico), Guanajuato (Mexiko) und Oslo. Begründung: Die Stadt habe sich innerhalb der vergangenen Dekade geradezu vorbildlich gewandelt, strotze vor neuen Ideen und kreativem Potenzial. Eine erstaunliche Entwicklung, bedenkt man, dass Motown im Sommer 2013 pleiteging. Die Stadt musste Insolvenz anmelden. Arbeitslosigkeit, Kriminalität und zehntausende leerstehende Häuser. So weit war es mit Detroit gekommen. Abgespeichert hatten wir von den letzten Besuchen, dass, wenn denn der People Mover (die mehr oder weniger rund um Downtown führende Stelzenbahn) in Betrieb war, von dort aus nur Verfall zu bemerken war. Ein deprimierender Anblick. Daran hat sich nun tatsächlich was geändert. Hinterm Hotel, dem Westin Book Cadillac, nur ein paar Minuten zu Fuß entfernt vom Messegelände, der Cobo Hall, hat sich eine neue, lebendige Kneipen- und Restaurantszene entwickelt. Abends sind die Läden brechend voll, das Steakhaus Prime + Proper zum Beispiel; man fragt sich, woher plötzlich die vielen Leute kommen. Zumal, das bestätigt sich auch anderntags, sonntags, kaum Verkehr herrscht in der Innenstadt. Geradezu gespenstisch wenige Autos sind unterwegs in dieser Metropole, deren Geschichte wie die keiner anderen mit dem Automobil verbunden ist. Ende 2013 standen fast 80 000 Häuser leer, die im Keller liegenden Immobilienpreise locken inzwischen viele neue Mieter an. Etliche leerstehende kleinere Fabrikgebäude wurden loftmäßig neuen gastronomischen Zwecken zugeführt. …. Wo in Wien oder Manhattan am Wochenende die Cafés und Delis voll sind, ist hier kaum was los. Immerhin wird man wenigstens nicht gleich wieder hinauskomplimentiert, um den Platz für die nächsten Gäste freizumachen. Dass die Belebung erst einmal nur ein punktuelles Phänomen an mehreren Stellen von Detroit Downtown ist – immerhin ist sie zu bemerken –, zeigt sich dann bei der Runde vom People Mover aus. Wo vor ein paar Jahren nur einstürzende Alt- und Neubauten zu sehen waren, scheint der Verfall gestoppt. Es wird sogar wieder gebaut. Ja, es gibt sogar wieder ein neues Wolkenkratzerprojekt. …..

*https://derstandard.at, Der Standard 21. Jänner 2018*

## 1.3 Global City – New York

Der „Big Apple", wie die Stadt auch genannt wird, zählt neben London und Tokio zu den Zentren der Weltwirtschaft. Den wirtschaftlichen Aufstieg verdankt die Stadt der industriellen Massenproduktion, technischen Innovationen, einem – wegen ständiger Einwanderungswellen – sich nie erschöpfenden Arbeitskräftepotenzial, risikobereitem Unternehmergeist und finanzkräftigen Investoren. Heute haben ca. 2 800 amerikanische Konzerne ihre Zentrale in New York City. Die Stadt ist Sitz der Vereinten Nationen, hat mehr als 500 Galerien, mehr als 200 Museen und ca. 150 Theater.

## New York City

Das Ballungsgebiet um New York ist das größte der USA und eines der größten der westlichen Welt. Mehr als 18 Millionen Menschen leben dort. In der Stadt New York selbst (New York City) leben ca. 8 Millionen. Die Stadt ist in fünf Verwaltungsbezirke (Boroughs) eingeteilt: Manhattan, Bronx, Brooklyn, Queens und Staten Island. Es gibt drei Stadtzentren (CBDs): Eines liegt in Brooklyn, zwei in Manhattan: der sogenannte Wallstreet Financial District am südlichen Ende der Insel Manhattan (auch Lower Manhattan oder Downtown genannt) und der südlich des Central Park gelegene Midtown District (auch Uptown genannt).

### Weltkonzerne mit Sitz in New York – einige Beispiele

- American Express
- American International Group
- BlackRock
- Bristol-Myers Squibb
- Citigroup
- Colgate-Palmolive
- Estée Lauder
- Fox
- Goldman Sachs
- JP Morgan Chase
- Macy's
- Metlife
- Morgan Stanley
- News Corp.
- Pfizer
- Philip Morris International
- Verizon
- ViacomCBS
- Warner Music

Die fünf Boroughs von New York:
1. Manhattan, 2. Brooklyn,
3. Queens, 4. The Bronx,
5. Staten Island

**CBD (Central Business District):**
Innenstadt und zentrales Geschäftsviertel in US-amerikanischen Städten. Sie unterscheiden sich von der Umgebung durch eine markante Hochhausverbauung.

## Manhattan – das Zentrum der Weltwirtschaft

Manhattan ist eine Insel im Mündungsgebiet des Hudson River. Auf knapp 60 km² leben mehr als 1,6 Millionen Menschen, also fast so viele wie in Wien auf über 400 km². Um 1910 betrug die Bevölkerungszahl noch 2,7 Millionen. Seitdem siedelten immer mehr Menschen in die Vorstädte. Manhattan ist nach wie vor ein buntes Mosaik aus unterschiedlichen Vierteln (Neighborhoods): Vom vornehmen Financial District, dem Künstlerviertel Greenwich Village bis hin zum ehemaligen Ghetto von Harlem ist hier alles vertreten.

## Der Financial District

Banken und Börsen kennzeichnen den Wallstreet Financial District. In der Wallstreet befindet sich die NYSE (New York Stock Exchange), die größte Börse der Welt. Im Dow-Jones-Index sind die aktuellen Kurse von 30 der größten US-Unternehmen zusammengefasst. Er ist der wichtigste Börsenindex der Weltwirtschaft. Auf der NASDAQ, der zweiten wichtigen Börse in Manhattan, werden ausschließlich Aktien von Technologieunternehmen gehandelt. Sie hat ihren Sitz im Midtown District.

## Manhattan verändert sich – der Gentrifizierungsprozess

Mit der Abwanderung der Industrieproduktion wurden im Lauf der Zeit Fabriks- und Hafenflächen frei. Die leer stehenden Gebäude wurden bald von Künstlern und Künstlerinnen für Wohn- und Arbeitszwecke entdeckt. Ursprünglich waren diese Viertel die Heimat sozial eher schwacher Bevölkerungsschichten, viele Arbeitslose sowie mittellose Immigranten und Immigrantinnen lebten hier.

Durch den Zuzug von Künstlern und Künstlerinnen und Bobos (Bourgeois Bohemiens – gut verdienende, liberal gesinnte, meistens junge Menschen) wurden diese alten Viertel nach und nach „aufgewertet". Nach der Sanierung von Gebäuden stie-

Lower Manhattan – das Finanzzentrum der Weltwirtschaft

gen die Wohnungspreise, die alten, finanzschwachen Mieter/innen mussten ausziehen und neue wohlhabende Personen zogen zu. Auf diese Weise konnten z. B. die Viertel Soho und Tribeca saniert werden. Diesen Prozess der sozialen Aufwertung eines Stadtviertels nennt man Gentrifizierung.

## Arbeitsaufgaben

1. Nennen und lokalisieren sie die CBDs in New York.
2. Recherchieren Sie die Branchen der in New York beheimateten Konzerne.
3. Erstellen Sie eine nach Umsatzzahlen gereihte Tabelle der angeführten Unternehmen. (www.trauner.at/global2000.aspx)
4. Charakterisieren Sie eine Global City.
5. Diskutieren Sie die Vor- und Nachteile des Gentrifizierungsprozesses in einer Großstadt.

### Queens – Beispiel für ein multikulturelles Viertel

New York ist eine klassische Einwandererstadt und ist demnach multikulturell geprägt. Das bedeutet, dass in dieser Stadt Angehörige zahlreicher Volksgruppen neben- und miteinander leben und viele Viertel in ihrem Aussehen prägen. Von den über acht Millionen Einwohnern sind 36 % im Ausland geboren. Dieser Bevölkerungsanteil hat sich in den letzten dreißig Jahren verdoppelt. Charakteristisch für die gegenwärtige Einwanderung nach New York ist die außergewöhnliche Vielfalt. Man sagt, dass jedes Land der Welt in New York vertreten ist. Besonders Queens gilt als ein Beispiel für eine multikulturelle Gesellschaft.

Interessant ist des Weiteren, dass durch die Immigration das lokale Geschäftsleben entscheidend geprägt und intensiviert wurde. Die lokale Ökonomie hat durch Zuwanderung an Bedeutung gewonnen.

Dass man Queens inzwischen auch in Deutschland kennt, ist hauptsächlich der Fernsehserie „King of Queens" zu verdanken. Oft als etwas langweilig belächelt, bietet Queens viel mehr als nur günstigen Wohnraum in einer absurd teuren Stadt. Fast die Hälfte der Einwohner hat einen Migrationshintergrund und jede ethnische Gruppe hat diesem Stadtteil ihren Stempel aufgedrückt. Wer hier wohnt, identifiziert sich vor allem mit seiner direkten Nachbarschaft: Griechen mit Astoria, Iren mit Woodside, Italiener mit Ozone Park, Juden mit Rego Park. Nirgendwo sonst in New York leben mehr Asiaten und insgesamt werden 138 Sprachen gesprochen.

*https://www.focus.de,*
*14. Oktober 2018*

Recent economic snapshots issued by the state comptroller show that New York City has continued to experience record economic expansion in the past three years. This growth has been led by notable gains in the economies of Queens, Brooklyn and the Bronx (Staten Island's report is expected later this year), which since the 1990s have seen an economic boost from a large increase in their immigrant populations, Crain's reports. The revitalization of these immigrant-rich areas has led to an uptick in the number of businesses as well as sales and job growth. Unemployment is at its lowest rate since 1990. Queens, the borough that is home the city's most diverse population and becoming more so, is clearly one to watch. The constant in all three boroughs, Crain's points out, is that large population increases led by immigration since 1990 have led to revitalization over the last decade, which has lifted the number of businesses, business sales, jobs and employment. Of the boroughs highlighted, Queens has a higher average household income and a lower poverty rate than Brooklyn and the Bronx.

*https://www.6sqft.com, 14. Oktober 2018*

Straßenszene in New York: Angehörige unterschiedlichster Nationalitäten sind unterwegs.

### Arbeitsaufgaben

1. Nehmen Sie Stellung zu den beiden Presseartikeln und diskutieren Sie in der Klasse über die Vor- und Nachteile einer multikulturellen Stadt.

2. Übertragen Sie das „Modell New York" auf europäische Städte. Erörtern Sie mögliche Unterschiede.

## 1.4 Die Abwanderung in den Sun Belt – Beispiel Silicon Valley

Ab den 1930er-Jahren begannen die Industrien des Manufacturing Belt in den Süden, den sogenannten Sun Belt, abzuwandern. Zunächst waren es die niedrigen Lohnkosten im „alten Süden" (Carolina, Georgia, Alabama ...), die viele Unternehmen zur Abwanderung veranlassten. Später machten die Ölfunde die Region um den Golf von Mexiko zur Boomregion, bis schließlich die Westküste (Kalifornien, die Region um Seattle) vor allem von der Hightechindustrie entdeckt wurde.

### Silicon Valley – Vorbild für alle Hightechregionen

Silicon Valley ist das Stammland der Mikroelektronik und genießt in der Zwischenzeit einen beinahe legendären Ruf als äußerst dynamische Wachstumsregion, die weltweit ihresgleichen sucht.

Das Silicon Valley – eine Industrieregion, die in Garagen und leer stehenden Lagerhallen von Apfelbaumplantagen ihren Anfang nahm.

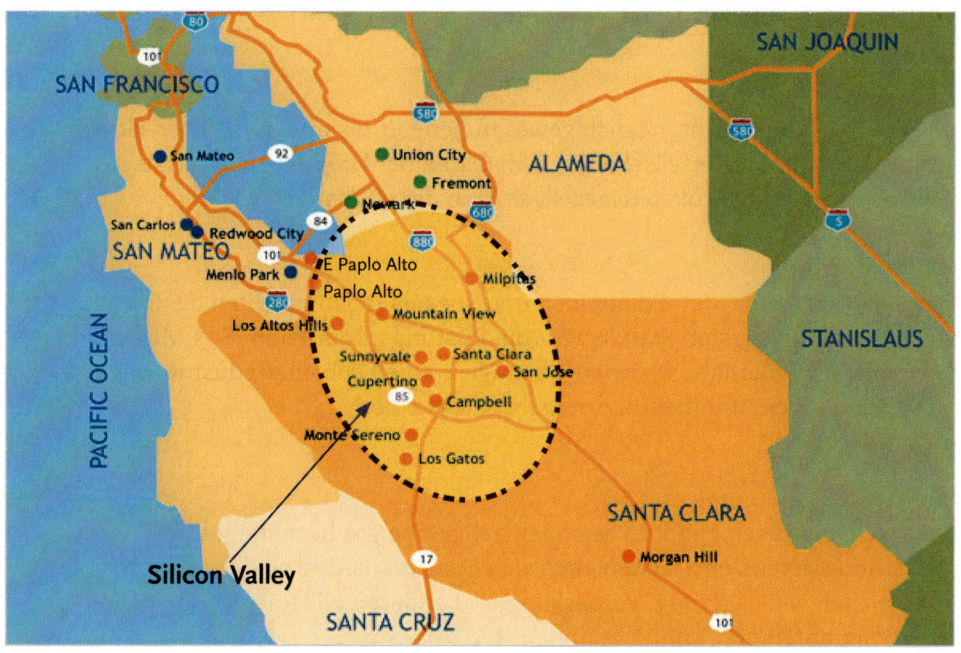

**Einige bekannte Firmen, die ihren Hauptsitz im Silicon Valley haben**

**Hardware-Unternehmen:** Apple, Cisco Systems, Hewlett-Packard (HP), Intel, Nividia, Palm, Oracle, Sun Microsystems.

**Software-Unternehmen:**Adobe Systems, eBay, Facebook, Alphabet (Google), Symantec, Yahoo.

**Risikokapital (Venture Capital):** Die Finanzierung eines Projektes wird ohne Sicherstellung gewährt. Eine reelle Chance auf einen hohen Gewinn ist einer der Hauptgründe der Kapitalgeber, warum sie zu diesen riskanten Bedingungen investieren. Es wird hauptsächlich in nicht börsennotierte, neu gegründete technologieorientierte Unternehmen (Start-ups) investiert; Risikokapital kann aber auch für schon länger bestehende Firmen eine Finanzierungsmöglichkeit darstellen.

## Arbeitsaufgabe

- Der Aufstieg des Silicon Valley ist durch mehrere Ursachen zu erklären. Im Laufe der Zeit ergaben sich aber auch zahlreiche Probleme. In den folgenden sieben kurzen Texten werden Gründe für den Aufstieg und aktuelle Probleme genannt. Schreiben Sie in das Feld ein +, wenn Sie einen Grund für den Aufstieg erkennen, sonst ein – (für Problem).

Die Universitäten von Stanford, Berkeley, San José und Santa Clara spielten bei der Ansiedlung von Hightechbetrieben eine wichtige Rolle. Viele Wissenschafter/innen gründeten eigene Firmen, ehemalige Mitarbeiter dieser Firmen gründeten wieder eigene Firmen, sodass ein richtiger Firmengründungsboom die Folge war (Spin-offs). Durch die enge Kooperation mit der Universität gibt es nie Engpässe an höchst qualifizierten Technikern/Technikerinnen und Wissenschaftern/Wissenschaftlerinnen.

Der Industrieboom und die flächenintensive Flachbauweise führten bald zu einem Mangel an dem ursprünglich extrem billigen Bauland, was auch die Grundstücks- und Wohnungspreise in schwindelnde Höhen trieb. Viele Farmer/innen wurden gezwungen (z. B. durch überhöhte Grundsteuern), ihr Land zu verkaufen.

Das Talbecken des Silicon Valley begünstigt die Smogbildung. Neben dem Autoverkehr (die durchschnittlichen Anfahrtswege betragen ca. 35 km) ist die Mikroelektronikindustrie selbst ein Hauptverursacher für die zum Teil katastrophale Umweltsituation. 25 Tonnen Chemikalien täglich produziert ein Chipwerk an Abfall. In vielen Orten ist das Grundwasser völlig verseucht.

Der Hightech-Boom wäre ohne Risikokapital nicht möglich gewesen. Jede Erfolgsmeldung eines Elektronikunternehmens lockte neue Venture-Capital-Gesellschaften vom Osten der USA ins Silicon Valley. In Kalifornien sind mittlerweile die meisten Risikokapitalgesellschaften der USA angesiedelt.

Die militärischen Konflikte der USA mit Korea, den Philippinen und speziell Japan machten die Pazifikküste seit dem Zweiten Weltkrieg zum wichtigsten Standort für die Rüstungsproduktion. Das Militär und später die NASA garantierten seit den 1940er-Jahren sichere Aufträge an die Halbleiterindustrie. Verteidigungsaufträge wurden jedoch auch an Kleinunternehmen vergeben, was einen Gründungsboom zur Folge hatte.

Im Silicon Valley wurden wie in vielen anderen Hightechregionen zahlreiche gut bezahlte Jobs im hoch qualifizierten Sektor geschaffen. Andererseits entstanden auch viele Jobs im niedrig qualifizierten Bereich, v. a. in Dienstleistungsbereichen wie Lagerung, Verpackung und anderen Hilfstätigkeiten. Diese Arbeiten werden sehr oft von Immigranten und Immigrantinnen (Hispanics u.a.) durchgeführt.

Viele wirtschaftliche Fehler und Probleme haben zu einem Bedeutungsverlust des SV geführt: Facebooks Rolle im Präsidentschaftswahlkampf, Probleme mit Daten und Steuern bei Google in Europa, Produktionsverzögerungen bei Tesla, Googles Probleme mit dem autonomen Auto. Auch die hohen Kosten schaffen Probleme: Eine Wohnung im SV ist nicht unter 3000 Dollar zu haben, die Armutsgrenze ist aufgrund der enorm gestiegenen Lebenshaltungskosten auf 117000 $/Jahr angehoben worden.

## 1.5 Die Gesellschaft der USA – gibt es noch den „American Dream?"

*Das amerikanische Gesellschaftsmodell galt jahrzehntelang als Erfolgsmodell schlechthin. Hohe Wirtschaftswachstumsraten und geringe Arbeitslosigkeit führten zum Bild der USA als „Job Machine". Während der Immobilienkrise 2007 und einige Jahre danach war die „Job machine" vorläufig zu Ende. In den letzten Jahren bis zum Ausbruch der Corona-Krise gab es wieder einen robusten Aufschwung. Nur der „American Dream" vom unaufhaltsamen sozialen Aufstieg, der für alle möglich ist, dürfte möglicherweise zu Ende sein.*

### USA – ein Land der „Ungleichen"

Die zunehmende Ungleichheit in den USA lässt es oft nicht mehr als das „Land der unbegrenzten Möglichkeiten" erscheinen. Einerseits schaffen immer weniger arme Menschen den amerikanischen Traum vom Tellerwäscher zum Millionär. Andererseits bröckelt wegen der Nachwehen der Wirtschaftskrise von 2008 und verschärft durch die Corona-Pandemie der Mittelstand weg. Immer mehr Menschen zählen zu den „working poor", die zwar einen Job haben, davon aber nicht leben können. Deshalb müssen viele mehrere Jobs gleichzeitig ausüben, leben auf der Straße oder wohnen in ihren Autos.

Die Notwendigkeit von Mindestlöhnen wird in den USA sehr kontrovers diskutiert, wie auch der Tweet der demokratischen Kongress-Abgeordneten Ocasio-Cortez zeigt.

 ■ Compare Ms. Ocasio-Cortez' opinion with Ms. Parker's opinion from the Job Creators Network as shown in the Youtube-Video "What's killing the american dream" (Link: www.trauner.at/american_dream.aspx)

---

#### USA: Für immer Tellerwäscher

… Worauf eine Nation stolz ist, muss sie mit sich selbst ausmachen. Das Wahlverhalten der Amerikaner zeigt: Sie können damit leben, dass bei ihnen Einkommen und Vermögen ungleicher verteilt sind als anderswo. Auch soziale Sicherheitsnetze europäischer Art fordern sie nicht. Solange der American Dream mehr ist als ein Traum: dass es in ihrem Land jeder schaffen kann, auch ganz nach oben, wenn er tüchtig ist. …

Niemand muss sich also wundern, wenn ein Forschungszentrum der Uni Stanford die USA in Sachen Ungleichheit an allerletzte Stelle reiht, unter zehn reichen Ländern – mit Finnland an der Spitze. In einer größeren Gruppe von 21 Staaten landet Amerika auf Platz 18 (hier sind osteuropäische Länder mit nur mittlerem Wohlstandsniveau dabei, die nicht alle Daten liefern können). …

Denn zu den üblichen Parametern gesellen sich zwei historische Stärken Amerikas. Zum einen der flexible und wenig regulierte Arbeitsmarkt, der als Jobmaschine gilt. Aber die Zahlen sprechen eine andere Sprache. Zwar ist die Arbeitslosenquote niedrig, aber sie erfasst nicht jene, die nicht (mehr) einen Job suchen. Relevanter ist die Beschäftigungsquote. Und hier reicht es mit 75 % der 25- bis 65-Jährigen nur für Rang acht von zehn (bzw. 17 von 21). An erster Stelle: Deutschland mit 85 %.

Und dann ist da die soziale Mobilität, die sich die Amerikaner seit jeher stolz auf ihre sternebesäte Fahne schreiben. Aber es zeigt sich: Ein dänischer Tellerwäscher hat viel bessere Chancen, sich zum Millionär zu mausern, als sein Kollege aus dem Land der angeblich unbegrenzten Möglichkeiten.

*https://diepresse.com, 22. März 2018*

---

### Arbeitsaufgabe

■ Diskutieren Sie in der Klasse: Gibt es noch den American Dream? Wäre es für österreichische Jugendliche eine Option, in den USA beruflich Fuß zu fassen?

Villa in Palm Beach in Florida. Palm Beach hat die höchste Milliardärs-Dichte in den USA.

Gated community – immer mehr Reiche, nicht nur in den USA, „schützen sich" durch Zäune und Bewachungspersonal

Die Corona-Pandemie hat auch in den USA zu schweren wirtschaftlichen Verwerfungen geführt. Zehn Millionen Menschen haben per saldo seit dem Frühjahr ihren Job verloren. Doch für die Superreichen hat sich die Krise ausgezahlt: Die Milliardäre in Amerika konnten ihr Vermögen seit Beginn der Pandemie um mehr als eine Billion Dollar (826,7 Milliarden Euro) steigern. Während das Gesamtvermögen der US-Milliardäre am 18. März noch bei rund 2,95 Billionen Dollar gelegen habe, sei es bis [7. Dezember 2020] auf mehr als vier Billionen Dollar angewachsen.

*Quelle: https://www.waz.de/, 2020*

## Soziale Unterschiede in den USA

Obwohl nach dem BIP pro Kopf die USA immer noch zu den reichsten Nationen der Welt zählen, zeigen sich die sozialen Unterschiede in vielen Bereichen. Auf der einen Seite wohnen viele Reiche in eigenen Vierteln am Rande der Städte, von privatem Sicherheitspersonal beschützt und bewacht in sogenannten „gated communities". Auf der anderen Seite wird es für die Mittelschicht immer schwieriger, ihren Lebensstandard zu halten. Die geringen Löhne führen zu einer Zunahme der Armut. Soziale Sicherheit wie in Europa ist in den USA unbekannt. Erst Präsident Barack Obama konnte 2010 unter Mühen ein Sozialversicherungssystem einführen, das die gröbsten sozialen Risiken reduzierte. Bis dahin waren Krankheiten und Unfälle für viele Nichtversicherte ein enorm hohes Risiko, in Armut und Elend abzuleiten. Die Republikaner versuchen nach dem Wahlsieg Donald Trumps das Sozialversicherungssystem, als „Obamacare" bezeichnet, wieder rückgängig zu machen. Jede/r ist für ihre/seine Gesundheit selbst verantwortlich.

### Der fatale American Dream

„Der Sozialismus hat in den USA nie Fuß fassen können, weil sich die Armen nicht als ausgebeutetes Proletariat, sondern als zeitweilig verhinderte Millionäre sehen" – das hat der US-Schriftsteller John Steinbeck einst gesagt. Die Zahl der Haushalte in den USA, die sich die Dinge des täglichen Lebens (Wohnung, Essen, Gesundheitsversorgung, Mobilität) nur schwer leisten können, ist erschreckend hoch: 43 % – also fast die Hälfte – meldete vor zwei Jahren die US-Statistikbehörde. Rund 40 Millionen Menschen in den USA gelten als arm. Doch Untersuchungen der Wirtschaftsforscherin Stefanie Stantcheva sowie der -forscher Alberto Alesina und Edoardo Teso 2018 ergaben: Im Land der Freiheit ist die Ansicht weit verbreitet, es sei nicht die Aufgabe des Staates, soziale Ungleichheit zu bekämpfen. Die Verantwortung trage jeder für sich.

Laut ihrer Studie stimmten etwa 50 % der befragten US-Bürgerinnen und -Bürger der Aussage zu, dass ihr Wirtschaftssystem fair sei, 53 % gaben an, dass jeder Mensch eine Chance auf Erfolg habe. Zum Vergleich: Von den Befragten in Italien oder Frankreich hielten nur zehn beziehungsweise 19 % ihr Wirtschaftssystem für fair. Und: Wer sich in den USA politisch eher rechts verortet, ist mehrheitlich (60 %) davon überzeugt, dass weniger Staat und mehr Wirtschaftsliberalisierung die Ungleichheit bekämpfen kann. Nur 20 % der eher links Stehenden sind dieser Meinung.

Zwei Drittel der US-Amerikaner/innen haben keinen höheren Bildungsabschluss und kaum Aufstiegsperspektiven, gibt die Heinrich-Böll-Stiftung an. „Umgekehrt gibt es an Elite-Unis wie in Yale und Princeton mehr Studierende aus dem reichsten Hundertstel der US-amerikanischen Familien als aus den unteren 60 % zusammengenommen." Im Schnitt aller US-Bundesstaaten verdienten Frauen 2018 nur 70 % des Durchschnittslohns eines weißen Mannes – bei schwarzen Frauen betrug die Quote sogar nur 61 %. Dies zeigt eine Studie der University of California in San Diego. Demzufolge nimmt der Unterschied zwischen Männer- und Frauenlohn spürbar ab, wenn Demokraten einen Bundesstaat regieren.

*Quelle: https://www.fr.de, 2020*

 **Arbeitsaufgaben**

1. Erläutern Sie mögliche Ursachen der zunehmenden Einkommensunterschiede in den USA.

2. Recherchieren Sie in den Medien die Erfolge bzw. Misserfolge des neuen US-amerikanischen Sozialversicherungssystems.

# Angloamerika

**1.** Tragen Sie die in der Karte angeführten Städte, Gewässer usw. in die Tabelle bzw. Kästchen ein.

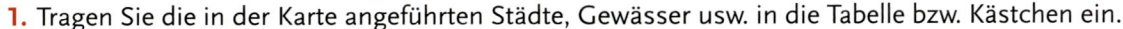

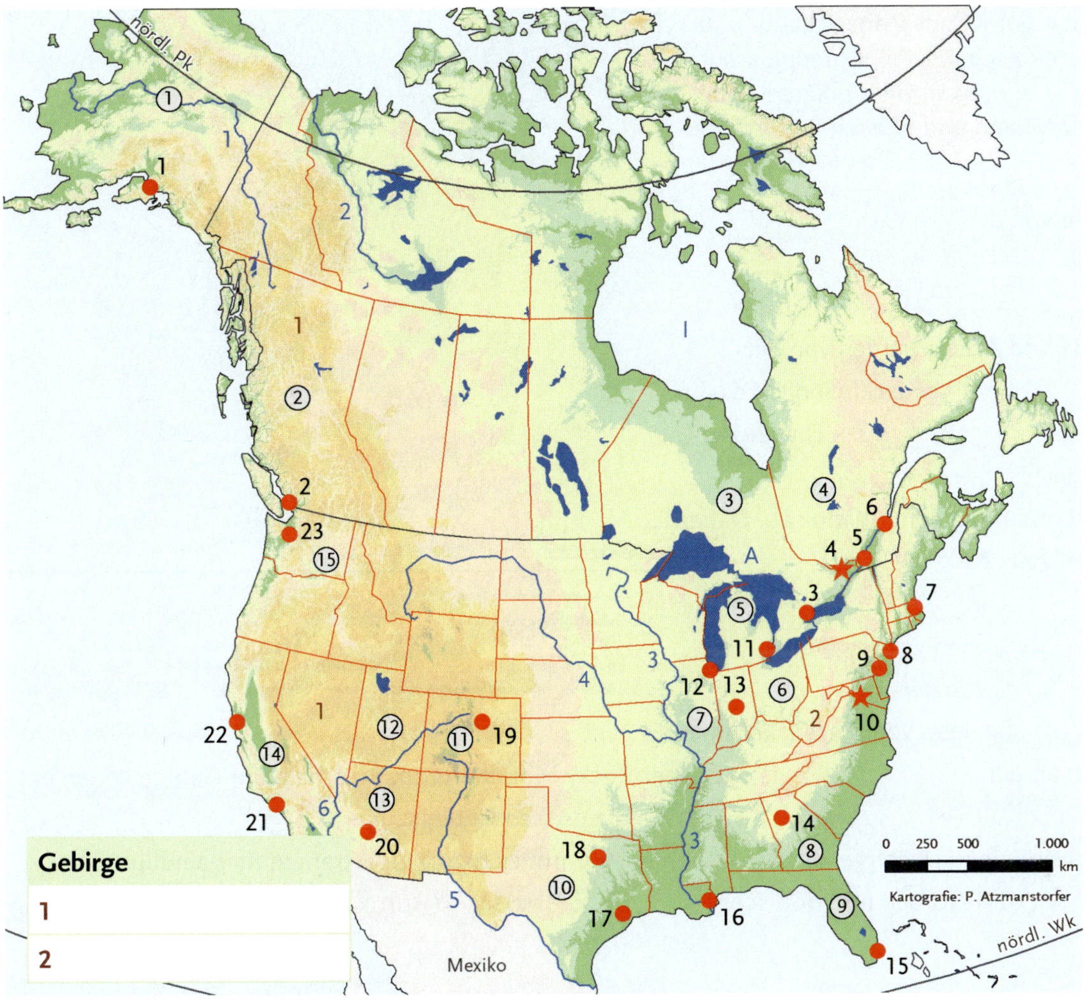

**Höhenstufen**

| | |
|---|---|
| | unter Meeresspiegel |
| | 0 - 100 Meter |
| | 101 - 200 Meter |
| | 201 - 500 Meter |
| | 501 - 1000 Meter |
| | 1001 - 1500 Meter |
| | 1501 - 3000 Meter |
| | 3001 - 5000 Meter |
| | über 5001 Meter |
| ★ | Hauptstadt |
| ● | Stadt |

gilt bei allen Karten

0   250   500         1.000
km

Kartografie: P. Atzmanstorfer

**Gebirge**

| | |
|---|---|
| **1** | |
| **2** | |

| Bundesstaaten/Provinzen | | | | | |
|---|---|---|---|---|---|
| ① | ⑫ | **8** N | **21** L | | |
| ② | ⑬ | **9** P | **22** S | | |
| ③ | ⑭ | **10** W | **23** S | | |
| ④ | ⑮ | **11** D | **Gewässer** | | |
| ⑤ M | **Städte** | **12** C | **1** | | |
| ⑥ O | **1** A | **13** I | **2** | | |
| ⑦ I | **2** V | **14** A | **3** | | |
| ⑧ | **3** T | **15** M | **4** | | |
| ⑨ | **4** O | **16** N | **5** | | |
| ⑩ | **5** M | **17** H | **6** | | |
| ⑪ | **6** A | **18** D | **A** Große | | |
| | **7** B | **19** D | **I** H | | |
| | | **20** P | | | |

**2.** Ergänzen Sie die folgenden Texte, indem Sie die angegebenen Begriffe verwenden. Beziehen Sie sich dabei auf die nebenstehenden Karten des entsprechenden Themas. Verwenden Sie zu a) und c) die jeweils nebenstehenden Karten und die topografische Karte der vorherigen Seite.

### a) Naturraum und Landwirtschaft

Feuchtwälder ■ Subtropen ■ Blizzards ■ Tundra ■ boreale Nadelwald ■ gemäßigte Zone ■ Laub- und Mischwälder ■ Osten nach Westen ■ Steppe ■ subtropischen Steppe ■ Wirbelstürme ■ polaren Zone ■ Westseite ■ Halbwüsten und Wüsten ■ Nord-Süd-orientiert

Angloamerika reicht von der _____

im Norden über die _____

bis zu den _____ im

Süden. Nordkanada und Alaska werden von der

_____ bedeckt. Südlich davon

liegt der _____. Die Nieder-

schläge nehmen von _____

mit zunehmender Entfernung vom Atlantik ab. Daher

gehen in der gemäßigten Zone die _____

_____ in _____

(Prärie) über. In den Subtropen werden die _____

_____ von der _____

_____ abgelöst. Vom Pazifik kommende

Wolken regnen sich an der _____ der Rocky Mountains ab. Innerhalb der Gebirgsketten ent-

stehen daher _____. Da die großen Gebirgszüge _____

sind und Ost-West-verlaufende Gebirge als Barriere fehlen, kommt es häufig zu extremen Klimaeinflüssen:

_____ vom Norden und tropische _____ (Hurrikans) vom Süden beeinträchtigen

die Lebensqualität.

### b) Bevölkerung

Kreuzen Sie die richtige Spalte an.

| Besiedelung | dünn | dicht |
|---|---|---|
| Alaska | | |
| Großteil Kanadas | | |
| Südwest-Kanada | | |
| Ostküste USA | | |
| Mittlerer Westen USA | | |
| Westküste USA | | |

Streichen Sie Nichtzutreffendes.

Die klimatischen Gunstlagen ■ Ungunstlagen sind dünn besiedelt. Die meisten Millionenstädte der USA liegen im Osten ■ Westen des Landes. Die USA und Kanada sind wenig attraktive ■ attraktive Zielländer der Migration.

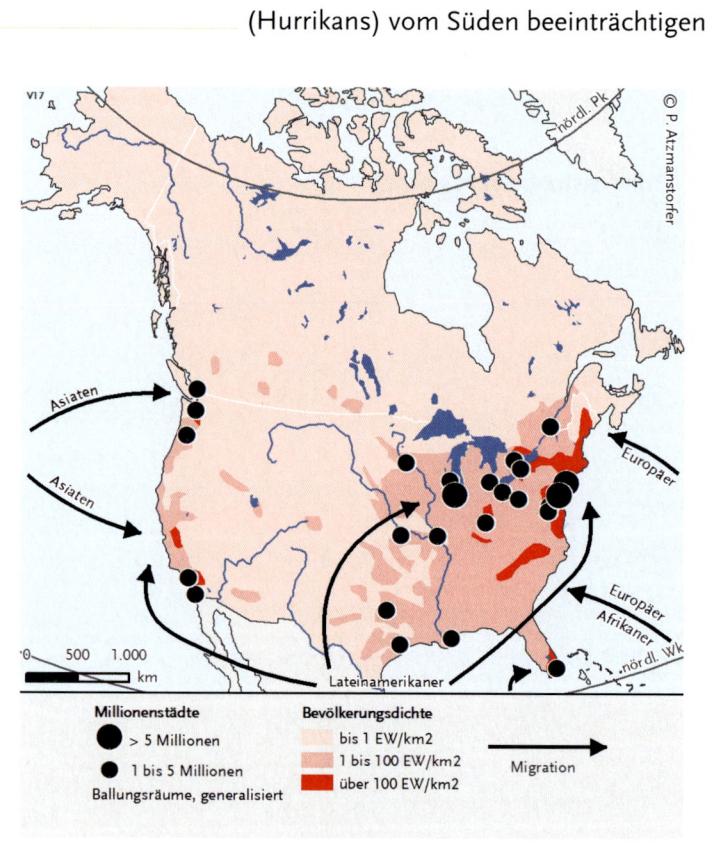

## c) Integration in die Weltwirtschaft

> Manufacturing Belt ■ Wein ■ Weizenproduzenten ■ Präriegebieten ■ multifunktionalen ■ Bergbauprodukte ■ Alaska ■ Norden Kanadas ■ Florida ■ Mais- und Sojaanbau ■ Texas

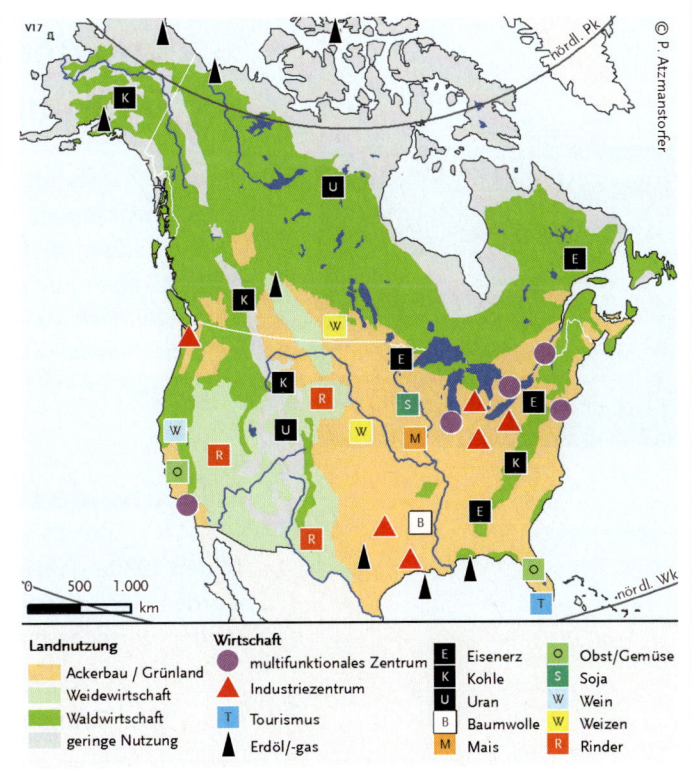

Die USA und Kanada gehören zu den wichtigsten _____ und -exporteuren. Weizen wird vor allem in den _____ angebaut. _____ spielt südlich von Chicago eine große Rolle. Ein bekanntes Exportgut ist der kalifornische _____. Der enorme Eigenverbrauch an Rohstoffen führt dazu, dass auch die _____ Kanadas v. a. in die USA exportiert werden. Bedeutende Erdöl- und Erdgasvorkommen finden sich in _____, _____, und im _____. Die wichtigste Industrieregion ist der _____ im Nordosten der USA und im Südosten Kanadas. Hier befindet sich auch die Mehrzahl der _____ Zentren, die große Bedeutung für die Weltwirtschaft haben. _____ kann beispielhaft als Zielgebiet des Tourismus erwähnt werden.

**Landnutzung**
- Ackerbau / Grünland
- Weidewirtschaft
- Waldwirtschaft
- geringe Nutzung

**Wirtschaft**
- multifunktionales Zentrum
- Industriezentrum
- Tourismus
- Erdöl-/gas

| E | Eisenerz | O | Obst/Gemüse |
| K | Kohle | S | Soja |
| U | Uran | W | Wein |
| B | Baumwolle | W | Weizen |
| M | Mais | R | Rinder |

## d) Kulturelle und politische Einflüsse

Kreuzen Sie die richtige Spalte an.

| Ethnische Gruppen/ Sprachen | Native Americans | Franko-phone | Afroame-rikaner | Hispa-nics |
|---|---|---|---|---|
| Quebec | | | | |
| Florida | | | | |
| Nord-kanada | | | | |
| Mittlerer Westen | | | | |
| Kalifornien | | | | |
| Süden der USA | | | | |
| Alaska | | | | |
| Nord-osten der USA | | | | |

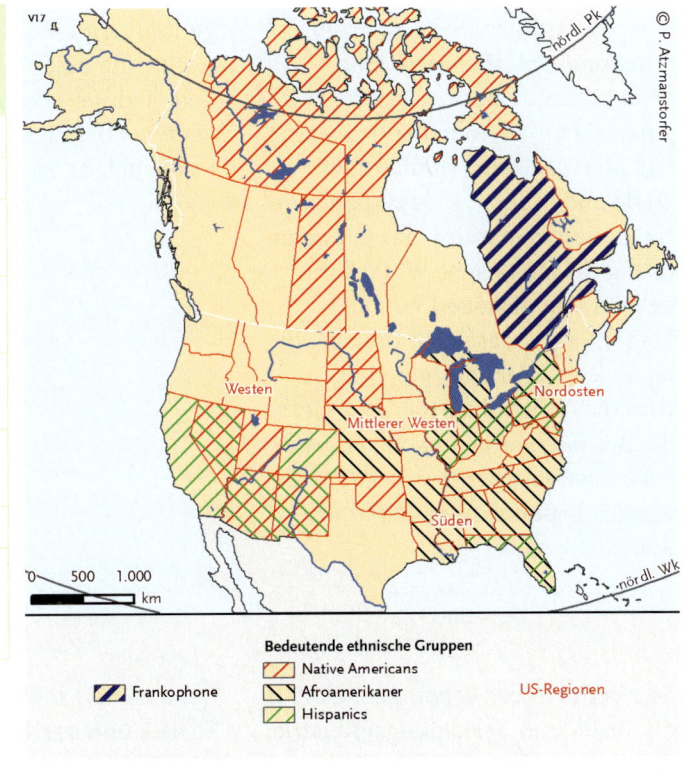

**Bedeutende ethnische Gruppen**
- Frankophone
- Native Americans
- Afroamerikaner
- Hispanics
- US-Regionen

Die Nachfahren von **europäischen Einwanderern** dominieren die Kultur in Angloamerika. **Englisch** ist die dominierende Sprache in den USA und in Kanada. Trotzdem sind die USA und Kanada multikulturelle Staaten. Die folgenden Minderheiten leben hauptsächlich:

# 2 Wirtschaftsmacht Japan – von der Eroberung des Weltmarktes über die Krise zum Wachstum

*1945 war Japans Wirtschaft zerstört. Die Gesellschaft war nach dem verlorenen Krieg verunsichert. Der Neubeginn gestaltete sich ungemein schwer. Dennoch hatte Japan in der Nachkriegszeit die höchsten wirtschaftlichen Wachstumsraten. Ähnlich wie in Deutschland war ein Wirtschaftswunder für diesen Aufschwung verantwortlich.*

## 2.1 Gründe für den Aufstieg im 20. Jahrhundert

In den 1980er-Jahren setzte Japan zu einem beispiellosen Überholmanöver an und wurde in weniger als zwei Jahrzehnten neben den USA und der EU zu einer bedeutenden Wirtschaftsmacht.

### Drei Gründe für den Aufstieg

| Das japanische Wirtschaftssystem | Die Geschäftspolitik der japanischen Unternehmen | Soziale und kulturelle Gründe |
|---|---|---|
| Das japanische Wirtschaftssystem ist eine eigentümliche Mischung aus Planwirtschaft und freier Marktwirtschaft. Ein wichtiger Wettbewerbsvorteil Japans liegt in der erfolgreichen Zusammenarbeit zwischen Staat und Unternehmen. Eine entscheidende Bedeutung in der japanischen Wirtschaftspolitik hatte das MITI (Ministry of International Trade and Industry), das japanische Industrieministerium, das jahrzehntelang die japanische Wirtschaft gelenkt und gesteuert hat. Erkennt man, dass eine Branche in Japan keine Zukunft mehr hat, so wird nicht mehr investiert, sondern die Betriebe werden nach und nach ins billigere Ausland verlagert, z. B. in die Billiglohnländer Ost- und Südostasiens. | Ab den 1970er-Jahren erinnerte die Geschäftspolitik der japanischen Unternehmen an militärische Strategien. In der Anfangsphase wurden bewusst Verluste in Kauf genommen, um den Marktanteil nachhaltig zu erhöhen. Neben den niedrigen Preisen waren aber auch noch andere Faktoren für den Erfolg Japans ausschlaggebend. | ■ Das Schulsystem ist sehr leistungsorientiert; der Anteil an Fachkräften mit wissenschaftlicher Ausbildung ist hoch.<br>■ Gemeinschaftsgefühl und Verantwortung für die Firma werden durch gemeinsame Veranstaltungen wie Morgenappelle und Schulungskurse gefördert.<br>■ Die Arbeitszeiten sind deutlich höher (meist 6-Tage-Woche). Kleinbetriebe kennen häufig noch Sonntagsarbeit.<br>■ Neben Großfirmen, die gute Löhne zahlen können, existieren viele Klein- und Kleinstbetriebe deren Löhne oft 30 bis 40 % niedriger sind.<br>■ Viele Arbeiter/innen und Angestellte nehmen nur einen kleinen Teil ihres Urlaubs in Anspruch.<br>■ Betriebsgewerkschaften, die die Interessen der Firma vertreten und nicht unbedingt jene der Arbeitnehmer/innen. |
| Das betraf in der Vergangenheit z. B. die Textil- und Bekleidungsindustrie. Bei anderen Branchen, die mehr Zukunft versprechen, wird auch mehr investiert. Dies betraf v. a. die Elektronikindustrie. | Dazu zählen z. B. gewissenhaftes Service und das Eingehen auf im Vorfeld genau studierte Kundenwünsche. | |

### Japanische Produkte – in jedem Haushalt
Ob Auto, Fotoapparat oder Unterhaltungselektronik, viele unserer vertrauten Produkte stammen aus Japan oder werden zumindest von japanischen Firmen produziert.

Japan in den 1980ern: Morgenappelle in den Fabriken sollten das Gemeinschaftsgefühl stärken.

#### Arbeitsaufgaben

1. Schreiben Sie neben jedes japanische Unternehmen die Branche bzw. die Produkte, die es erzeugt. Nehmen Sie folgenden Link zu Hilfe:
http://de.wikipedia.org/wiki/Portal:Japan

| Unternehmen | Branche | Unternehmen | Branche |
| --- | --- | --- | --- |
| Canon | | Nikon | |
| Daihatsu | | Nintendo | |
| Honda | | Nissan | |
| Kawasaki | | Olympus | |
| Kyocera | | Sony | |
| Panasonic | | Toshiba | |
| Mitsubishi | | Toyota | |

2. Erheben Sie in der Klasse, welche Schüler/innen Produkte der Unterhaltungselektronik von japanischen Firmen besitzen.

## 2.2 Kindheit und Jugend in Japan

Die Kindheit und Jugend in Japan verläuft im Normalfall ziemlich unterschiedlich von jener in Europa. Die frühe Kindheit ist die glücklichste Zeit im Leben eines japanischen Kindes. Japan ist ein sehr Kinder liebendes Land. So wird Kindern in öffentlichen Verkehrsmitteln immer Platz gemacht. Mütter sorgen im Allgemeinen sehr liebevoll um ihre Kinder, die sorgfältig „gestylt" werden. Viele Eltern möchten, dass ihre Kinder schon im Kindergartenalter viel lernen und ihren Altersgenossen voraus sind. Videospiele vor allem mit pädagogischem Inhalt sind deshalb äußerst beliebt. Sie sollen auf den Ernst des schulischen Alltags vorbereiten. Je mehr Kenntnisse ein Kind bereits vor dem Eintritt in die Schule hat, desto höher stehen die Chancen für Aufstieg und Erfolg.

Japanischer Schulalltag

Bereits im Kindergarten beginnt allerdings der Lernstress. Das 50 Zeichen umfassende Silbenalphabet Hiranga muss schon vor der Grundschule erlernt werden. Der Leistungsdruck nimmt dann mit dem eigentlichen Schuleintritt stark zu. Viele Schüler und Schülerinnen sind überfordert und müssen am Nachmittag eine Juku (Paukschule) besuchen, die oft bis in die Abendstunden dauert. Der sechsjährigen Grundschule folgt eine dreijährige Mittelschule. Fast alle Kinder besuchen auch die dreijährige Oberschule. Die Regeln an der Schule sind sehr streng. Genaue Kleider- und Verhaltensvorschriften regeln in jeder Schule den Alltag. Dazu gehört u. a. auch das gemeinsame Zusammenräumen und Reinigen der Klassenräume.

Ein volles Jahr dauert die Vorbereitung für die Aufnahmeprüfungen auf den Universitäten. Wer diese Prüfung geschafft hat, hat zunächst vier relativ entspannte Studienjahre, bevor der Stress des Berufslebens beginnt.

■ Erörtern Sie die Unterschiede zwischen der japanischen und der europäischen Kindheit und Jugend.

## 2.3 Überalterung als gesellschaftliches Problem

Japan wird in den nächsten Jahren zusehends vergreisen. Im Jahre 2050 wird die Bevölkerung um mehr als 30 Millionen Menschen abgenommen haben. Die Geburtenrate beträgt derzeit 1,32 Babys pro Frau und ist damit eine der niedrigsten der Welt. Gleichzeitig leben die Japaner immer länger. Japans Frauen werden 2055 im Durchschnitt 90,34 und die Männer 83,67 Jahre alt sein. Schon jetzt halten die Japaner und Japanerinnen mit mehr als 85 Jahren den Weltrekord der Langlebigkeit.

**Japan ist 2050 nahezu ohne Kinder (Prognose 2050)**

Männer | Alter in Jahren | Frauen

http://media.heimatundwelt.de

Anteil (%)

■ Zeichnen Sie auf der Bevölkerungspyramide Japans durch einen waagrechten Strich ein, wo sich Japans Bevölkerung derzeit (2021...) befindet und begründen Sie, warum die Prognose mit hoher Wahrscheinlichkeit eintreffen wird.

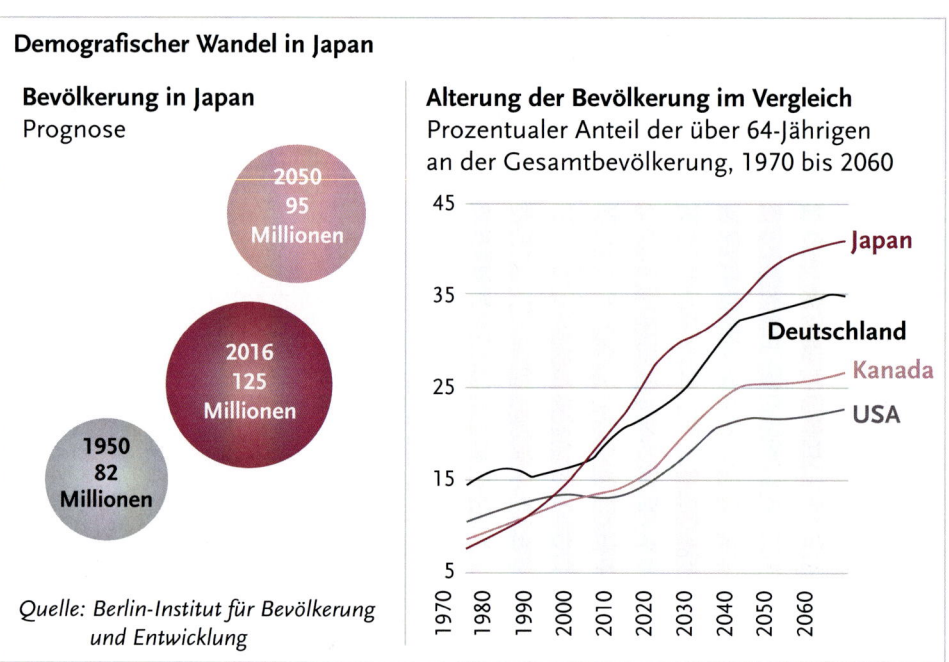

**Demografischer Wandel in Japan**

**Bevölkerung in Japan**
Prognose

2050
95
Millionen

2016
125
Millionen

1950
82
Millionen

**Alterung der Bevölkerung im Vergleich**
Prozentualer Anteil der über 64-Jährigen an der Gesamtbevölkerung, 1970 bis 2060

Japan
Deutschland
Kanada
USA

*Quelle: Berlin-Institut für Bevölkerung und Entwicklung*

### Worin liegt das Hauptproblem einer alternden Gesellschaft?

In den Jahren des wirtschaftlichen Wachstums haben die japanischen Rentenkassen riesige Überschüsse erwirtschaftet. Doch mit zunehmender Arbeitslosigkeit und wachsender Vergreisung nehmen die Beiträge ins Pensionssystem laufend ab. Heute arbeiten noch 3,3 Japaner für einen Rentner. 2055 wird dieses Verhältnis auf 1,3 zu 1 sinken. Das derzeitige Pensionssystem wird nicht mehr finanzierbar sein. Das Eintrittsalter für die Pension wurde in den letzten Jahren auf 65 Jahre angehoben. Aber das wird nicht reichen. Andere Lösungsmöglichkeiten müssen überlegt werden.

■ Begründen Sie, warum Überalterung ein immer bedeutenderes gesellschaftliches Phänomen ist.

**Ursachen des Bevölkerungsrückgangs**

Ein besonderes Problem etwa ist die Arbeitskultur. Überstunden gehören in Japan zum guten Ton, zwölf Stunden am Tag im Büro zu verbringen ist eher die Regel als die Ausnahme. Das japanische Ministerium für Gesundheit, Arbeit und Soziales veröffentlichte für das Jahr 2015 96 Tote durch Überarbeitung. Dazu kommt eine ähnlich große Anzahl an Suizidversuchen, die mit einer zu hohen Arbeitsbelastung in Zusammenhang gebracht werden. Wer bis zum Umfallen arbeitet, der denkt nicht daran, eine eigene Familie zu gründen. Zugleich steigen Mieten immer weiter, weshalb die Zahl der jungen Leute, die sich keine eigene Wohnung leisten können oder wollen, stetig zunimmt. Viele junge Menschen lassen sich deshalb zeit ihres Lebens von den Eltern durchfüttern und gründen erst spät eigene Familien. Das Phänomen ist so verbreitet, dass es schon einen eigenen Namen hat: „Single-Parasiten". Mittlerweile müssen auch beide Geschlechter arbeiten, um die hohen Lebenshaltungskosten zu decken. Doch bekommt die Frau ein Kind, bleiben 70 % der Mütter anschließend zu Hause. Denn staatlich finanzierte Kindertagesstätten sind Mangelware.

*https://www.stern.de, 10. August 2019*

# Japan

## Arbeitsaufgaben

**1.** Tragen Sie die in der Karte angeführten Städte, Gewässer usw. in die Tabelle ein.

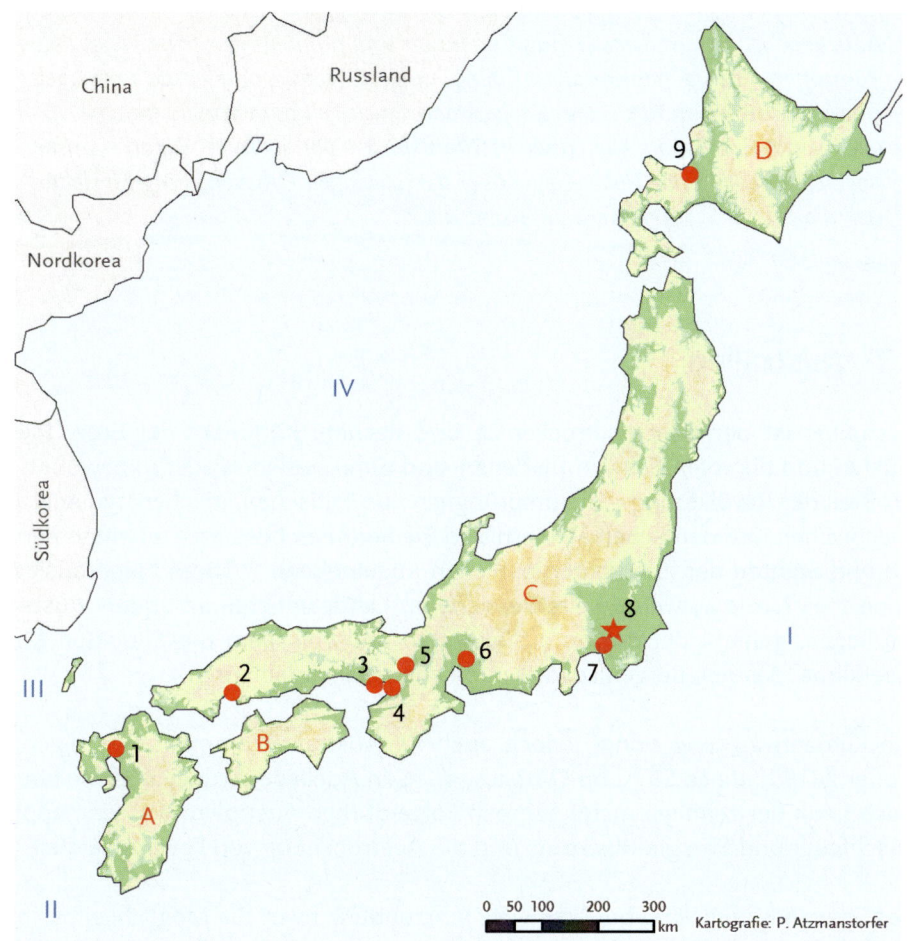

| Städte | |
|---|---|
| 1 | F |
| 2 | H |
| 3 | Ko |
| 4 | O |
| 5 | Ky |
| 6 | N |
| 7 | Y |
| 8 | T |
| 9 | S |

| Gewässer | |
|---|---|
| I | |
| II | |
| III | straße |
| IV | |

| Inseln | |
|---|---|
| A | K |
| B | S |
| C | H |
| D | H |

**2.** Ordnen Sie die Texte den richtigen Fotos zu, indem Sie die Nummer des Textes in das Foto schreiben.

**1** **Shinto-Schrein** im Südosten von Kyoto: Etwa 85 Prozent der Japaner/innen gehören dieser Religion an. Sie ist gekennzeichnet durch die Verehrung einer Vielzahl von altertümlichen japanischen Gottheiten.

**2** Im Ballungsraum **Tokio** leben mehr als 34 Mio. Menschen. Er ist das politische und wirtschaftliche Zentrum des Landes. In den Wolkenkratzern befinden sich die Büros einer der wichtigsten Global Cities.

**3** Der **Fujisan** ist mit 3776 m der höchste Berg Japans. Er liegt auf der Hauptinsel Honshu und ist ein aktiver Vulkan an der Grenze der Eurasischen, der Pazifischen und Philippinen-Platte.

# 3 Wohlstand am „anderen Ende" der Welt

*Australien und Neuseeland sind parlamentarische Monarchien im Commonwealth of Nations, deren Staatsoberhaupt die britische Königin ist. Sie sind Einwanderungsländer für Europäer/innen. Beide Staaten haben seit den 1990er-Jahren ihre Wirtschaft auf die Erfordernisse der Marktwirtschaft umgebaut. Australien ist extrem dienstleistungsorientiert und profitiert von seinen wertvollen Rohstoffen, nach denen vor allem China hungert. Neuseeland wurde 1984 nach einem Zusammenbruch seines Sozialsystems weltweit zum Vorbild für eine neoliberale Revolution. Die Landwirtschaft spielt – vor allem im Export – immer noch eine bedeutende Rolle. Gegenüber der jeweiligen Urbevölkerung verhielten sich die beiden Staaten recht unterschiedlich.*

## 3.1 Australien

Australien ist der kleinste, trockenste und flachste Kontinent der Erde. Riesige Wüsten und die roten Schwemmebenen sind dünn besiedelt oder unbewohnt. Der Großteil der Bevölkerung – die ursprünglich aus britischen, irischen, italienischen, griechischen und deutschen Siedlern und Siedlerinnen bestand – wohnt in den Orten und Städten der fruchtbaren östlichen Küstenebene. Während Nordaustralien tropisches Klima aufweist, weite Bereiche im Landesinneren im ariden Wüstenklima liegen, genießt der äußerste Südwesten und vor allem der Südosten Mittelmeerklima, das den Bergen sogar winterlichen Schneefall bringt.

Die Klimaerwärmung bringt jedoch auch für Australien dramatische Folgen: Im Jänner 2019 hatte es 50 °C im Outback, 47 °C in Adelaide, Sydney und Melbourne. Nach neun der zehn wärmsten Jahre in Folge drohen Australien Wasserknappheit, Buschfeuer und Energie-Blackouts und die Austrocknung von Feuchtgebieten.

Das Einwanderungsland bot über viele Jahrzehnte hinweg die Möglichkeit, sich unter Verhältnissen, die man aus Europa gewohnt war, eine neue Existenz aufzubauen. In den 1980er-Jahren sind die Preise der wichtigen Export-Rohstoffe stark gefallen. So öffnete sich die Regierung der Marktwirtschaft und förderte Investitionen, um die Wirtschaft auszubauen und zu beleben. Diese Strategie war äußerst erfolgreich. Im bedeutenden HDI-Ranking der UNO liegt Australien 2019 am 6. Platz, deutlich vor Österreich, das nur den 20. Platz einnimmt

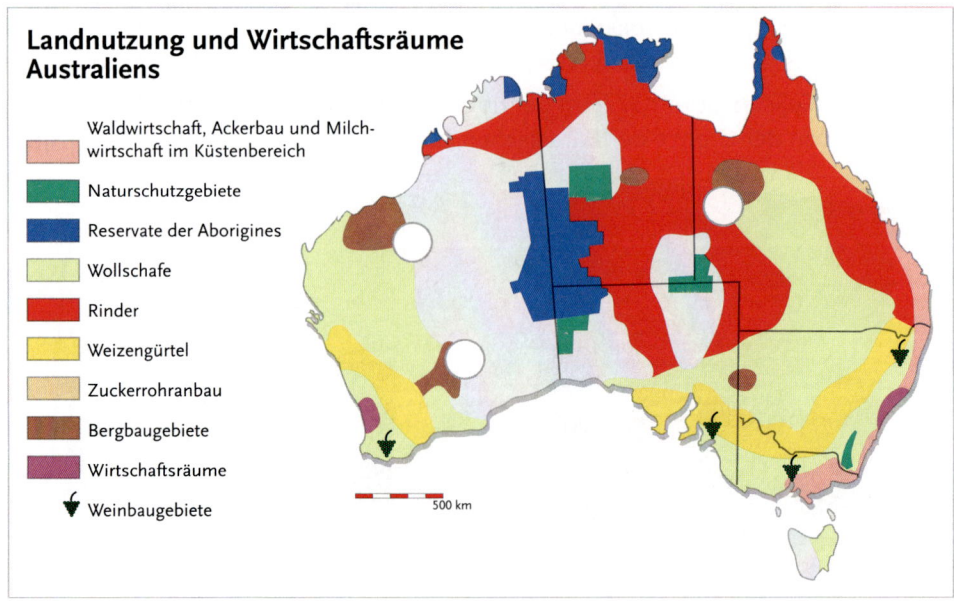

**Landnutzung und Wirtschaftsräume Australiens**

- Waldwirtschaft, Ackerbau und Milchwirtschaft im Küstenbereich
- Naturschutzgebiete
- Reservate der Aborigines
- Wollschafe
- Rinder
- Weizengürtel
- Zuckerrohranbau
- Bergbaugebiete
- Wirtschaftsräume
- Weinbaugebiete

500 km

---

**Commonwealth of Nations**

Bezeichnet seit 1948 jene Länder, die früher dem „British Empire" angehört haben. Er ist kein Staatenbund im Sinne des Völkerrechts. Er vereint jene Staaten, die als Dominions (sich selbst verwaltende Kolonien) unabhängig geworden sind.

Heute sind 5,6 % der Australier/innen – 1,2 Millionen – chinesischer Herkunft. Neben den überdurchschnittlich qualifizierten Einwanderern kommen tausende Studierende aus der Volksrepublik. Von starkem Einfluss auf die öffentliche Meinung zu China kann ausgegangen werden.

Anteil Stadtbevölkerung an der Gesamtbevölkerung 86,1 % (Vergleich Österreich 58,5 %)

**HDI-Ranking**

Der Human Development Index erfasst die Werte aus Bereichen der menschlichen Entwicklung. Dazu gehören zum Beispiel die Lebenserwartung, das Bildungsniveau oder das Pro-Kopf-Einkommen. Die Rangliste gibt den Stand der durchschnittlichen Entwicklung eines Landes wieder.

■ Ordnen Sie mithilfe einer Karte der Bodenschätze Australiens die unten angeführten Bodenschätze den folgenden Regionen richtig zu:
1: Pilbara-Region
2: Mount Isa
3: Kalgoorlie Blei/Zink/Silber; Nickel/Gold; Eisen

## 3.1.1 Australiens Wirtschaft

**Australiens Wirtschaft**

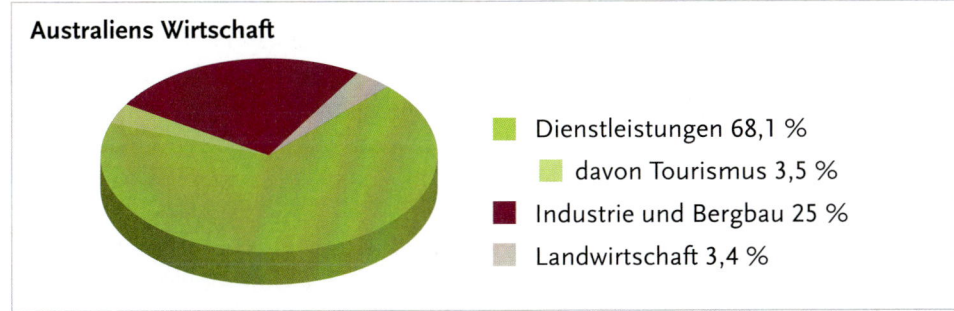

- Dienstleistungen 68,1 %
- davon Tourismus 3,5 %
- Industrie und Bergbau 25 %
- Landwirtschaft 3,4 %

Eisenerzabbau in der Pilbara-region.

Australiens Wirtschaft wird mit 71,6 % des BIP vom Dienstleistungssektor – inklusive Tourismus 3,5% – dominiert. Demgegenüber entfielen auf die Industrie nur noch 25 % BIP-Anteil und rund 3,4 % auf die Landwirtschaft. Obwohl der Landwirtschafts- und Bergbauanteil am BNE relativ gering ist, ist der Anteil dieser beiden Sektoren an Australiens Exporten mit fast 62 % erheblich. Die wichtigsten Exportgüter sind Kohle, Eisenerz, Gold und Fleisch. Die Zukunftsbranchen Informations- und Kommunikationstechnologie, Electronic Commerce, Bio-, Nano- und Medizintechnologie spielen zunehmend eine wichtigere Rolle.

**Nanotechnologie**
ist ein Forschungsgebiet der Physik, bei der den Oberflächeneigenschaften besondere Bedeutung zukommt.

## 3.1.2 Bergbau im Fokus der Weltwirtschaft

### Hoher Besitzanteil in ausländischer Hand
Zahlreiche Bergbaubetriebe aus den USA und Großbritannien finanzieren die Gruben in Australien. Nur ein sehr geringer Anteil der Bergbaubetriebe in Australien ist noch im Besitz einheimischer Unternehmen. Länder aus Asien schlossen mit Australien langfristige Lieferverträge ab, um ihre Versorgung mit wichtigen Rohstoffen zu sichern. Als auch die Volksrepublik China versuchte, Bergwerke in Australien zu kaufen, hat Australien dies abgelehnt. China, mit 34 % wichtigster Exportpartner, reagierte darauf hin mit drastischen Handelsbeschränkungen.

### Lithium, Kobalt, Kupfer, Nickel und Gold international gefragt
Mit Greenbushes verfügt Australien über die größte Lithium-Mine der Welt. Die internationalen Batterieerzeuger drängen zum weiteren Ausbau. Für andere Rohstoffe zur Batterieherstellung, wie Kobalt, werden die Kapazitäten ebenfalls deutlich ausgebaut. Beim Kupferbergbau sind zwölf Projekte in Planung. Bei Nickel werden mehrere stillgelegte Minen wieder aktiviert. Der Goldbergbau erreichte in Australien 2019 mit einer Produktion von 321 Tonnen aus 66 Abbaustätten einen neuen Rekordwert. Mit 10 000 Tonnen verfügt Australien über die größten Goldvorkommen der Welt. Gold ist als Anlagewert in Zeiten der Wirtschaftskrise bedeutsam.

## Umstrittener Kohleabbau

In Australien befinden sich 10 % aller Kohlevorräte der Welt. Daher kann ein Großteil der Kohle einerseits exportiert werden, vor allem nach Ostasien, andererseits für die Stromgewinnung verwendet werden. Weltweite Proteste fordern Australiens Regierung auf, wegen der klimaschädigenden Auswirkung der Kohleverfeuerung davon Abstand zu nehmen. Derzeit basieren 61,4 % der Stromproduktion in Australien auf Kohle. Die Bereitstellung alternativer Energiequellen ist so zu einem Schlüsselthema der australischen Energiepolitik geworden.

## Arbeitsaufgabe

■ Tragen Sie in das freie Feld die jeweilige Folge aus dem Sachverhalt des linken Feldes ein.

| Fakten | Was folgt daraus/was bedeutet das? |
| --- | --- |
| 60 % der Stromproduktion erfolgen durch Kohleverfeuerung | |
| China versuchte Bergwerke in Australien aufzukaufen | |
| Kohle ist das wichtigste Exportgut Australiens | |
| International großer Bedarf an Lithium für die Batterieproduktion | |
| Australien verfügt über die größten Goldvorkommen der Welt | |

■ Begründen Sie die Aussage: „Australien ist touristisch gesehen ein Land extremer Gegensätze."

Die größte Touristenattraktion, der Uluru/Ayers Rock, darf seit 2019 nicht mehr bestiegen werden, da er für die Ureinwohner große spirituelle Bedeutung hat

## Tourismus boomt

Der Tourismus brachte 2018 Australien 40 Mrd. Dollar an Devisen und er ist mit 510 000 Beschäftigten größter Arbeitgeber. Der Anteil am BIP liegt bei 3,4 %. 2018 besuchten mehr als 9,25 Mio. Besucher/innen Australien. Covid hat auch hier, wie in der ganzen Welt, den Tourismus in den kommenden Jahren nahezu zum Stillstand gebracht. Neben den Städten Sydney, Melbourne, Adelaide oder Perth sind das von Wüsten und Steppen geprägte „rote" Landesinnere mit dem Nationalpark Uluru und seinem Ayers Rock und die Hunderte Kilometer langen Sandstrände mit dem vorgelagerten Great Barrier Reef an der Ostküste die Anziehungspunkte für Touristen und Touristinnen. Die Great Dividing Range und Tasmanien ziehen besonders Trekker an.

## Kampf gegen den starken Einfluss Chinas in Südostasien

China streitet sich im Südchinesischen Meer mit mehreren Staaten um Gebiete und Inseln. Die Regierung in Peking beansprucht den Großteil der Region und übt Druck auf die Anrainer aus. China hat zudem im Südchinesischen Meer Riffe und Sandbänke besetzt und diese zu Inseln erklärt. Die aggressive Machtpolitik richtet sich auch gegenüber Japan, Indien, den USA und Australien. Dabei geht es nicht nur um vermutete Rohstofflagerstätten, sondern auch um die Kontrolle wichtiger Seefahrtswege und um die Errichtung von Militärstützpunkten. Australiens Parament hat beschlossen, die Rüstungsausgaben deutlich anzuheben.

*Nach: https://www.consulting-plus.de, 2020*

## Australien und Neuseeland

### Arbeitsaufgaben

**1.** Tragen Sie die in der Karte angeführten Bundesstaaten, Städte, Gewässer usw. in die Tabelle bzw. Kästchen ein.

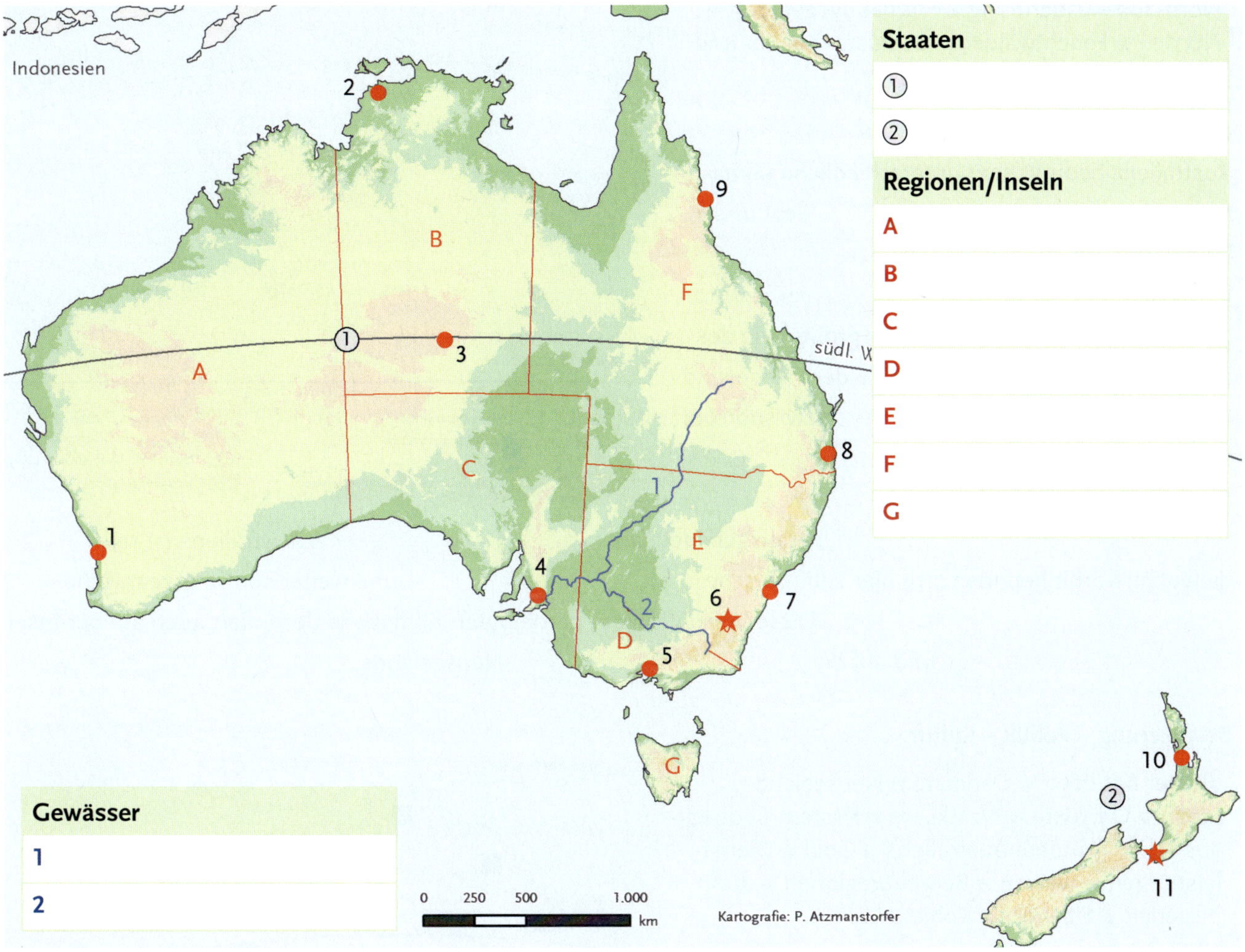

Indonesien
südl. W
0 250 500 1.000 km
Kartografie: P. Atzmanstorfer


| Staaten |  |
|---|---|
| ① |  |
| ② |  |
| **Regionen/Inseln** |  |
| A |  |
| B |  |
| C |  |
| D |  |
| E |  |
| F |  |
| G |  |

| Gewässer |  |
|---|---|
| 1 |  |
| 2 |  |

| Städte und Orte |  |
|---|---|
| 1 |  |
| 2 |  |
| 3 |  |
| 4 |  |
| 5 |  |
| 6 |  |
| 7 |  |
| 8 |  |
| 9 |  |
| 10 |  |
| 11 |  |

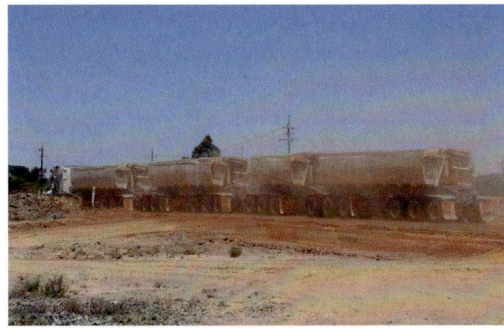

Mit Road Trains werden die riesigen Distanzen in Australien überwunden

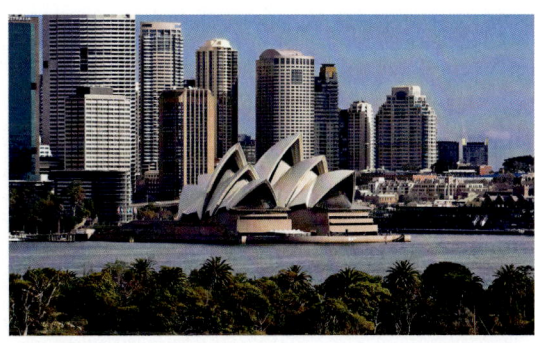

Das Opernhaus von Sydney, eines der Wahrzeichen Australiens

**2.** Ergänzen Sie die folgenden Texte, indem Sie die angegebenen Begriffe verwenden. Beziehen Sie sich auf die Karten.

### a) Naturraum

> Tasmanien ■ äußersten Südwesten ■ Trocken- und Dornbuschsavannen ■ Südinsel ■ unfruchtbarer Trockenraum ■ Wüste oder Halbwüste ■ Nord-Süd-Ausdehnung ■ Hartlaubvegetation ■ Norden ■ Feuchtwälder ■ Ostküste ■ Laub- und Mischwälder

Die große _____ Australiens bedingt sehr unterschiedliche Klimazonen. Der _____ liegt in den Tropen mit v. a. _____.
Es schließt ein _____ an, der große Teile des Inneren Australiens umfasst. 80 % der Fläche sind _____ bzw. subtropische Steppe. Im _____ Australiens hat sich subtropische _____ herausgebildet. Die _____ Australiens ist relativ feucht. Somit befinden sich hier subtropische _____ und weiter südlich ozeanische _____. Diese Vegetation der gemäßigten Klimazone dominiert auch auf der Insel _____ und auf der _____ Neuseelands.

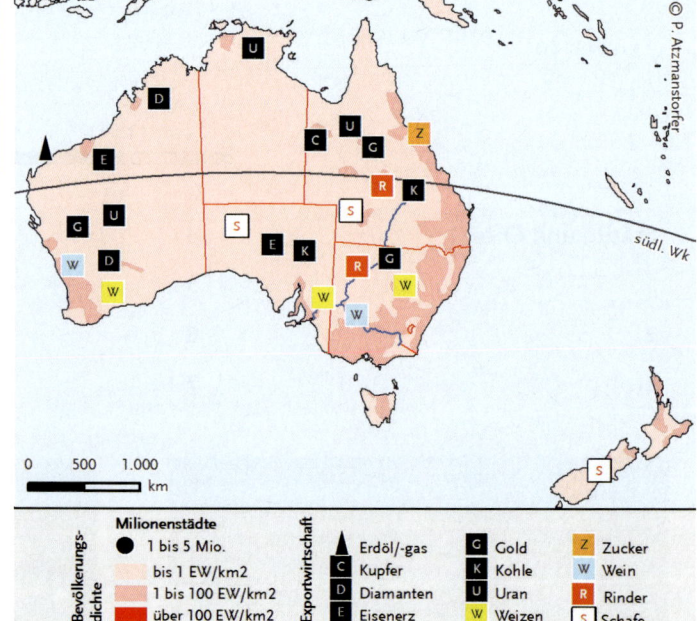

Landschafts-ökologische Zonen

- Tropischer Regenwald
- Trockensavanne
- Dornbuschsavanne
- Wüste
- Subtropische Hartlaubvegetation
- Subtropische Steppe
- Subtropische Feuchtwälder
- Ozeanische Laub-/Mischwälder
- Gebirgsvegetation

0 500 1.000 km

südl. Wk

V18

© P. Atzmanstorfer

### b) Bevölkerung – Politik – Kultur

> dichter besiedelt ■ Ostküste ■ Neuseeland ■ Japan ■ Ostküste ■ Westküste ■ Küste ■ Südwestaustralien ■ Innere Australiens ■ Gold ■ Dienstleistungen ■ Weizen ■ Bergbauregionen ■ dünn besiedelt ■ Eisenerz ■ Kohle ■ Wein

Australien ist großteils _____.
Nur die klimatischen Gunsträume an der _____
und in _____
sowie in _____
sind _____. An der _____ leben wesentlich mehr Menschen als an der _____.
Die Millionenstädte Sydney, Melbourne, Brisbane, Perth, Adelaide liegen ausschließlich an der _____.

Das _____ ist kaum bewohnt. _____ dominieren die Wirtschaft Australiens und Neuseelands. Die bekanntesten landwirtschaftlichen Exportgüter sind der _____ und der _____. Vor allem aber ist Australien einer der wichtigsten Exporteure von Bergbauprodukten wie _____, _____, _____ oder Uran. Die wichtigsten _____ liegen im Inneren Australiens. Der wichtigste Exportkunde für die australische Wirtschaft ist _____.

0 500 1.000 km

südl. Wk

© P. Atzmanstorfer

Bevölkerungsdichte
- Millionenstädte: 1 bis 5 Mio.
- bis 1 EW/km2
- 1 bis 100 EW/km2
- über 100 EW/km2

Exportwirtschaft
- Erdöl-/gas
- C Kupfer
- D Diamanten
- E Eisenerz
- G Gold
- K Kohle
- U Uran
- W Weizen
- Z Zucker
- W Wein
- R Rinder
- S Schafe

# 4 Russische Föderation als politisches Erbe der Sowjetunion

*1991 zerfiel die Sowjetunion – das mächtigste kommunistisch regierte Land der Welt – in 15 unabhängige Staaten. Der Niedergang der Wirtschaft war Ursache und Folge des Zerfalls, der bis heute nachwirkt. Die Russische Föderation trat die Rechtsnachfolge an. Insgesamt entstanden 15 Staaten, die sich zum Großteil zur Gemeinschaft Unabhängiger Staaten (GUS) zusammengeschlossen haben. Die Russische Föderation „schleppt" das Problem des Vielvölkerstaates weiter mit und sucht eher militärische als wirtschaftliche Lösungen dafür.*

## 4.1 Russische Föderation – ein Vielvölkerstaat

Viele Jahrzehnte hatte man versucht, 120 Völker zu einem Sowjetvolk zu verschmelzen. Russische Kultur und Sprache sollten das einigende Band sein – ein Versuch, der nie wirklich gelungen ist. Nun ist die Russische Föderation ein Staat mit 21 Republiken mit unterschiedlich großer Eigenständigkeit. Die meisten Republiken könnten als selbstständige Staaten nicht überleben. Ihre Lage innerhalb des Staatsgebietes und ihre z. T. geringe Einwohnerzahl machen eine Zusammenarbeit im Rahmen der Russischen Föderation notwendig. Der Wunsch vieler Volksgruppen nach mehr politischem Einfluss stellt die Russische Föderation vor große Probleme. Wenn diese zu groß werden, greift das Militär mit voller Härte ein, wie das Beispiel Tschetschenien zeigt.

Kreml in Moskau – Moskau war jahrhundertlang Zentrum eines Großreiches – zuerst des Russischen Zarenreichs, ab 1917 bis 1991 der Sowjetunion. Seit 2012 herrscht Präsident Putin mit großer Machtfülle vom Kreml aus.

## 4.2 Der Weg oder das Ziel: „zentralistischer" Kapitalismus auf Rohstoffbasis?

Die Russische Föderation hat seit 1989 – dem Ende des Kommunismus – den Kapitalismus vom Westen übernommen, nicht aber dessen Verständnis von Demokratie. Sie ist heute eine autoritär geführte Großmacht, die durch ihren Rohstoffreichtum die Industrienationen der Welt wirtschaftlich unter Druck setzen kann.

Der wesentliche Unterschied zum westlichen Kapitalismus ist, dass sich das Eigentum weiterhin in den Händen der politisch Mächtigen befindet. Die Privatisierung von Öl, Erdgas, Metallen oder des Bereichs der Telekommunikation transferierte diese in den Besitz von Oligarchen, die durchwegs zur politischen Elite des Landes gehören. Um seine Rohstoffvorkommen weiterhin zu sichern, beansprucht die Russische Föderation den Festlandsockel der Arktis und droht auch hier mit militärischer Gewalt. Die Russische Föderation kann aber auf Dauer nicht alleine von der Ausbeutung und dem Export seiner Rohstoffe leben. So versucht die Führung, ausländisches Kapital ins Land zu holen und vorerst über Sonderwirtschaftszonen – wie etwa Kaliningrad – das Know-how zu bekommen, um sich modernster Technik, zuzuwenden.

### Wladimir Putins Machtstreben

Wladimir Putin ist mit einer Unterbrechung von 4 Jahren seit 2000 – nunmehr zum 4. Mal – Präsident Russlands. Eine Verfassungsänderung garantiert ihm, dies noch bis 2036 bleiben zu können. Mit dem Versprechen der Wiederherstellung der Großmachtposition Russlands, der brutalen Unterdrückung von Aufständen, der harten Linie gegenüber dem Westen und dem Versprechen der Steigerung des allgemeinen Wohlstands zementierte er seine Machtposition. Gleichzeitig wendet er sich immer mehr den asiatischen Wirtschaftsmächten China und Japan zu, deren Rohstoffbedarf auch in weiterer Zukunft hohe Exportmengen von Kohle, Öl oder Gas verspricht. Zuletzt gewährte China der Russischen Föderation einen Rekordkredit und sichert sich so bis zum Jahr 2030 den Zugriff auf insgesamt Millionen Tonnen Öl.

Die Bemühungen der EU und der NATO in Mitteleuropa und im asiatischen Einflussbereich der Russischen Föderation verfolgt Präsident Putin mit größter Skepsis. Die Russische Föderation schreckt in diesem Fall auch nicht davor zurück, militärisch einzugreifen, wie es in Georgien oder im Osten der Ukraine der Fall war. Im Inneren sorgen politische und Polizeiwillkür, der Abbau von Sozialleistungen oder illegale Bauprojekte für Aufregung und gleichzeitig für Einschüchterung der Bevölkerung. Davon versucht Putin 2014 durch die machtvolle Besetzung der Halbinsel Krim abzulenken. 2021 hat die Inhaftierung des Oppositionspolitikers Alexander Nawalny für landesweite Protestkundgebungen gesorgt.

 ■ Begründen Sie das Interesse Japans und Chinas an den russischen Rohstoffen.

9 100 km östlich von Moskau – am Ende der Transsibirischen Eisenbahn – blüht seit einigen Jahren die Stadt Wladiwostok auf. Die Öffnung der Grenzen brachte regen Handel mit China und Japan. Aus einer Militärstadt wurde eine Handelsmetropole mit aufstrebendem Tourismus. Doch nach wie vor gibt es starke Militärpräsenz.

### Arbeitsaufgaben

1. Stellen Sie dar, worauf die Wirtschaft der Russischen Föderation ihren Reichtum aufbaut.
2. Beschreiben Sie die Bemühungen zur Diversifizierung.

# 5 Erdöl und Erdgas – Machtfaktor und Unruheherd

Die Region des Kaspischen Meeres, des Kaukasus und des Schwarzen Meeres mit den Anrainerstaaten Russische Föderation, Kasachstan, Turkmenistan, Aserbaidschan, Armenien, Georgien, Ukraine, Iran und Türkei hat eine wirtschaftspolitisch sehr bedeutende Position. Sie ist Lagerstätte wichtiger Energierohstoffe und gleichzeitig Transitland für Öl und Gas in die EU und nach China. Konflikte sind daher vorprogrammiert.

💡 Die Exploration nach Erdöl konzentriert sich auf die Insel Sachalin, bei Erdgas auf die Halbinsel Jamal.

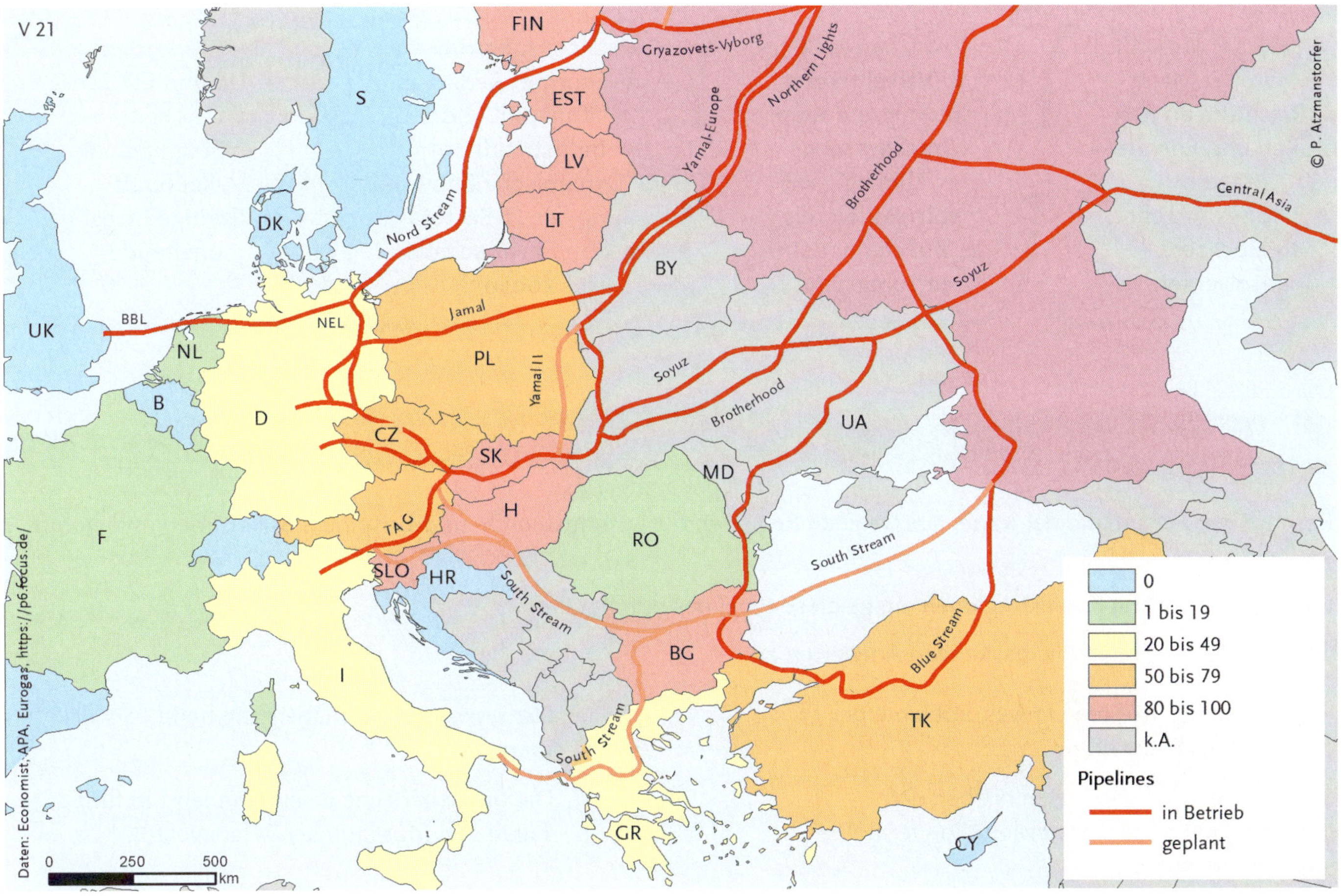

Daten: Economist, APA, Eurogas, https://p6.focus.de

© P. Atzmanstorfer

V 21

| | |
|---|---|
| | 0 |
| | 1 bis 19 |
| | 20 bis 49 |
| | 50 bis 79 |
| | 80 bis 100 |
| | k.A. |

**Pipelines**
— in Betrieb
— geplant

0   250   500 km

## Die Erdöl- und Erdgasregion im Süden der Russischen Föderation und in Zentralasien liegt im Brennpunkt weltpolitischer Interessen

4–5 % der globalen Erdöl- und Erdgasreserven dürften nach US-Schätzungen in der Region des Kaspischen Beckens liegen. Dies ist für die westlichen Nationen und auch für das energiehungrige China Grund genug gewesen, sich mit großen Investitionen einzukaufen. Der Bau von Pipelines und die Unterstützung bei der Exploration der Öl- und Gasfelder wurden vertraglich gesichert. Dies war wiederum für die Russische Föderation eine große Herausforderung, handelt es sich doch hier um Gebiete, die bis 1989 zur Sowjetunion gehörten. Das Feilschen um höhere Energiepreise setzte ein.

Der Energiehunger Europas sollte über die Pipeline „Nord Stream 2", die parallel zur Nord Stream 1 verlegt wird, befriedigt werden. Durch den politischen Streit zwischen der EU und Wladimir Putin wurden bereits Liefersperren verhängt, nun ist auch die Fortsetzung des Baus der Pipeline in Frage gestellt.

Als großer Konkurrent Europas ist China auf den Plan getreten. Pipelines vom Nordufer des Kaspischen Meeres und – geplant – von den südturkmenischen Feldern führen in die Industriezentren Chinas. Die Nachfrage aus den asiatischen Staaten steigt 10-mal so stark wie die aus Europa.

## Russlands Wirtschaft innerhalb der Weltwirtschaft

Um die Wettbewerbsfähigkeit der russischen Wirtschaft darstellen zu können, kann eine sogenannte SWOT-Analyse genau Auskunft geben.

**A Stärken/strength**
- Großer Markt
- Reichtum an Rohstoffen und Energieträgern
- Großes Angebot an Hochschulabsolventen

**B Schwächen/weakness**
- Verkehrsinfrastruktur und weite Transportwege
- Abhängigkeit vom Rohölpreis
- Zulieferindustrie unzureichend

**C Chancen/opportunities**
- Enormer Bedarf an Konsum- und Industriegütern
- Dynamische Entwicklung des IT-Sektors
- Sonderwirtschaftszonen

**D Risiken/threats**
- US und EU-Sanktionen
- Stagnierende Kaufkraft
- Geringe Investitionsfreude

## Arbeitsaufgaben

1. Beschreiben Sie anhand der Karte, aus welchen Regionen die wichtigsten Öl- und Gaspipelines kommen und wohin sie liefern.

2. Erheben Sie, welche Konfliktregionen einige diese Pipelines durchqueren.

3. Ordnen Sie den Fragen die passenden Antworten zu.

| | |
|---|---|
| Wo liegen die größten Umweltprobleme der Russischen Föderation? | Der unkontrollierte Übergang heißt „Schocktherapie". |
| Die drei baltischen Staaten blieben dem Nachfolgebündnis der Sowjetunion fern. Wie heißen die drei Staaten? | Die transsibirische Eisenbahn fährt in fünf Tagen von Moskau nach Wladiwostok. |
| Wie heißt der unkontrollierte Übergang von der Zentralverwaltungswirtschaft in die freie Marktwirtschaft? | Rund um Moskau und St. Petersburg ist bereits Wohlstand im westlichen Stil, während Menschen in Asien wie in Entwicklungsländern leben müssen. |
| Wo lassen sich in der Russischen Föderation starke regionale Disparitäten feststellen? | Estland, Lettland, Litauen sind nicht der GUS beigetreten. |

4. Beurteilen Sie die Bedeutung der großen Energieabhängigkeit von Russland für Europas Wirtschaft.

5. Ordnen Sie folgende 4 Fakten dem SWOT-Profil richtig zu.

Günstige Personalkosten

Geografische Lage zwischen Europa, Zentralasien und China

Bürokratie und überbordende politische Kontrolle

Schwankender Rubelkurs

# Russische Föderation

**1.** Tragen Sie die in der Karte angeführten Städte, Gewässer usw. in die Tabelle bzw. Kästchen ein.

**2.** Tragen Sie in der Karte „Europäisches Russland" bzw „Sibirien" ein.

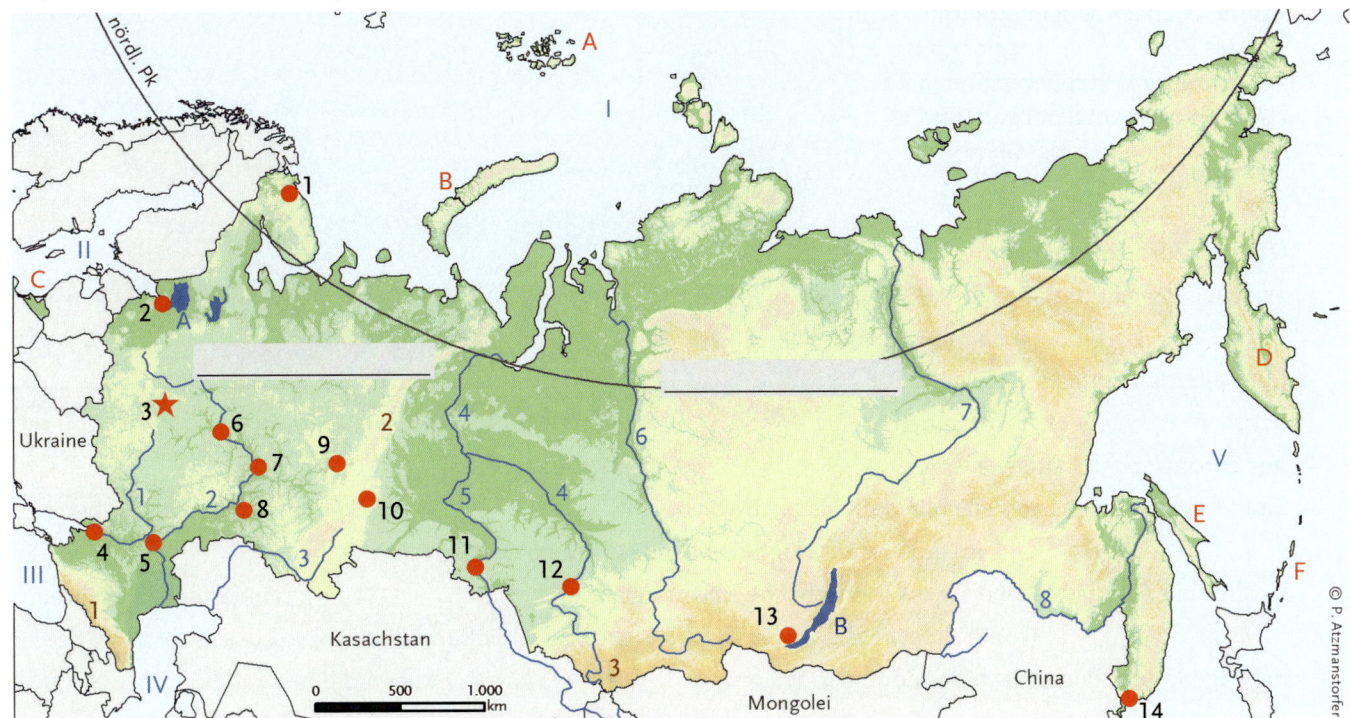

| Städte | | Inseln/Regionen | | | |
|---|---|---|---|---|---|
| **1** M | | **A** | | **8** A | |
| **2** St | | **B** | | **A** L | |
| **3** M | | **C** | | **B** B | |
| **4** R | | **D** | | **I** | |
| **5** W | | **E** | | **II** | |
| **6** N | | **F** | | **III** | |
| **7** K | | **Gewässer** | | **IV** | |
| **8** S | | **1** D | | **V** O | |
| **9** P | | **2** W | | **Gebirge** | |
| **10** J | | **3** U | | **1** | |
| **11** O | | **4** O | | **2** | |
| **12** N | | **5** I | | **3** A | |
| **13** I | | **6** J | | | |
| **14** W | | **7** L | | | |

161

**3.** Ergänzen Sie folgende Texte, indem Sie die angegebenen Begriffe verwenden. Beziehen Sie sich dabei auf die nebenstehenden Karten des entsprechenden Themas. Verwenden Sie zu a) und c) die jeweils nebenstehenden Karten und die topografische Karte der vorherigen Seite.

### a) Naturraum

> Boreale Nadelwald ■ Kaukasus ■ Gebirgen ■ Sibirien ■ Kamtschatka ■ Ungunsträume ■ Polare Zone ■ Vulkanregionen ■ Waldtundra ■ Steppenregionen ■ Ural ■ kontinentalen Laub- und Mischwälder ■ Gunsträume

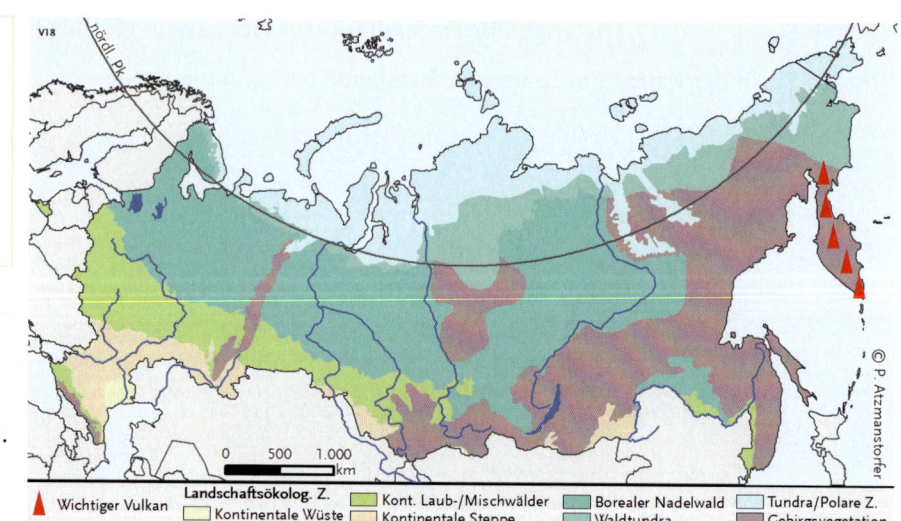

Wichtiger Vulkan | Landschaftsökolog. Z. | Kont. Laub-/Mischwälder | Borealer Nadelwald | Tundra/Polare Z.
Kontinentale Wüste | Kontinentale Steppe | Waldtundra | Gebirgsvegetation

Der Gebirgszug des _____ teilt den europäischen vom asiatischen Teil Russlands, der _____ genannt wird. Ein weiteres wichtiges Gebirge ist der _____ im Süden des europäischen Landesteils.

Sibirien ist einerseits von Flachländern als auch von _____ gekennzeichnet. Die Halbinsel _____ im äußersten Osten des Landes ist eine der aktivsten _____ der Erde.

Große Teile Russlands sind für die menschliche Bewirtschaftung _____: im äußersten Norden die _____ (Tundra) sowie die _____, anschließend der _____, die sogenannte Taiga. Nach der Zone der _____ folgen die _____ Südrusslands. Diese fruchtbaren _____ werden intensiv landwirtschaftlich genutzt.

### b) Bevölkerung

Kreuzen Sie die richtige Spalte an.

| Besiedelung | dünn | dicht |
|---|---|---|
| Sibirien | | |
| Südural | | |
| Nordural | | |
| europäisches RUS | | |

Streichen Sie Nichtzutreffendes.

> Die weitgehend naturbelassenen Regionen Sibiriens sind dicht ■ dünn besiedelt. Die fruchtbaren Regionen des Agrardreiecks und die Industrieregionen des Südurals sind dicht ■ dünn besiedelt.

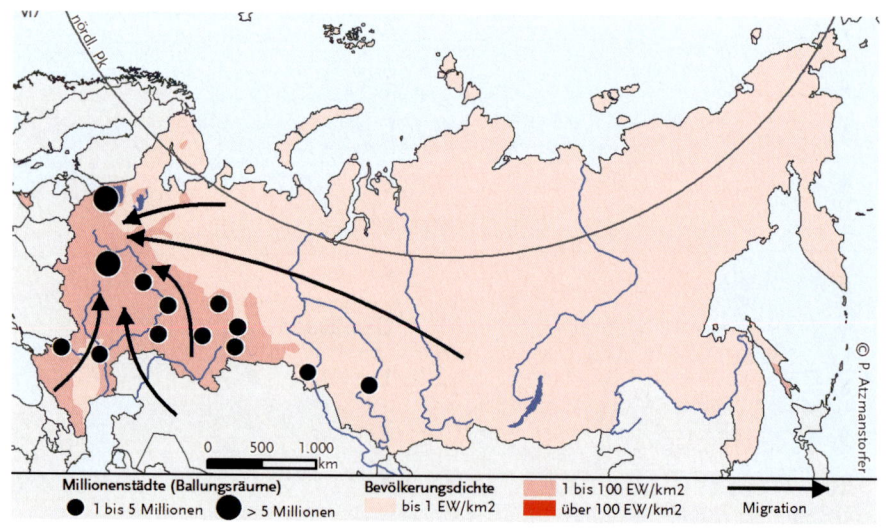

Millionenstädte (Ballungsräume) ● 1 bis 5 Millionen ● > 5 Millionen | Bevölkerungsdichte bis 1 EW/km2 | 1 bis 100 EW/km2 | über 100 EW/km2 | Migration

Streichen Sie falsche Angaben.

> **Megastädte (mehr als 5 Mio. Einwohner)**
> Novosibirsk ■ Moskau ■ St. Petersburg ■ Omsk

> **Aus welchen Regionen kommen die Migranten/Migrantinnen in den Raum Moskau/St. Petersburg?**
> Nordrussland ■ Zentralasien ■ Kaukasus ■ Sibirien

## c) Integration in die Weltwirtschaft

Erdgas ■ Rohstoffökonomie ■ kaukasischen Raum ■ Holzwirtschaft ■ Energieversorgung ■ Moskau ■ Sibirien ■ Asien ■ Diamanten ■ Pipelines ■ Nordrusslands ■ Sibiriens ■ Bergbau- und Industrieregionen ■ Südurals ■ Anschluss ■ Investitionen ■ St. Petersburg ■ Exporte ■ Gold

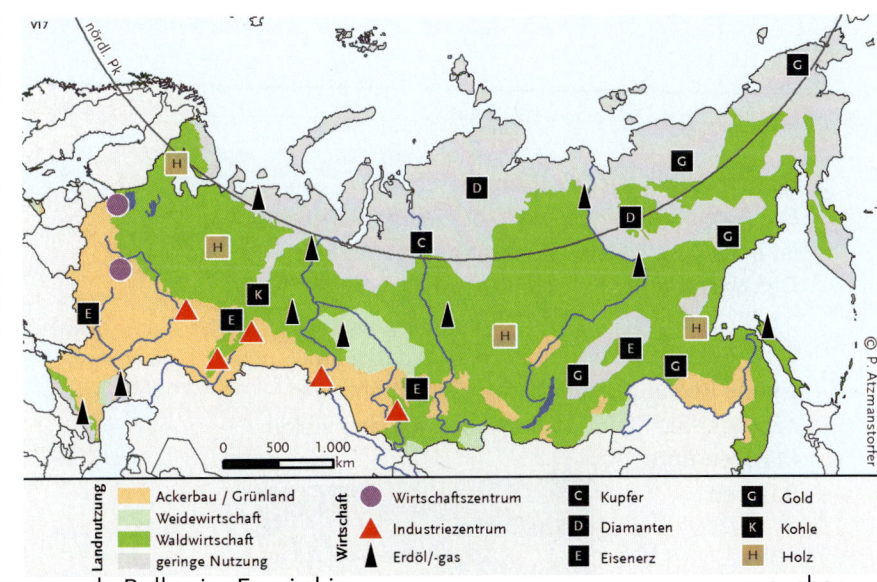

Russland ist eine _____, da sich seine _____ bis auf wenige Ausnahmen auf Rohstoffe beschränken. Insbesondere das _____ nimmt eine herausragende Rolle ein. Es wird im _____, v. a. aber in _____ gefördert. Die _____ Europas hängt von ihm ab. Es wird mit _____ über Tausende Kilometer transportiert. Aber auch neue Märkte in _____ sollen erschlossen werden. Auch andere Bergbauprodukte wie _____ oder _____ werden in großen Mengen in Sibirien gefördert. Die riesigen Wälder _____ und _____ bilden die Basis für die bedeutende _____. Die alten _____ des _____ haben wie die gesamte russische Industrie den _____ an die Weltwirtschaft nicht gefunden. Ein Großteil der in- und ausländischen _____ fließt in die boomenden Regionen _____ und _____.

## d) Kulturelle und politische Einflüsse

Kreuzen Sie die richtige Spalte an (Mehrfachnennung möglich).

Die Russische Föderation ist ein Vielvölkerstaat. Etwa 80 Prozent sind ethnische Russen, daneben leben noch fast 100 Minderheiten.

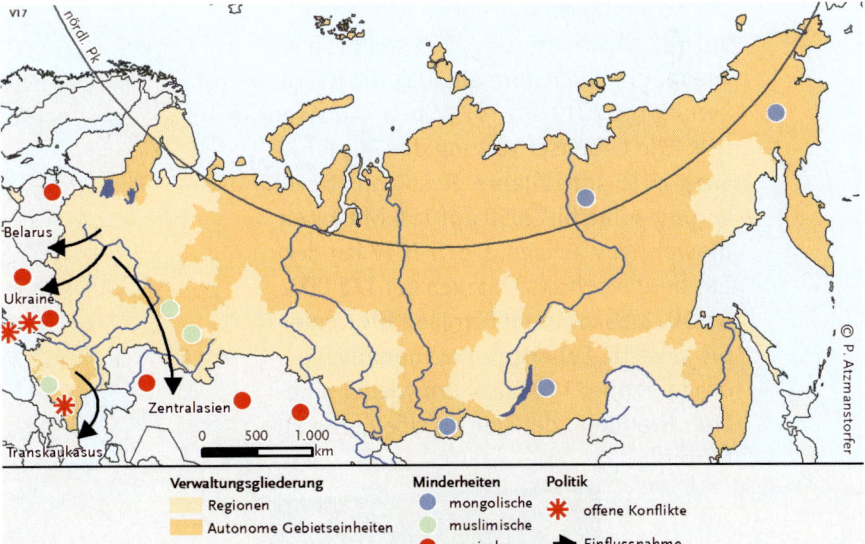

| Bedeutende Religionen | Mongolische | Islamische |
|---|---|---|
| Kaukasus Region | | |
| Zentral-RUS (Tataren) | | |
| Sibirien | | |

Lokalisieren Sie Staaten/Regionen mit:

■ bedeutenden russischen Minderheiten: _____ (drei).

■ offenen Konflikten: _____ (zwei).

■ russischer Einflussnahme: _____

_____ (vier).

## Die aktuelle Situation in der Russischen Föderation

### Großer Anteil der Schattenwirtschaft

Die Aufnahme eines Zweit- oder sogar Drittjobs ist in der Russischen Föderation weit verbreitet. Der Umfang der Schattenwirtschaft wird auf 30 bis 50 % der russischen Wirtschaft geschätzt. Viele Russinnen und Russen sind dabei auf eigene Rechnung tätig, etwa als Taxifahrer/innen oder als Kleinhändler/innen auf den vielen Märkten und Basaren.

### Steigende Einkommensdisparitäten

In den Metropolen Moskau und St. Petersburg sind die Einkommen dreimal so hoch wie im Durchschnitt der Russischen Föderation und zehnmal so hoch wie in peripheren Gebieten des Kaukasus oder Sibiriens.

Wohin entwickeln sich Wirtschaft und Bevölkerung der Russischen Föderation?

### Wächst Russlands Bevölkerung wieder?

Russlands Einwohnerzahl schrumpfte in der Übergangszeit nach dem Ende der Sowjetunion um sieben Millionen auf 142 Millionen. Seit 2013 stellte sich wieder ein Wachstum ein, das die Bevölkerung bis 2019 auf 147 Mio. anwachsen ließ. Die Lebenserwartung der Russen stieg 2016 auf 72 Jahre. Russlands Bevölkerung sollte bis 2050 auf 154 Millionen Einwohner wachsen. Doch 2017 lag der Sterbeüberschuss plötzlich bei 115 000. Ab 2018 bekommen Familien für Kinder bis zum 18. Lebensmonat monatlich umgerechnet 150 Euro, um wieder eine Trendwende in der Demografie herbeizuführen.

### Zuwanderung aus anderen GUS-Ländern

In den Jahren seit der Umwandlung der Sowjetunion in die GUS-Staaten erzielte Russland einen leichten Einwanderungszugewinn von 3,5 Mio. Menschen durch Immigration aus den übrigen GUS-Staaten.

### Rückverlegung der Erschließungsgrenze

Im Nordteil des europäischen Russland und in Sibirien führt das neue kapitalistische Wirtschaftsmodell zu gravierenden Versorgungsengpässen und in der Folge zu einer Rückverlegung der in sowjetischer Zeit weit vorgeschobenen Erschließungsgrenze.

### Hohes Niveau russischer Universitäten

Die Universitäten stehen weltweit unter Erfolgsdruck. Eine Moskauer und eine St. Petersburger Universität gehören bereits zu den 100 besten der Welt. Bei den Studien spielen technische Ausbildungen eine wichtige Rolle.

### Hohe organisierte Kriminalität

Die wesentlichen Einnahmequellen der organisierten Kriminalität sind Schutzgelderpressung, Prostitution, Video- und CD-Piraterie, Schmuggel von Drogen und Rohstoffen. Nach verschiedenen Schätzungen kontrollieren rund 5 000 mafiaähnliche Gruppen direkt oder indirekt mehr als 40 % des russischen Bruttonationalprodukts und 80 % des Bankensektors.

### Zunehmende soziale Unterschiede

Der Übergang von der sozialistischen Planwirtschaft zur Marktwirtschaft verschaffte einigen wenigen die Traumkarriere „vom Tellerwäscher zum Millionär" und stürzte viele in soziale Unsicherheit und Armut. Sieben russische Oligarchen behaupten, die Hälfte der russischen Wirtschaft (Banken, Rohstoffe, Medien und Energie) zu besitzen.

### Zunehmende regionale Disparitäten

In den 1990er-Jahren wurden 80 % der Infrastrukturinvestitionen im Großraum Moskau, 10 % im Raum St. Petersburg und nur 10 % im übrigen Russland getätigt. Dort ist eine kleine Mittelschicht entstanden, die in westlichen Verhältnissen lebt. Regionen im Fernen Osten haben hingegen oft noch den Standard eines Entwicklungslandes.

### Ausländische Investitionen

Trotz des Boykotts Russlands seit 2015 wurde jährlich mehr in russische Projekte investiert. Deutschland (2020 über 1,5 Mrd. Euro), die USA, Frankreich, Italien und China waren dabei führend. Tausende Arbeitsplätze sind dadurch entstanden.

Als Reaktion auf die Wirtschaftssanktionen des Westens gegenüber Russland im Zuge des Ukrainekonflikts hat Russland am 6. August 2014 ein Importverbot für Agrarprodukte und Lebensmittel aus der Europäischen Union, den USA, Kanada, Australien und Norwegen eingeführt. Nach anfänglichen Engpässen hat dies zu einem forcierten Ausbau der heimischen Produktion geführt.

## Ziele erreicht? – „Industriestaaten in der globalisierten Welt"

Nicht nur Schwellenländer wie China oder Indien entwickeln sich gesellschaftlich und wirtschaftlich rasant, auch in den „alten" Industriestaaten findet dieser Wandel statt. Soziale Umbrüche, das Verschwinden von alten Industrien und das Entstehen neuer Branchen fordert - und überfordert manchmal die Gesellschaften mit all ihren Verlierer/innen und Gewinner/innen.

**1.** Erklären Sie mithilfe der nebenstehenden Grafik „USA: Anteil am kaufkraftbereinigten globalen Bruttoinlandsprodukt (BIP) von 2007 bis 2017" den Bedeutungswandel der USA im globalen Kontext.

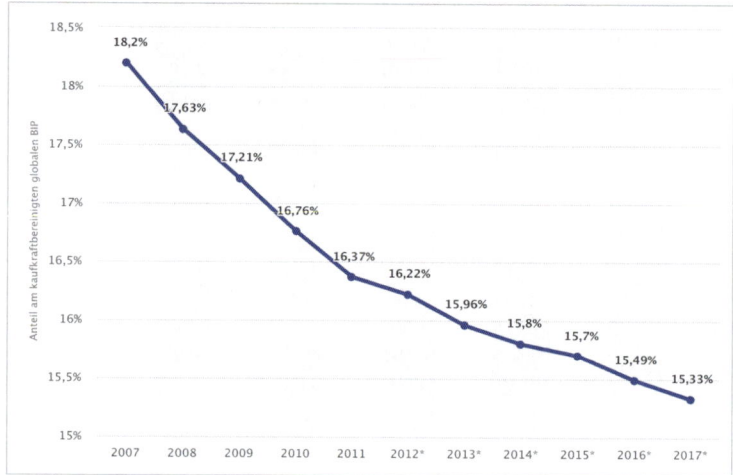

*Quelle: https://de.statista-com*

## 2. Eine Blitzumfrage

Bewerten Sie die Aussagen mit Schulnoten und überlegen Sie ein Schlagwort als Begründung dazu. Diskutieren Sie die Ergebnisse.

„Die Freiheiten US-amerikanischer Unternehmen sind ein Modell für österreichische Unternehmen."

„Die Zukunft der USA liegt im Sun Belt, vor allem in Kalifornien."

„Japans Autoindustrie bleibt größter Konkurrent der deutschen Autoindustrie."

„Australien und Neuseeland sind ideale Einwanderungsländer."

„Österreich sollte sich vom russischen Erdgas unabhängig machen."

„Russland ist ein demokratischer Staat."

### Spotlight zum Beruf

„Ich könnte mir vorstellen, einige Zeit in den USA zu studieren oder zu arbeiten."

**Aus diesem Kapitel habe ich die nachstehend angeführten Erkenntnisse und/oder Einsichten gewonnen:**

# Stichwortverzeichnis

# Literaturverzeichnis

Bätzing, Werner: Die Alpen, C. H. Beck Verlag, 4. Auflage, München 2015

Bohn T und D. Neutatz (Hg.): Studienhandbuch Östliches Europa. Band 2: Geschichte des Russischen Reiches und der Sowjetunion. Böhlau Verlag Köln Weimar Wien 2009. 2. Auflage

Edition Le Monde diplomatique Nr. 20 :Warmzeit. Klima, Mensch und Erde, Berlin 2017

Edition Le Monde diplomatique Nr. 13 : Russland, Berlin 2013

Glawion, Rainer u.a.: Physische Geografie – Klimatologie ( = das geographische Seminar), Westermann Verlag, Braunschweig 2011

Hofmeister, B.: Stadtgeografie (= das geographische Seminar), Westermann Verlag, Braunschweig 2016

Leser, Hartmut (Hg.): Diercke Wörterbuch Allgemeine Geographie, Deutscher Taschenbuchverlag, Heidelberg 2017

Lichtenberger, E.: Österreich (=wissenschaftliche Länderkunden), Wissenschaftliche Buchgesellschaft, Darmstadt 1997

Luger, K; Rest, F. (Hg.): Alpenreisen – Erlebnis, Raumtransformation, Imagination, (= Tourismus: transkulturell & transdisziplinär, Band 11) Studienverlag, Innsbruck 2017

Reuber, Paul (Hg.): Geographie, Physische und Humangeographie, Spektrum Verlag, Heidelberg 2011

# Bildnachweis

S. 9 oben: http://www.wissen.de/
S. 9. unten: http://www.helene-lange-schule-mannheim.de
S. 12 (3): https://www.menschenfuer-menschen.at
S. 14 unten: http://www.onl.cl
S. 15 unten: https://www.aerzte-ohne-grenzen.de
S. 16: http://www.corporaid.at/
S. 17: http://media1.faz.net/
S. 22: http://www.spiegel.de/
S. 23: https://www.cia.gov/
S. 27: unbekannt
S. 34: www.redbull.at
S. 41: https://encrypted-tbn1.gstatic.com
S. 45: http://de.wikipedia.org
S. 54 HS: http://newsimg.bbc.co.uk (Airbus)

S. 51 RS: Iverne, M (Hrsg.): Histoire-Géographie 3e, Paris 1999
S. 52 oben: http://de.wikipedia.org/wiki/Volkswagen
S. 52 unten: http://skodaps.wz.cz/firma/objekty/skoda_MladaBoleslav.jpg
S. 59oben: unbekannt
S. 59 Mitte: unbekannt
S. 60: unbekannt
S. 61: Menschik, Gottfried (8)
S. 74 unten: https://i3-img.7tv.de
S. 77 oben: http://www0.f1online.de
S. 77 Mitte: http://www0.f1online.de
S. 77 unten: http://www.maqtub.de
S. 78/1: http://i.hurimg.com
S. 78/2: http://imgl.krone.at
S. 78/3: https://focus-jerusalem.tv
S. 78/4: http://3.bp.blogspot.com
S. 80: Huber, Rosa Maria

S. 83: https://bildung.erasmusplus.at
S. 105: http://ais.badische-zeitung.de
S. 107 oben: https://blog.campact.de
S. 111: http://www.daserste.de
S. 111 unten: https://i0.web.de
S. 125: http://upload.wikimedia.org
S. 125: unten http://weblogs.cltv.com
S. 127: http://www.voestalpine.com/
S. 132: http://www.manager-magazin.deimages
S. 137 RS: Rak, Peter
S. 141 unten: Tutschek, Wilhelm
S. 149: L'organisation de l'espace mondial, Nouvelle Édition 1993, Magnard
S. 157: Cornelsen aktuelle Landkarte 4/99